László Kovács
Künstliche Intelligenz und menschliche Gesellschaft

Also of interest

Handbuch der Künstlichen Intelligenz
Günther Görz, Ute Schmid und Tanya Braun (Hrsg.), 2020
ISBN 9783110659849, e-ISBN (PDF) 9783110659948

Mensch-Maschine-Interaktion
Andreas Butz, Antonio Krüger und Sarah Theres Völkel, 2022
ISBN 9783110753219, e-ISBN (PDF) 9783110753325

Maschinelles Lernen
Ethem Alpaydin, 2022
ISBN 9783110740141, e-ISBN (PDF) 9783110740196

Resource-Efficient Artificial Intelligence.
Probabilistic Machine Learning on Ultra-Low-Power Systems
Nico Piatkowski, 2024
ISBN 9783110721058, e-ISBN (PDF) 9783110721065

Artificial Intelligence for Medicine.
People, Society, Pharmaceuticals, and Medical Materials
Yoshiki Oshida, 2021
ISBN 9783110717792, e-ISBN (PDF) 9783110717853

Künstliche Intelligenz und menschliche Gesellschaft

Edited by
László Kovács

DE GRUYTER

Herausgeber
Prof. Dr. phil. habil. László Kovács
Technische Hochschule Augsburg
An der Hochschule 1
86161 Augsburg
Deutschland
laszlo.kovacs@hs-augsburg.de

ISBN 978-3-11-103449-2
e-ISBN (PDF) 978-3-11-103470-6
e-ISBN (EPUB) 978-3-11-103486-7
DOI https://doi.org/10.1515/9783111034706

Library of Congress Control Number: 2023936233

Bibliografische Information der Deutschen Nationalbibliothek
Die Deutsche Nationalbibliothek verzeichnet diese Publikation in der Deutschen Nationalbibliografie;
detaillierte bibliografische Daten sind im Internet über http://dnb.dnb.de abrufbar.

© 2023 bei den Autorinnen und Autoren, Zusammenstellung © 2023 László Kovács, publiziert von Walter
de Gruyter GmbH, Berlin/Boston
Dieses Buch ist als Open-Access-Publikation verfügbar über www.degruyter.com.

Einbandabbildung: MR.Cole_Photographer/Moment/Getty Images
Satz: Integra Software Services Pvt. Ltd.
Druck und Bindung: CPI books GmbH, Leck

www.degruyter.com

Autorenverzeichnis

Stefan Braunreuther
Fakultät für Maschinenbau und
Verfahrenstechnik,
Hochschule Augsburg
stefan.braunreuther@hs-augsburg.de
Kapitel 8

Hansjörg Durz
Büro Hansjörg Durz, MdB, Obmann der CDU/
CSU-Bundestagsfraktion im
Wirtschaftsausschuss Stellv. Vorsitzender der
CSU-Landesgruppe,
Platz der Republik 1,
11011 Berlin
hansjoerg.durz@bundestag.d
hansjoerg.durz.ma03@bundestag.de
Kapitel 14

Susanne Gaube
Ludwig-Maximilians-Universität München,
und
Universitätsklinikum Regensburg,
susanne.gaube@psy.lmu.de
Kapitel 9

Alice Gruber
Hochschule Augsburg,
An der Hochschule 1,
86161 Augsburg
alice.gruber@hs-augsburg.de
Kapitel 11

Christoph Hartmann
Lehrstuhl für Umformtechnik und
Gießereiwesen,
TU München,
Kapitel 8

Prof. Dr. Helia Hollmann
Institut für Innovative Sicherheit,
Hochschule Augsburg,
An der Hochschule 1,
86161 Augsburg
helia.hollmann@hs-augsburg.de
Kapitel 7

Florian Kerber
Fakultät für Elektrotechnik,
Hochschule Augsburg,
Kapitel 8

Michael Kipp
Hochschule Augsburg,
An der Hochschule 1,
86161 Augsburg
kipp@hs-augsburg.de
Kapitel 3

László Kovács
Hochschule Augsburg,
An der Hochschule 1,
86161 Augsburg
laszlo.kovacs@hs-augsburg.de
Kapitel 1, 15

Jan-Hendrik Kuntze
Büro Hansjörg Durz, MdB, Obmann der CDU/
CSU-Bundestagsfraktion im
Wirtschaftsausschuss Stellv. Vorsitzender der
CSU-Landesgruppe,
Platz der Republik 1,
11011 Berlin
Kapitel 14

Eva Lermer
Ludwig-Maximilians-Universität München,
und
Hochschule Augsburg,
eva.lermer@hs-augsburg.de
Kapitel 9

Anna Leschanowsky
Hochschule Augsburg,
An der Hochschule 1,
86161 Augsburg
anna.leschanowsky@iis.fraunhofer.de
Kapitel 12

Claudia Meitinger
Hochschule Augsburg,
An der Hochschule 1,
86161 Augsburg
claudia.meitinger@hs-augsburg.de
Kapitel 2

Elisabeth Mess
Institut für Agile Software Entwicklung,
Fakultät für Informatik,
Hochschule Augsburg,
An der Hochschule 1,
86161 Augsburg
Elisabethveronica.mess@hs-augsburg.de
Kapitel 10

Marcel Öfele
Fakultät für Maschinenbau und
Verfahrenstechnik,
Hochschule Augsburg,
marcel.oefele@hs-augsburg.de
Kapitel 8

Thorsten Schöler
Hochschule Augsburg,
An der Hochschule 1,
86161 Augsburg
thorsten.schoeler@hs-augsburg.de
Kapitel 5

Philipp Schurk, M.Sc.
Institut für Innovative Sicherheit,
Hochschule Augsburg,
An der Hochschule 1,
86161 Augsburg
Philipp.Schurk@hs-augsburg.de
Kapitel 7

Rudolf Seising
Deutsches Museum,
Museumsinsel 1,
80538 München
r.seising@deutsches-museum.de
Kapitel 4

Sabrina Sommer
Fakultät für Architektur und Bauwesen,
Hochschule Augsburg,
Kapitel 8

Daniela Sprengel
GFZ Helmholtz-Zentrum Potsdam,
Telegrafenberg,
14473 Potsdam
daniela.sprengel@gfz-potsdam.de
Kapitel 13

Nektaria Tagalidou
Institut für Arbeitswissenschaft und
Technologiemanagement,
Universität Stuttgart
nektaria.tagalidou@iat.uni-stuttgart.de
Kapitel 6

Marco Viviani
University of Milano-Bicocca,
Department of Computer Sciences, Systems, and
Communication, Information and Knowledge
Representation,
Retrieval and Reasoning (IKR3) Lab, Edificio U14
(ABACUS),
Viale Sarca 336,
20126 Milan, Italien
Marco.viviani@unimib.it
Kapitel 10

Mathias Vukelic
Fraunhofer-Institute für Arbeitswirtschaft und
Organisation (IAO),
Stuttgart
mathias.vukelic@iao.fraunhofer.de
Kapitel 6

Alessandra Zarcone
Hochschule Augsburg,
An der Hochschule 1,
86161 Augsburg
Alessandra.Zarcone@hs-augsburg.de
Kapitel 12

Inhaltsverzeichnis

Autorenverzeichnis —— V

1   KI als Booster-Technologie – Zur Einleitung —— 1
     László Kovács

**2   „Welche Karte soll ich spielen?" – Entscheidungsfindung in der
      kognitiven Architektur Soar —— 11**
     Claudia Meitinger
2.1   Einführung —— **11**
2.2   Substitution vs. Assistenz: Wie kann KI die vierte Spielerin beim
       Schafkopf sein? —— **12**
2.3   Konzeption des Schafkopf-Agenten —— **13**
2.3.1 Wissensbasierte Systeme —— **13**
2.3.2 Aufbau eines Schafkopf-Agenten auf Basis der kognitiven Architektur
       Soar —— **14**
2.3.3 Implementierung des Schafkopf-Soar-Agenten —— **16**
2.4   Diskussion und Ausblick —— **22**
       Literatur —— **23**

3   Maschinen mit künstlichen Gehirnen – Was ist Deep Learning? —— 25
     Michael Kipp
3.1   Wie kam es zu Deep Learning? —— **25**
3.2   Was sind Neuronale Netze? —— **28**
3.2.1 Wie lernen Maschinen? —— **28**
3.2.2 Vom Gehirn zu Neuronalen Netzen —— **29**
3.2.3 Wie wird gelernt? —— **31**
3.3   Was ist Deep Learning? —— **33**
3.4   Was hat das mit dem menschlichen Gehirn zu tun? —— **35**
3.5   Sprache als Schlüssel zur Intelligenz —— **36**
3.6   Übermenschliche Künstliche Intelligenz? —— **37**
3.7   Konklusion —— **39**
       Literatur —— **39**

4   Kein KI-Urknall. Nirgends —— 41
     Rudolf Seising
4.1   Einleitung —— **41**
4.2   Dartmouth —— **41**
       John McCarthy —— **45**
4.3   Automata Studies —— **48**

4.4   Ashbys Interpretation von KI als Verstärkung menschlicher Intelligenz —— **49**
4.5   Intelligenz und Information —— **50**
4.6   Schluss —— **53**
         Literatur —— **55**

5   **KI auf Heimcomputern? —— 57**
         Thorsten Schöler
5.1   Einleitung —— **57**
         KI auf Heimcomputern? —— **57**
5.2   Was ist Künstliche Intelligenz? —— **58**
5.3   Zurück in die Zukunft der 1980er-Jahre —— **59**
5.3.1   Sinclair-ZX-Spectrum-Heimcomputer —— **59**
5.3.2   Manic Miner —— **62**
5.4   Beispiele für Künstliche Intelligenz auf dem ZX-Spectrum-Heimcomputer —— **63**
5.4.1   Einfache Modellbildung mit Hilfe der linearen Regression —— **63**
5.4.2   Ein einfaches semantisches Netz mit Pangolins —— **67**
5.5   Ein Einblick in die Computerlinguistik mit ELIZA —— **69**
5.6   Zusammenfassung —— **71**
5.7   KI auf Heimcomputern? —— **72**
         Literatur —— **72**

6   **Personalisierte Feinfühlige Technik —— 75**
         Mathias Vukelić, Nektaria Tagalidou
6.1   Feinfühlige Technik: Interaktion zwischen Mensch und Technik —— **76**
6.2   Feinfühlige Mensch-Technik-Interaktion und Neuroergonomie —— **78**
6.3   Gehirn-Computer Schnittstellen, Neuroadaptive Systeme und personalisierte Mensch-Maschine-Anwendungen —— **81**
         Literatur —— **84**

7   **KI und Security: Täuschung von maschineller Bilderkennung —— 89**
         Helia Hollmann, Philipp Schurk
7.1   Einleitung —— **89**
7.2   Bildverarbeitung mit Konvolutionsnetzen —— **90**
7.3   KI-spezifische Angriffe —— **93**
7.4   Der adversarial Angriff —— **95**
7.5   Fazit —— **101**
         Literatur —— **102**

8   KI in der Produktion —— 105
        Marcel Öfele, Christoph Hartmann, Sabrina Sommer, Florian Kerber,
        Stefan Braunreuther
8.1   Einleitung —— **105**
8.2   Problemstellungen in der Produktion —— **105**
8.3   KI in der Montagereihenfolgeplanung —— **107**
8.4   KI in der Layoutplanung —— **110**
8.4.1   Layoutplanung in der Architektur —— **110**
8.4.2   Produktionslinienplanung —— **112**
8.4.3   KI-Methoden für die sensorbasierte Inline-Qualitätskontrolle —— **117**
8.5   Ausblick —— **119**
        Literatur —— **119**

9   KI-gestützte Entscheidungsunterstützungssysteme im
        Gesundheitswesen —— 121
        Susanne Gaube, Eva Lermer
9.1   Chancen und Herausforderungen durch KI-basierte
        Entscheidungsunterstützungssysteme im Gesundheitswesen —— **121**
9.2   Die Interaktion zwischen Menschen und KI-basierten
        Entscheidungsunterstützungssystemen —— **123**
9.2.1   Technologieakzeptanz —— **123**
9.2.2   Performance der KI-gestützten Systeme —— **125**
9.2.3   Erklärbarkeit der KI-gestützten Systeme —— **128**
9.3   Implikationen und Fazit —— **131**
        Literatur —— **132**

10   Consumer Health Search und die Authentizität von Informationen –
        Eine multidimensionale Betrachtung —— 137
        Marco Viviani, Elisabeth Mess
10.1   Einleitung —— **137**
10.2   Hintergrund —— **139**
10.2.1 Information Retrieval —— **140**
10.2.2 Die Echtheit von Informationen —— **142**
10.3   Nicht-IR-Lösungen —— **142**
10.4   IR-Lösungen —— **145**
10.5   Experimentelle IR-Evaluierungsinitiativen —— **147**
10.5.1 TREC —— **148**
10.5.2 CLEF —— **149**
10.6   Schlussfolgerungen —— **151**
        Danksagung —— **152**
        Literatur —— **152**

11 Künstliche Intelligenz im Kontext Fremdsprachenlernen und -lehren: Herausforderungen und Möglichkeiten —— 157
Alice Gruber
11.1 Einleitung —— 157
11.2 Schreibassistenztools —— 158
11.3 Sprachassistenztools —— 160
11.4 Zusammenfassung —— 162
Literatur —— 163

12 Moderne Sprachassistenten zwischen Datenhunger und Datenschutz —— 167
Alessandra Zarcone, Anna Leschanowsky
12.1 Einleitung —— 167
12.2 Das Aufkommen probabilistischer Modelle der Sprachverarbeitung und der wachsende Datenhunger —— 169
12.3 Steigender Datenhunger, steigender Bedarf für Datenschutz —— 171
12.4 Die andere Seite der Datenerhebung: Risiken und Herausforderungen —— 173
12.4.1 Die Risiken und Rechte der Probanden —— 173
12.4.2 Stochastische Papageien und die (mangelnde) Kontrollierbarkeit von Webdaten —— 174
12.4.3 Alexa, was hast du für große Ohren? —— 175
12.5 Schlusswort —— 176
Literatur —— 177

13 Autonomes Fahren und das deutsche Recht – eine Annäherung —— 181
Daniela Sprengel
13.1 Begriffsklärung —— 182
13.1.1 Technische Grundlagen —— 182
13.1.2 Genauigkeit der errechneten Wahrscheinlichkeit —— 183
13.1.3 Automatisierungsgrade —— 185
13.1.4 Besonders hervorgehoben: Stufe 3 —— 186
13.2 Sicherheit der Technologie —— 186
13.3 Gesellschaftliche Akzeptanz eines Risikos —— 187
13.4 Rechtliche Grundlagen —— 188
13.5 Allgemeines —— 189
13.6 Grundlagen des Rechts: Verantwortung des Einzelnen —— 189
13.6.1 Konventionelle Regelung —— 189
13.6.2 Autonomes Fahren —— 190
13.7 Haftung für Verschulden —— 190
13.7.1 Konventionelle Haftung —— 191
13.7.2 Autonomes Fahren —— 192

13.8 Kausalität und objektive Zurechnung —— 192
13.8.1 Konventionelle Haftung —— 193
13.8.2 Autonomes Fahren —— 193
13.9 Besonderheit Produzentenpflichten —— 194
13.9.1 Konventionelle Pflichten —— 194
13.9.2 Autonomes Fahren —— 195
13.10 Besonderheit Produkthaftung —— 195
13.10.1 Konventionelle Haftung —— 195
13.10.2 Autonomes Fahren —— 196
13.11 Verkehrsrecht —— 196
13.12 Robotergesetze —— 197
13.13 Konsequenzen einer mangelnden Vergleichbarkeit —— 198
13.14 Fazit —— 199
Literatur —— 200

14 Politische Mittel zur Steuerung von KI: Die Bedeutung der
Enquetekommission des Deutschen Bundestages —— 203
Hansjörg Durz, Jan-Hendrik Kuntze
14.1 Einleitung —— 203
14.2 Die Funktionen einer Enquetekommission im Deutschen
Bundestag —— 204
14.3 Die Enquetekommission KI —— 206
14.3.1 Zusammensetzung, Arbeitsweise und Ergebnisse —— 206
14.3.2 Wahrnehmung parlamentarischer Funktionen —— 207
14.4 Fazit —— 211
Literatur —— 212

15 Was wird die KI nie können? Leistungsgrenzen Künstlicher
Intelligenz in Zukunft —— 215
László Kovács
15.1 Was Computer bereits können —— 215
15.2 Computer führen eine nichtmenschliche Kommunikation
mit uns … —— 217
15.3 … aber wir führen eine menschliche Kommunikation mit
Computern —— 219
15.4 Was macht das mit uns Menschen? —— 220
15.5 Subjektive Wahrnehmungen und normative Ansprüche der
Kommunikation mit KI-Assistenten —— 221
15.6 Was können KI-Assistenten prinzipiell nicht? —— 222
15.6.1 Anstrengung und Wertschätzung —— 222
15.6.2 Authentizität und Leistung —— 224

15.6.3   Autonomie und die Ziele im Leben —— **225**
15.7   KI-Assistenten können unsere etablierten gesellschaftlichen Praktiken
            verändern —— **226**
15.8   Fazit —— **229**
            Literatur —— **230**

Register —— **233**

1 KI als Booster-Technologie – Zur Einleitung

László Kovács

Die digitale Welt hat in den letzten Jahrzehnten einen enormen Wandel durchgemacht und wenn man die Erfolge der Künstlichen Intelligenz (KI) in den vergangenen Monaten anschaut, könnte man den Eindruck gewinnen, dass das erst der Anfang ist. Waren Hochleistungscomputer zu Beginn der KI nur in Forschungslaboren zu finden, haben in der jüngeren Vergangenheit auch alltägliche Heimcomputer eine beachtliche Rechenleistung erreicht, wurden immer kleiner, günstig und für jedermann so nützlich gemacht, dass immer mehr Menschen davon profitieren und dies auch wollen. Inzwischen tragen knapp 90% der globalen Weltbevölkerung ein Smartphone bei sich [1]. Menschen erfassen mit ihren Smartphones und den verbauten Sensoren Daten über sich, über ihr Verhalten und über ihre Umgebung, stellen diese Daten großen Firmen zur Verfügung und lassen Erkenntnisse über Menschen, Gesellschaften, Natur und Technik gewinnen. KI wertet diese Daten aus, vergleicht sie, interpretiert sie und stellt ein bisher unverfügbares Wissen her. KI bietet ein unermessliches Problemlösungspotential für unsere Welt.

An dieser Entwicklung nehmen wir alle teil, aber insbesondere wird diese Entwicklung von der akademischen Welt und von der Industrie gesteuert. Für uns als Technische Hochschule, d. h. als staatliche Lehr- und Forschungseinrichtung, ist es wichtig, dass wir nicht bloß nach dem streben, was sich verkaufen lässt, sondern die Gestaltung dieser Entwicklung mit Verantwortung in die Hand nehmen und über unsere Erkenntnisse mit der Öffentlichkeit diskutieren. Dazu müssen wir die Inhalte unserer Forschungs- und Entwicklungsprojekte allgemein verständlich machen. Der Diskurs ist auch grundsätzlich gesellschaftsrelevant, weil KI die Gesellschaft verändert. KI verändert, wie wir leben, beeinflusst, welche Ziele wir haben, wie wir miteinander umgehen, oder auch wie wir uns selbst verstehen.

Diese Technologie ist nicht nur eine Technologie wie alle anderen, sondern eine *Booster-Technologie*, die den Erkenntnisfortschritt und den Fortschritt anderer Technologien beflügelt, an die weitere Technologien anknüpfen. Auch die Bezeichnung „disruptive Technologie" hat sich für die KI etabliert [2], aber ich finde sie nicht sehr glücklich gewählt. Der Begriff betont zwar den transformativen Charakter von KI, hebt aber ebenfalls hervor, dass diese Transformation Zerstörung zur Folge haben wird. Die Veränderungen werden gewiss in einer Geschwindigkeit erfolgen, die bestimmte Strukturen mit der Kraft der Zerstörung treffen wird. Es ist korrekt: Viele Menschen werden zum Umgang mit und zur bestmöglichen Reaktion auf diese Veränderungen nicht befähigt, bevor diese einen Einfluss auf ihre Lebenswelt haben. Dennoch wird die Veränderung durch die KI verkürzt beschrieben, wenn ihre Zerstörungskraft in den Vordergrund gestellt wird. Ihre kreative Kraft, die als Grundlage für weitere Technologieentwicklung dient, ist aus meiner Sicht eine weitaus wichtigere Komponente und deshalb relevant und beitragend zu einer angemesseneren Beschreibung. KI wird auch als Enabler-Technologie beschrieben (siehe z. B. Vukelić & Tagalidou in diesem Band). Diese Beschreibung kann die positive Leistung der KI besser erfassen, sagt aber nichts über die Dynamik der Entwicklung aus. Vielleicht ist das Wort „Enabler" im Sinne einer Ermöglichung auch zu positiv gewählt. Mit Booster-Technologien will ich nicht sagen, dass KI ethisch positiv zu bewerten ist. Auch nicht, dass KI ethisch neutral ist, wie es viele tun und KI mit dem Küchenmesser vergleichen, das zu guten und zu bösen Zielen verwendet werden kann. KI ist für ein solches Urteil zu komplex und in ihren Wirkungen ambivalent. Sie macht die Welt nicht einfach besser oder schlechter, sondern sie tut zugleich beides und wir müssen aufpassen, dass wir die erwünschten Effekte verstärken, die unerwünschten hingegen vermeiden, abschwächen oder durch geeignete Maßnahmen ausgleichen.

Aus diesen Gründen bezeichne ich die KI als Booster-Technologie, die die Leistung vieler Technologien verstärkt, die Leistungsfähigkeit des menschlichen Handelns steigert, aber auch die gesellschaftlichen Folgen der Technologie und der Gesellschaft vervielfacht. Wenn eine Entscheidung nicht mehr von einem Menschen getroffen wird, sondern von einem Automaten, dann kann diese Entscheidung viel häufiger und unreflektiert getroffen werden. Der Programmierer weiß nicht, wie häufig sein Algorithmus Entscheidungen trifft. Wenn die Entscheidung automatisiert verläuft, entsteht keine direkte emotionale Reaktion beim Programmierer. Hat die Entscheidung der KI schädliche Folgen, entsteht im Computer dadurch kein Mitleid, kein schlechtes Gewissen. Die Folgen sind für den Programmierer nicht mehr sichtbar.

KI wird somit auch unsere soziale Gerechtigkeit auf die Probe stellen. Die sozial Schwachen werden nicht mehr einfach diejenigen sein, die wenig haben. Das unzureichende Haben könnte mit Gütern ausgeglichen werden. Es werden eher diejenigen an den Rand der Gesellschaft gedrängt, denen die Kompetenz fehlt, die Hilfe der neuen Technologie für ihr Leben einzusetzen. Sie setzen die Technologie zu wenig oder unzweckmäßig ein, sodass sie am gesellschaftlichen Leben nicht mehr vollwertig teilhaben (Teilhabe wird zunehmend digitalisiert) und durch den Gebrauch der Technologie sich sogar gefährden können (ihre Daten werden dazu verwendet, ihre Entscheidungen zu ihrem Nachteil zu beeinflussen).

Wenn wir über die KI sprechen, sprechen wir also zugleich über einen Umbruch, den die KI auslösen wird und wir müssen darüber sprechen, welche Wirkungen für uns wichtig sind und welche wir nicht haben möchten.

Umbrüche bringen immer etwas Neues, etwas Überraschendes und Unberechenbares hervor. Doch Booster-Technologien sind nicht vollkommen neu. Wir können das Aufkommen und die Entwicklung dieser Technologien in der Geschichte identifizieren und aus ihrer Wirkung lernen. Denken Sie an den Buchdruck, der dazu beigetragen hat, dass mehr Menschen einen Zugang zum Lesen und zum Verstehen der Welt bekamen. Durch Bücher, Zeitungen oder Plakate hat sich der Informationsfluss in der Gesellschaft geändert und die Menschen konnten ihre Tätigkeit weit besser koordinieren. Sie konnten auf das Vorwissen anderer aufbauen und die Welt deutlich weiterentwickeln. Diese Technologie brachte ein ganz neues Weltbild hervor, sie förderte die Autonomie von Menschen und leitete die Aufklärung ein.

Die Herstellung eines Buches war vor dem Buchdruck ein Lebenswerk von einem hochgebildeten Menschen. Der Preis eines Buches war so teuer wie ein halbes Dorf. Der Buchdruck erlaubte hingegen eine v. a. im Vergleich billige und schnelle Herstellung. Die Technologie verursachte damit nicht nur einen wissenschaftlichen, sondern auch einen wirtschaftlichen Wandel: Auf einmal war der Preis eines Produktes nicht mehr daran zu messen, wie viel Arbeit in der Herstellung steckt. Das gleiche Produkt konnte per Hand oder durch Maschinen hergestellt werden. Die festgelegten Zunftpreise, die aus dem Aufwand abgeleitet haben, was ein Produkt kosten sollte, hatten nach der Automatisierung keinen Bestand mehr. Der Preis entsteht heute aus Angebot und Nachfrage. Das kommt uns heute selbstverständlich vor, aber das war nicht immer so und wurde durch die neue Technologie angeregt.

Eine andere Booster-Technologie war die Dampfmaschine, die eine enorm große Kraft hatte und sogar eine schwere Lokomotive antreiben konnte, die wetterunabhängig lange Reisen ermöglicht hat. Die Dampfmaschine brachte die Menschen näher zueinander. Doch Kesselexplosionen haben auch Angst geschürt. Diese Bedenken waren nicht unbegründet, denn die regelmäßigen Kesselexplosionen haben große Schäden verursacht und zahlreiche Menschen getötet. Ein Beispiel, an das sich manche erinnern könnten, war die Explosion einer Dampflok im Bahnhof Bitterfeld 1977. Der ganze Bahnhof und manche Gebäude neben ihm wurden zerstört. Neun Personen wurden durch den Knall getötet [3].

Die Augsburger Allgemeine Zeitung hat vor etwa 100 Jahren, 1924, eine dampfgetriebene Druckmaschine in Betrieb genommen. Der technische Fortschritt wurde kontrovers diskutiert. „Der zweite Redakteur erklärte, lieber künftig unter freiem Himmel zu schreiben als mit der Dampfmaschine unter einem Dache. Der Hausknecht kündigte: Sein Leben sei ihm lieber, und er habe Frau und Kinder zu versorgen. Vorsichtige Leute passieren nicht mehr die Straße." [4, S. 27]

Wasserkraftwerke waren eine weitere Booster-Technologie der Ingenieurskunst. Am 7. Mai 1896 schrieb die Zeitung über das neue Kraftwerk in Göggingen bei Augsburg: „Die elektrische Beleuchtung ist nunmehr soweit installiert, dass seit 1. Mai ca. 400 Lampen in Privatbesitz brennen und weitere Einrichtungen gegenwärtig vollzogen werden." [5] Durch den elektrischen Strom hat sich geändert, wie wir Räume nutzen und wie wir sie bauen. Wir konnten plötzlich ohne Feuer Licht machen und kochen, sodass es weniger Stadtbrände gab. Kranke konnten nachts versorgt werden. Wir sind aber inzwischen auf den Strom angewiesen. Leider erfahren wir gerade in der Ukraine, wie lebenswichtig für unsere Gesellschaft die Stromversorgung geworden ist. Im Krieg wird Strom knapp und in Hochhäusern werden weder Aufzüge noch Heizungs- und Wasserpumpen betrieben, was dazu führen könnte, dass Leitungen durchfrieren und ganze Häuser unbewohnbar werden. Strom ermöglicht viel, bietet aber auch Entgrenzung an. Man könnte mit etwas Zynismus sagen, durch den Strom brauchen wir heute keine Nachtruhe mehr, denn auch in der Nacht ist ein vollwertiges Arbeiten möglich. Die Technologie hat vielen Menschen den Weg in den Burnout geebnet. Wir müssen neue Grenzen in unserem Leben setzen, wo es früher naturbedingte Grenzen gab.

Ein Jahr nach der Inbetriebnahme des Kraftwerkes in Göggingen hat Rudolf Diesel in Augsburg einen neuen Motor gebaut, mit dem wendige und kleine Traktoren gebaut werden konnten, die Wald und Flur ohne Schienen erreichen konnten, mit denen man größere Produktivität in der Landwirtschaft erzielte. Folglich konnten viel mehr Menschen in der Industrie oder in der Wissenschaft arbeiten. Die Mobilität ermöglichte zugleich, dass sie nicht eng zusammengepfercht in Slums in der Nachbarschaft von Fabriken wohnten, sondern sie konnten täglich in die Fabrik fahren. Der Dieselmotor hat auch das Gesicht des Krieges geändert. Kriegsmaschinen mit großer Zerstörungskraft wurden gebaut und Weltkriege geführt, in denen Millionen Menschen getötet wurden.

Es sind zahlreiche Entdeckungen und Innovationen entstanden, die wir heute als selbstverständlich erachten. Wir wissen gar nicht, wie wir ohne sie leben könnten. Und wenn Sie all diese Beispiele anschauen, sehen Sie, dass diese viel mit dem Profil der Technischen Hochschule Augsburg zu tun haben. Die Fakultät Gestaltung beschäftigt sich u. a. mit Druck und Medien, die Fakultät Wirtschaft mit der Gestaltung der Preise, der Effizienz in Betrieben und dem menschlichen Umgang mit den neuen Technologien, die Fakultät Architektur und Bau mit dem Bau von Großanlagen wie das damals innovative Kraftwerk und dem Bau von Wohnungen, die an die neue technische Entwicklung angepasst werden, die Fakultät Elektrotechnik mit Stromerzeugung und allen elektrischen Geräten, die Fakultät für Maschinenbau und Verfahrenstechnik mit dem Bau von Maschinen wie den Traktoren und dem Auto. Alle Booster-Technologien haben ihre Disziplinen in den Wissenschaften entwickelt und auch die KI tut das. Die KI ist hauptsächlich an der Fakultät für Informatik verankert, aber sie wirkt in jede andere Fakultät hinein und führt zu Umbrüchen in den Disziplinen, so wie der Strom das Bauen und das Gebaute verändert hat.

Interessant ist anzumerken, dass zu Beginn dieser Umbrüche die Öffentlichkeit von diesen Technologien wenig gewusst hat. Auch als Rudolf Diesel seinen Motor gebaut hat, haben wenige davon erfahren. Künstliche Intelligenz ist aber bereits in einer späteren Phase der Entwicklung. Sie verändert bereits unser Leben, unsere Erwartungen, unsere Selbstwahrnehmung, uns selbst. Und sie verändert unser Zusammenleben. Die weltweit reichsten Unternehmen wie Amazon, Facebook, Google, Microsoft, Tesla etc. sind erst wenige Jahre alt, arbeiten mit KI und haben die Struktur der Wirtschaft und die Kultur des Wirtschaftens geändert. Die Weltwirtschaft ist im Umbruch. Die KI ermöglicht, unüberschaubare Datenmengen zu analysieren und Erkenntnisse zu gewinnen, die wir ohne sie nie hätten. KI wird ein mächtiges Instrument werden und das ist sie heute schon. Wir brauchen die KI, denn sie wird uns ermöglichen, die größten Herausforderungen unserer Zeit zu bewältigen, die Folgen der Naturzerstörung zu überwinden, das Klima zu retten, Krankheiten zu heilen und vieles mehr. Sie hat das Potential, die Menschheit im guten Leben zu unterstützen und zugleich kann sie die größten Schäden verursachen. Deshalb müssen wir sowohl die interne Logik dieser Technologie als auch die Systemeffekte, die sie in unserer Gesellschaft erzeugt, durchschauen.

Von der Technikphilosophie können wir lernen, dass die größte Gefahr der Technologie nicht im Misslingen steckt, also in einem Unfall wie die Kesselexplosion oder Tschernobyl oder Fukushima. Die größte Gefahr steckt auch nicht im Missbrauch, wie der Krieg in der Ukraine. Denn wir alle wissen, dass das böse ist und lehnen es ab. All diese Effekte bleiben zeitlich und örtlich eingeschränkt, auch wenn sie sehr viel zerstören können. Die größte Gefahr für unsere Zukunft steckt nicht im Panzer, sondern im Traktor. Denn die Panzer haben zwar sehr viele Menschen in der Geschichte der Technologie getötet, aber die Traktoren haben allein durch ihre Vielzahl insgesamt deutlich mehr Umweltschäden hervorgebracht. Sie haben in der guten Absicht der Nahrungsmittelherstellung die Erde ausgebeutet und für die landwirtschaftliche Nutzung großflächig zerstört. Die gute Anwendung der Technik neigt zur Entgrenzung. Sie neigt dazu, ins Übergroße zu wachsen, globale Auswirkungen zu haben und die Grundlage unseres Lebens zu demolieren [6].

Trotz der jahrzehntelangen Geschichte der KI merken wir an vielen Zeichen, dass wir noch in der frühen Phase der Entwicklung der KI stehen. Die Dimensionen der Entwicklung werden uns erst jetzt langsam bewusst. In diesem Stadium stecken wir in einem Dilemma, das nach David Collingridge das Collingridge-Dilemma genannt wird [7]. In der frühen Phase einer Technologie haben wir wenig Wissen und große Gestaltungsmöglichkeit. Je weiter wir in der Entwicklung kommen, desto mehr wissen wir über die Technologie, aber desto abhängiger sind wir von ihr und wir können ihre Entwicklung weniger steuern.

Wir stehen am Anfang einer neuen Revolution des menschlichen Lebens. Deshalb ist die Auseinandersetzung mit den Inhalten in einer öffentlich zugänglichen Sprache eine unglaublich wichtige Aufgabe für alle akademischen Einrichtungen. Deshalb müssen wir als Technische Hochschule über die Grenzen der Forschungslabore hinausgehen und uns gemeinsam mit anderen über die Künstliche Intelligenz unterhalten. KI-Experten können das für die Gesellschaft nicht übernehmen. Wir stehen vor der Frage: Wie wollen wir in Zukunft leben? Auf diese Frage suchen wir nun gemeinsam Antworten und diese Antworten werden eine Vielzahl an Perspektiven erfordern.

In den ersten Kapiteln 2 und 3 geht es um die Begriffsklärung. Es werden unterschiedliche Ansätze der KI vorgestellt. Claudia Meitinger zeigt am Schafkopf Spiel, wie KI Entscheidungen nach einem vorgegebenen Algorithmus treffen kann. Bei einem komplexeren Spiel muss der Programmierer mehr Entscheidungen überlegen. Für den Programmierer sind jedoch alle Entscheidungen bekannt und er kann jeden Schritt des Spiels nachvollziehen. Das System lernt nicht hinzu, ist dafür transparent und kann genau durch weitere Befehle präzisiert oder nachjustiert werden.

Im Kapitel 3 erklärt Michael Kipp hingegen die Funktionsweise der subsymbolischen KI. Diese Herangehensweise basiert auf einem Lernprozess, der zahlreiche Einzelfälle und eine Trainingsphase braucht. KI im Sinne des Deep Learning kann nach einer Vielzahl von Bestätigungen oder Falsifizierungen eine recht hohe Verlässlichkeit in ihren Entscheidungen erreichen, aber die Entscheidungen sind nicht transparent und nicht 100% berechenbar. Wir haben mit einer Black Box zu tun.

Bereits in den ersten zwei Kapiteln waren für das Verständnis der KI Hinweise auf die historische Entwicklung erforderlich. Im Kapitel 4 behandelt nun Rudolf Seising die Geschichte des Begriffs der künstlichen Intelligenz ausführlich und zeigt, dass die Entstehung der KI ein schleichender und immer schneller verlaufender Prozess ist. Von einem Anfang der KI kann man im eigentlichen Sinne nicht sprechen. Man kann nur feststellen, wann der Begriff zum ersten Mal verwendet wurde. Die Inhalte des Begriffs waren zu dieser Zeit nicht ganz neu – der Informationsbegriff wurde für diese Forschungsfragen bereits verwendet – und die Inhalte des Begriffs haben sich in den folgenden Jahrzehnten mit der Entwicklung der Technologie nochmals gewandelt.

Hier schließt sich der Beitrag von Thorsten Schöler, Kap. 5, an. Er geht auf die Leistung der ersten Heimcomputer ein und zeigt, dass bereits die ersten privaten Geräte den Anspruch auf ein „intelligentes Verhalten" erfüllten. Damals konnten sie dementsprechend beeindruckend sein und als künstliche Intelligenz gelten. Aus heutiger Sicht können die Software der Heimcomputer der 1980er Jahre jedoch höchstens als Einstieg in die Künstliche Intelligenz betrachtet werden.

Die Kapitel 6 und 7 behandeln Potentiale und Gefahren der immer intensiveren Kooperation zwischen Menschen und KI-Systemen. Vukelic und Tagalidou plädieren für eine symbiotische Beziehung zwischen Menschen und KI-gesteuerten Maschinen. Sie stellen etablierte Technologien dar, die durch elektrische Sensoren neurophysiologische Aktivitäten von Menschen in Echtzeit erfassen können. Diese Gehirn-Computer-Schnittstellen haben den klinischen Bereich bereits verlassen und sind auch im Alltag nutzbar. Es können im Prinzip Haushalts-Roboter oder autonom fahrende Autos mit Hirnströmen gesteuert werden. Die Handlungspotentiale der Menschen scheinen unbegrenzt zu sein. Gleichzeitig können diese Technologien unser privates Leben und unser gesellschaftliches Zusammenleben, wie wir sie bisher kennen, maßgeblich verändern. Hollmann und Schurk richten Ihre Aufmerksamkeit auf die Frage, wie anfällig KI-gestützte Systeme für Angriffe sind. Wer es schafft, die Trainingsdaten der KI zu stören oder in der gewünschten Weise zu verändern, der kann Fehlklassifikationen erreichen und Entscheidungen in die falsche Richtung lenken. Subsymbolische KI-Systeme sind nicht transparent und ihre Entscheidungen können nicht unmittelbar als Fehlentscheidung erkannt werden. Hollmann und Schurk zeigen unterschiedliche Strategien von Angriffen und laden die Anwender ein, die Sicherheit ihrer Systeme über den ganzen Lebenszyklus im Blick zu behalten.

An diese prinzipiellen Fragen schließen sich Anwendungsbeispiele der KI in unterschiedlichsten Kontexten von Kap 8 bis 12. Zunächst wenden sich Öfele et al. der industriellen Produktion zu. Der Beitrag zeigt anhand von drei Beispielen, wo und wie KI in der Produktion bereits eingesetzt wird: in der Architektur, in der Produktionslinienplanung und der sensorbasierten Inline-Qualitätskontrolle. Aus der Perspektive der Praxis sind White-Box-Modelle (symbolische KI, z. B. in Entscheidungsunterstützungssystemen) von Black-Box-Modellen (subsymbolische KI, z. B. in der Automatisierungstechnik) zu unterscheiden.

KI-gestützte Entscheidungsunterstützungssysteme sind aber nicht nur in der Industrie, sondern auch im Gesundheitswesen im Kommen und sie bestimmen zunehmend die Entscheidungen aller Beteiligten. Solche Systeme werden in naher Zukunft sicher keine autonomen Diagnosen oder Prognosen erstellen, aber sie können Empfehlungen formulieren. Zu dieser Entwicklung haben Gaube & Lermer im Kapitel 9 die Frage gestellt, unter welchen Voraussetzungen und aus welchen Gründen solche Empfehlungen akzeptiert werden. Automation bias, also das starke Verlassen auf ein technisches System, wird als ein erhebliches Problem ausgewiesen, das durch eine KI-gestützte automatische Erklärung der Empfehlung sogar verstärkt werden könnte. Sie plädieren für eine durch Theorie und Praxis reflektierte Lösung, die Vertrauen in die Daten erzeugt, aber gleichzeitig die Anwender:innen unterstützt, Systemfehler zu erkennen.

Für das Gesundheitswesen ist auch der Beitrag von Viviani & Mess relevant (Kap. 10). Sie beschäftigen sich nicht mit der klinischen Anwendung, sondern mit dem Verhalten von Patient:innen, die vor ihrem Arztbesuch das Internet konsultieren, um ihre Symptome zu interpretieren und ein Krankheitsbild zu finden. Das Internet bietet auch Falschinformationen, weshalb die Messung der Echtheit bzw. Vertrauenswürdigkeit der Gesundheitsinformationen immer wichtiger wird. Für diese Messung werden Ansätze ausgearbeitet und gezeigt, wie man Gesundheitsinformationen im Internet durch KI qualifizieren kann.

Im Kapitel 11 beschäftigt sich Alice Gruber mit dem KI-gestützten Erwerb von Schreib- und Sprachkompetenz im Fremdsprachenunterricht. Sehr gute, wenn auch nicht perfekte online Tools existieren für beide Bereiche. KI kann Texte generieren, übersetzen, Fehler erkennen und erklären. KI kann aber auch Diskussionen starten und gesprochene Sprache verstehen. Doch diese Tools können Lehrer:innen nicht ersetzen, denn das Feedback von Lehrer:innen wird stärker berücksichtigt als das Feedback von der KI. Auch Körpersprache und andere Aspekte zwischenmenschlicher Interaktion sind nicht abbildbar. Dennoch ist es sinnvoll, im Unterricht mit diesen Tools zu experimentieren. Viele Kompetenzen können mit ihnen unterstützt werden. Gleichzeitig werden diese Tools auch das Prüfungswesen verändern, denn die bisher geprüften Kompetenzen können einfach durch KI-Tools nachgeahmt werden und eine Unterscheidung der Ergebnisse von Eigenleistung und KI-Leistung ist (derzeit) nicht möglich.

Sprachassistenten dienen uns auch im Alltag in der eigenen Sprache. Zur Spracherkennung und -verarbeitung war nicht nur deep learning erforderlich, sondern auch eine große Menge an Daten. Diese wurde erst erreichbar, als Sprache digital gespeichert und im Internet in großen Massen verfügbar gemacht wurde. Mit dieser Technologie verbindet sich deshalb ein großer Datenhunger, dem der Datenschutz Grenzen setzt. Mikrofone hören uns überall zu und es ist nicht eindeutig, welche Inhalte wir von unserer Privatsphäre verfügbar machen wollen. Außerdem enthalten Trainingsdaten aus dem realen Leben immer auch unerwünschte Inhalte wie rassistische Äußerungen oder einfach biases, die in der automatisierten Deutung der Sprache sichtbar werden. Die freiwilligen Anwender:innen muss man deshalb für die Risiken sensibilisieren, denn die Daten können zu vielen Zwecken genutzt werden, an die wir im Alltag gar nicht denken würden.

Den geschilderten Problematiken folgend werden in den letzten Kapiteln des Bandes normative Fragen im Hinblick auf KI-Systeme erörtert. Im Kapitel 13 behandelt Daniela Sprengel das bekannte Beispiel des autonomen Fahrens und hinterfragt die Anwendung dieser Technologie aus der juristischen perspektive. Hier zeigt sich, dass eine Differenzierung des Grades der Autonomie der KI-Systeme vorgenommen werden muss, um den Grad der Entlastung von Menschen. Fragen der Verantwortung und der Haftung können nur geregelt werden, wenn bestimmt wird, welche Fähigkeiten KI-Systeme wirklich haben. Wenn sich die Technologie ändert, müssen gesetzliche Regelungen angepasst werden.

Durz & Kuntze zeigen, wie diese notwendige gesetzliche Regelung entsteht. Es wird zunächst die Rolle von Enquetekommissionen in der Gesetzgebung erörtert und anschließend stellen die Autoren die Arbeit der Enquetekommission des deutschen Bundestags zum Thema KI zwischen 2018 und 2020 vor. Diese Kommission fördert die unabhängige Meinung der Gesetzgeber von der Exekutive. Meistens wird erwartet, dass die Beratungen der Kommission vor der Entscheidung des Gesetzgebers stattfinden. Im Hinblick auf KI ist die Entwicklung jedoch so rasant, dass der Gesetzgeber bereits Entscheidungen treffen musste, während er sich noch weiter beraten ließ.

Im letzten Beitrag wird die Frage gestellt, ob sich die KI-Technologie künftig so weit entwickeln könnte, dass sie menschliche Leistung ersetzen kann. Kovács betrachtet die Kommunikation zwischen KI und Menschen aus der KI- und aus der menschlichen Perspektive und stellt fest, dass Maschinen unsere Kommunikationsstruktur verändern können. Dennoch bleiben einige Leistungen von Menschen durch jegliche Leistungsfähigkeit der KI unberührt. Wertschätzung für andere, Authentizität in der Eigenleistung, Autonomie in der Lebensplanung sind Beispiele für diese Leistungen. Die Leistungen von Maschinen haben die menschliche Leistung in vielen Bereichen übertroffen, aber sie haben nicht dazu geführt, dass menschliche Leistungen nicht wertgeschätzt werden können. KI wird eine Bedrohung für nur unauthentische Leistungen.

Literatur

[1]   https://www.bankmycell.com/blog/how-many-phones-are-in-the-world
[2]   Girasa, Rosario (2020): Artificial Intelligence as a Disruptive Technology, Economic Transformation and Government Regulation. Palgrave, Macmillan.
[3]   https://www.gerdboehmer-berlinereisenbahnarchiv.de/Statistiken/BBU-DR-DB.html

[4]   Mittelstraß, Jürgen (2000): Die Angst und das Wissen oder was leistet die
      Technikfolgenabschätzung, in: Gethmann-Seifert, Annemarie; Gethmann, Carl-Friedrich (Hrsg.):
      Philosophie und Technik, München, Brill Fink, S. 25–41.
[5]   https://www.context-mv.de/noch-vor-augsburg-in-der-unteren-radaumuehle-in-goeggingen-wurde-
      seit-1895-strom-erzeugt.html.
[6]   Jonas, Hans (1987): Technik, Medizin, Ethik. Suhrkamp, Frankfurt am Main.
[7]   Collingridge, David (1980): The Social Control of Technology, St. Martin's Press, New York.

2 „Welche Karte soll ich spielen?" – Entscheidungsfindung in der kognitiven Architektur Soar

Claudia Meitinger

2.1 Einführung

Entscheidungssituationen prägen den Alltag von Menschen in verschiedensten Kontexten. Die morgendliche Auswahl der Kleidung stellt ebenso eine Entscheidungssituation dar wie die Medikation einer Patientin; ob der eine oder der andere Weg zur Hochschule gewählt wird, muss ebenso entschieden werden wie die nächste auszuführende Aktion, wenn eine Industrieanlage eine Fehlermeldung anzeigt. Die Entscheidung für eine bestimmte Handlungsalternative basiert u. a. auf Informationen über die aktuelle Situation (z. B. Wetter, Symptome, Art der Fehlermeldung) und berücksichtigt verschiedene Zielsetzungen (z. B. pünktliches Ankommen, Einhaltung des Kostenrahmens). Auch künstliche Intelligenz (KI) kann Entscheidungen treffen und dabei Informationen und Zielsetzungen berücksichtigen.

Generell gibt es im Bereich der künstlichen Intelligenz es eine Vielzahl unterschiedlicher Methoden [1], die oft in symbolische und sub-symbolische Ansätze unterschieden werden. Wesentliches Kennzeichen symbolischer Systeme ist es, dass das in ihnen verwendete Wissen explizit repräsentiert wird und so für Menschen zugänglich bleibt. Auch die kognitive Architektur *Soar* [2] folgt einem wissensbasierten, symbolischen Ansatz und verwendet das hinterlegte Wissen, um rational zu entscheiden und so zielorientiertes Verhalten zu generieren. In diesem Beitrag wird dargestellt, wie *Soar* das in Form von Regeln explizit formulierte Wissen für die Entscheidungsfindung einsetzt. Der folgende Beitrag von Michael Kipp behandelt hingegen den sub-symbolischen Ansatz (s. Kap. 3 in diesem Buch).

Zur Veranschaulichung dient das Kartenspiel *Schafkopf*. Auch im Schafkopf [3] sind Entscheidungen zu treffen (z. B. welche Karte als nächste ausgespielt werden soll), die die aktuelle Situation (z. B. von anderen Spieler:innen ausgespielte Karten) und Zielsetzungen (z. B. regelkonformes Spiel) berücksichtigen. Daher ist dieses Spiel gut geeignet, um die Funktionsweise der kognitiven Architektur *Soar* zu erläutern.

Zu Beginn benennt der Beitrag verschiedene Rollen, die ein künstlicher intelligenter Agent – zum Beispiel der Schafkopf-Agent – in seiner Umgebung einnehmen kann. Anschließend werden die Grundzüge wissensbasierter Systeme vorgestellt. Es folgt eine Beschreibung der Konzeption und Implementierung eines Agenten in Soar am Beispiel des Schafkopf-Agenten, bevor der Beitrag mit einem Blick auf verschiedene Anwendungsfelder schließt.

2.2 Substitution vs. Assistenz: Wie kann KI die vierte Spielerin beim Schafkopf sein?

Wesentliches Merkmal des Schafkopfspiels ist es, dass dafür genau vier Spieler:innen benötigt werden [3]. Es kommt jedoch immer wieder vor, dass ein:e Spieler:in fehlt oder die Regeln des Schafkopfspiels (noch) nicht beherrscht. In beiden Fällen kann ein softwarebasierter Agent, der die Aufgabe „Schafkopfspiel (mit)spielen" beherrscht, unterstützen.

Fehlt ein:e Spieler:in, so muss der Agent als eigenständiger vierter Spieler agieren. Da im vorliegenden Beitrag davon ausgegangen wird, dass mit echten Spielkarten gespielt werden soll, benötigt der Agent in dieser substituierenden Rolle nicht nur eine Möglichkeit, die Umgebung (z. B. von anderen ausgespielten Karten) mittels geeigneter Sensorik wahrzunehmen, sondern muss auch in die Lage versetzt werden, z. B. mit Hilfe eines Roboters Karten auszuspielen (vgl. [4]).

Beherrscht ein:e menschliche:r Spieler:in die Regeln des Schafkopfspiels (noch) nicht, so kann der Agent mit seinem Wissen diese:n Spieler:in unterstützen, indem z. B. mögliche Karten vorausgewählt werden und diese Auswahl erläutert wird.

Beide möglichen Fälle – Substitution einer Person (*Automation*) bzw. Unterstützung einer Person (*Augmentation*) – repräsentieren typische Rollen von Agenten (vgl. Abb. 2.1) [5, S. 83] [6] und können auf andere Anwendungsfälle übertragen werden.

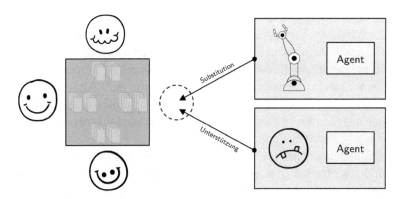

Abb. 2.1: Agentenrollen Substitution bzw. Unterstützung im Kontext eines Schafkopfspiels (eigene Darstellung).

Wie bereits dargestellt, muss der Agent in beiden Ausprägungen über Wissen bezüglich der Aufgabe „Schafkopfspiel (mit)spielen" verfügen und benötigt Informationen über die Umgebung (z. B. Mitspieler:innen, ausgespielte Karten) sowie eine Möglichkeit, Aktionen auszuführen. Die Umgebung des Agenten ist gut – wenn auch nicht vollständig – beobachtbar, da über geeignete Sensorik sichergestellt werden kann, dass der Agent seine eigenen und bereits ausgespielte Karten kennt, während die Karten der Mitspieler:innen nicht bekannt sind. Ferner ändert sich die Umgebung nicht, während der Agent eine Entscheidung trifft, da stets eine Aktion (*Ausspielen einer Karte (Farbe | Wert)*) auf die nächste folgt. Da zudem die Anzahl an möglichen Aktionen und Wahrnehmungen diskret und stark begrenzt ist[1], handelt es sich aus Sicht des Agenten um eine verhältnismäßig einfache Umgebung, auch wenn die menschlichen Agenten im Szenario teilweise in ihrer Zielsetzung konkurrieren, je nachdem ob sie gemeinsam mit oder gegen den Agenten spielen (vgl. [7, S. Kapitel 2]).

Je nach Rolle des Agenten unterscheidet sich die Art der Interaktion mit der Umgebung. Zwar muss es in beiden Ausprägungen möglich sein, ausgespielte und eigene Karten zu erkennen, allerdings kann es in der unterstützenden Rolle zu zusätzlichen Eingaben seitens der unterstützten Person kommen, die beispielsweise fragt, warum eine bestimmte Karte ausgespielt werden soll oder nicht ausgespielt werden darf. Zudem erfolgt das Ausspielen der nächsten Karten über verschiedene Wege, nämlich entweder mit Hilfe des Roboters oder der unterstützten Person, die i. A. unterschiedlich angesprochen werden müssen. Insbesondere wenn der Agent als Assistent für eine Person eingesetzt wird, ist also die Gestaltung einer adäquaten Mensch-Maschine-Schnittstelle notwendig.

2.3 Konzeption des Schafkopf-Agenten

2.3.1 Wissensbasierte Systeme

Auch wenn die Anzahl möglicher Aktionen aus Sicht des Agenten begrenzt ist, da er in jedem Spielzug aus maximal acht Spielkarten eine auszuspielende auswählen muss, so ist es schwierig, für jede mögliche Konstellation die beste Aktion im Vorhinein zu definieren. Anderseits kann zielgerichtetes Verhalten gut mit Hilfe von Regeln und Strategien beschrieben werden, die auch Restriktionen durch das Regelwerk [3] umfassen. Um eine Person in der unterstützenden Rolle beim Erlernen des Schafkopf-Spiels unterstützen zu können, muss der Agent zudem seine Entscheidungen für oder gegen eine bestimmte Aktion erklären können.

Aufgrund dieser Anforderungen ist ein wissensbasiertes (Experten-)System – neben vielen anderen Möglichkeiten [1] – ein gut geeigneter Ansatz, um einen Schafkopf-Agenten zu realisieren (vgl. [8, S. Kapitel 1] [9] [10, S. Abschnitt 5.8]).

Wissensbasierte Systeme trennen die Repräsentation von Wissen von der Verarbeitung bzw. Anwendung dieses Wissens in einem konkreten Anwendungskontext [10, S. Kapitel 1] [11, S. 8]. In wissensbasierten Expertensysteme wird die oft sehr umfangreiche Wissensbasis mit Expert:innen erstellt – im vorliegenden Fall wären dies erfahrene Schafkopf-Spieler:innen.

---

1 Diese Einschätzung könnte sich ändern, falls auch verbale Äußerungen und non-verbale Kommunikation von Mitspieler:innen berücksichtigt werden sollen.

2.3.2 Aufbau eines Schafkopf-Agenten auf Basis der kognitiven Architektur *Soar*

Auch die kognitive Architektur Soar [2] [12] folgt einem wissensbasierten Ansatz und erhebt den Anspruch, ein Framework für die Entwicklung von Agenten bereitzustellen, die ähnliche kognitive Eigenschaften und Fähigkeiten wie Menschen aufweisen. Damit ist sie zur Umsetzung von Expertensystemen geeignet und wird hier für die Implementierung des Schafkopf-Agenten verwendet. Abb. 2.2 stellt den grundlegenden Aufbau des Schafkopf-Soar-Agenten dar.

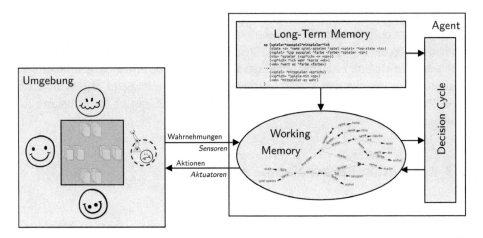

Abb. 2.2: Aufbau eines Schafkopf-Soar-Agenten und Einbettung in seine Umgebung (eigene Darstellung).

Das *Working Memory* repräsentiert in einem Soar-Agenten den aktuellen Zustand der Situation einschließlich der wahrgenommenen Umgebung, während das *Long-Term-Memory* Wissen u. a. über mögliche Aktionen enthält. Aus den möglichen Aktionen wird immer wieder eine möglichst gute Aktion ausgewählt und ausgeführt (→ *Decision Cycle*), wodurch sich i. A. die Umgebung verändert, was wiederum Auswirkungen auf den nächsten Entscheidungszyklus hat.

Konkret wird Schafkopf von vier Spieler:innen gespielt, an die jeweils acht Karten ausgegeben werden. Hier wird als Spielart lediglich das „Rufspiel" betrachtet, bei dem jeweils zwei Spieler:innen gegen die beiden anderen spielen. Die acht ausgegebenen Karten werden in acht Runden ausgespielt, wobei die vier ausgespielten Karten einer jeden Runde als „Stich" einem Spieler:innen-Paar zugeordnet werden. Gewonnen hat am Ende das Paar mit den meisten Punkten, die sich aus den Punktwerten errechnen, die den Karten der erzielten Stiche zugeordnet sind (z. B. König: 4 Punkte, Ober: 3 Punkte, Unter: 2 Punkte, Ass: 11 Punkte).

Aus Sicht der beteiligten Spieler:innen besteht Schafkopf also aus einer Folge von acht Entscheidungen, die das Ausspielen der nächsten Karte betreffen, und zum Ziel haben, möglichst viele Punkte zu erlangen. Grundlage für diese Spiel-Entscheidungen ist der aktuelle Zustand, der unter anderem folgende Informationen enthält:

- Mitspieler:innen
- Art des Spiels (Rufspiel, Solo, ...)
- Spielfortschritt mit vergangenen Runden bzw. Stichen einschließlich der dort ausgespielten Karten
- eigene Karten

Dieser aktuelle Zustand der Situation wird im *Working Memory* als Graph repräsentiert. Dessen Inhalt wird verändert, indem immer wieder der in Abb. 2.3 im Detail dargestellte *Decision Cycle* durchlaufen wird. In der Phase Input werden zunächst Informationen aus der Umgebung (z. B. aktuell ausgespielte Karte) in das *Working Memory* aufgenommen. Anschließend folgen die drei Phasen *Propose Operator*, *Decide* und *Apply Operator*, deren Ziel es ist, die nächste Aktion auszuwählen. Hierzu wird Wissen über das Regelwerk und eine Spielstrategie benötigt, welches in Form von Wenn-Dann-Regeln im *Long-Term Memory* des Soar-Agenten hinterlegt ist. Konnte schließlich eine Aktion ausgewählt werden, wird diese in der Phase *Output* ausgeführt und verändert üblicherweise die Umgebung.

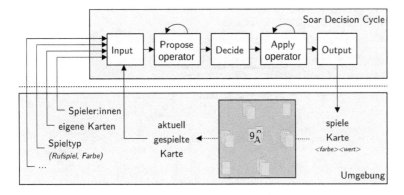

Abb. 2.3: Soar Decision Cycle in Interaktion mit einer Umgebung (eigene Darstellung).

Eine wesentliche Eigenschaft aller Soar-Agenten ist es, dass deren Entscheidungen und damit deren Verhalten nicht vorgegebenen Abläufen folgt, sondern zur Laufzeit entsteht [2], d. h. während der Agent eingesetzt wird. Da in allen Phasen des *Decision Cycle* das gesamte verfügbare Wissen (= Regeln im *Long-Term Memory*) eingesetzt wird, um in der aktuellen Situation die bestmögliche Entscheidung zu treffen, können Soar-Agenten als *rational agierende Agenten* angesehen werden [5, Kapitel 1] [7, Kapitel 2].

2.3.3 Implementierung des Schafkopf-Soar-Agenten

Zur Demonstration der Fähigkeiten und Erweiterungsmöglichkeiten eines Soar-basierten Agenten wird im Folgenden ein Prototyp vorgestellt, der in der Lage ist, eine Person dabei zu unterstützen, als Mitspieler:in regelkonform ein Rufspiel zu spielen. Abhängigkeiten zwischen verschiedenen Aktionen des Agenten werden mit Hilfe von Zuständen modelliert, die hierarchisch aufeinander aufbauen (vgl. Abb. 2.4). So wird im übergeordneten top-state eine Aktion spiel-spielen vorgeschlagen und ausgewählt, die in Kontext eines untergeordneten Zustands ausgeführt wird. Innerhalb dieses Zustands spiel-spielen sind wiederum Aktionen wie bestimme-geber, bestimme-spieltyp und stich-spielen relevant, die ihrerseits teilweise in untergeordneten Zuständen ausgeführt werden.

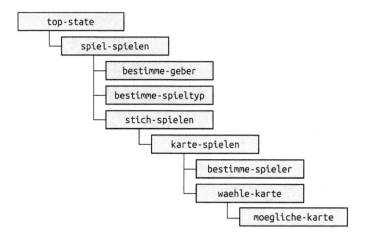

Abb. 2.4: Auswahl von Zuständen im Schafkopf-Soar-Agenten (eigene Darstellung).

Interaktion mit der Umgebung: *Input/Output*
Die Interaktion des Schafkopf-Soar-Agenten erfolgt über zwei Schnittstellen. Zur Eingabe der eigenen und der ausgespielten Karten wird ein NFC-Lesegerät[2] verwendet, das die mit einem NFC-Etikett versehenen Karten identifizieren kann (vgl. Abb. 2.5, links) und über die Soar-SML-Schnittstelle [13] die Karten-Informationen im *Working Memory* zur Verfügung stellt. Zudem kommt eine graphische Nutzeroberfläche zum Einsatz (vgl. Abb. 2.5, rechts), die es ermöglicht, weitere Informationen einzugeben, sowie Informationen zur Ausführung von Aktionen (z. B. *Lass uns ... spielen!*) an die unterstützte Person zu geben.

Abb. 2.6 zeigt, wie ein Teil dieser Informationen im *Working Memory*-Graphen repräsentiert wird. Dieser Graph besteht aus Knoten, die über Kanten (dargestellt als

---

2 Near Field Communication: Kommunikationsstandard zur drahtlosen Übertragung von Daten.

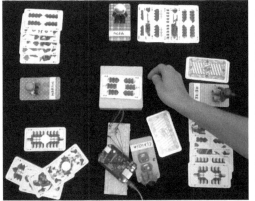

Abb. 2.5: Prototyp zur Demonstration des Schafkopf-Soar-Agenten (eigene Darstellung).

Pfeile) miteinander in Beziehung gesetzt werden. An die Kante io schließen zwei Kanten input-link bzw. output-link an, an die Daten von der Umgebung angehängt bzw. von der Umgebung abgefragt werden können. Im dargestellten Beispiel sind dies Informationen über die vier Spieler:innen und die Reihenfolge, in der sie am Tisch sitzen. Außerdem wird repräsentiert, welche Spielerin unterstützt wird (claudia, gekennzeichnet durch ^ich wahr) und welche Karte gerade ausgespielt wurde (schellen zehn). Am *Output Link* ist beispielhaft die Aktion spiele-karte dargestellt, die durch Informationen über die Farbe und den Wert der zu spielenden Karte konkretisiert wird.

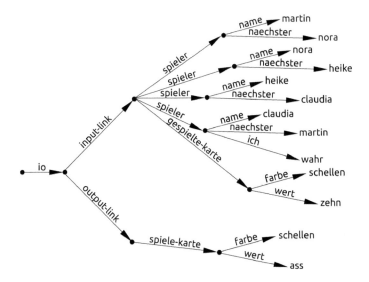

Abb. 2.6: Input und Output im Soar Working Memory (eigene Darstellung).

Analyse der Situation und Vorschlag von Aktionen: *Propose Operator*

Ziel der Phase *Propose Operator* ist es, verschiedene Aktionen vorzuschlagen, aus denen anschließend eine ausgewählt werden kann. Dies können sowohl agenten-interne Aktionen sein (wie beispielsweise die Initialisierung eines neuen Spiels) als auch solche, die in der Umgebung ausgeführt werden (wie beispielsweise das Ausspielen einer Karte). Wie oben angeführt bringt Soar jederzeit alles zur Verfügung stehende Wissen zum Einsatz, so dass in dieser Phase nicht nur Regeln angewendet werden, die Operatoren (≈ Aktionen) vorschlagen, sondern auch solche, die in anderer Weise den Inhalt des *Working Memory* verändern. Dies wird im Folgenden anhand zweier Beispiele verdeutlicht.

MITSPIELER:IN Bei einem Schafkopf-Rufspiel sagt ein:e Spieler:in eine Farbe (Eichel, Gras, Schellen) an. Der bzw. die Spieler:in, die das Ass in dieser Farbe hat, spielt dann gemeinsam als Mitspieler:in mit diesem Spieler. Folglich muss der Schafkopf-Soar-Agent in einem Rufspiel ermitteln, ob er Mitspieler ist.

Abb. 2.7 (a) zeigt die Regel, die das hierfür benötigte Wissen implementiert. Wie jede Soar-Regel teilt sie sich auf in (1) einen Kopf, der den eindeutigen Namen der Regel enthält, (2) einen Wenn-Teil, der die Voraussetzungen beschreibt, die erfüllt sein müssen, damit die Regel angewendet werden kann und (3) den Dann-Teil, der die Änderungen enthält, die in das *Working Memory* eingepflegt werden, solange die Bedingungen (2) erfüllt sind. Hierbei werden die Namen von Kanten mit ^kantenname dargestellt und Knoten durch Platzhalter (z. B. <farbe>) bzw. Werte (z. B. rufspiel).

Enthält das *Working Memory* den in Abb. 2.7 (b) dargestellten Ausschnitt, so werden alle im Bedingungteil der Regel beschriebenen Strukturen gefunden, so dass der Dann-Teil der Regel zur Anwendung kommt und die dort beschriebenen Kanten und Knoten zum *Working Memory* hinzugefügt werden (siehe Abb. 2.7 (c)).

AUSSPIELEN EINER KARTE Das Ausspielen der nächsten Karte stellt eine Aktion dar, die Auswirkungen auf die Umgebung des Agenten hat. Welche Karte ausgespielt werden soll, wird im Rahmen eines Entscheidungsfindungsprozesses ermittelt. Daher wird diese Aktion als Soar-Operator implementiert, so dass verschiedenartige Soar-Regeln involviert sind, die nach und nach im *Decision Cycle* zum Tragen kommen. In der aktuellen Phase *Propose Operator* werden verschiedene Aktionen vorgeschlagen, bevor anschließend eine ausgewählt und ausgeführt wird.

Beim Schafkopf sind die Karten in verschiedene Kategorien unterteilt: Trümpfe (Ober, Unter, Herz-Karten), Farbe „Schellen", Farbe „Eichel", Farbe „Gras" (jeweils alle Karten dieser Farbe außer Unter und Ober). Die Spieler:innen sind dazu verpflichtet, einem Stich eine Karte der gleichen Kategorie wie die der zuerst ausgespielten Karte des Stichs zuzugeben – falls sie eine Karte dieser Kategorie besitzen. Diese Spielregel lässt sich unmittelbar in die in Abb. 2.8 oben dargestellte Soar-Regel übersetzen.

In Abb. 2.8 ist in der Mitte wieder beispielhaft ein Ausschnitt aus dem *Working Memory* mit vier der eigenen acht Karten des Schafkopf-Soar-Agenten sowie dem aktuellen Stich dargestellt. Für diesen Stich, dessen erste Karte zur Kategorie gras gehört, soll nun eine auszuspielende Karte ausgewählt werden.

Name der Regel

```
sp {spieler*rufspiel*mitspieler*ich
  (state <s> ^name spiel-spielen
             ^spiel <spiel>
             ^top-state <ts>)
  (<spiel> ^typ rufspiel
           ^farbe <farbe>
           ^spieler <sp>)
  (<ts> ^spieler {<sp*ich> <> <sp>})
  (<sp*ich> ^ich wahr
            ^karte <ek>)
  (<ek> ^wert ass ^farbe <farbe>)
  -->
  (<spiel> ^mitspieler <sp*ich>)
  (<sp*ich> ^spiele-mit <sp>)
  (<ek> ^mitspieler-ass wahr)
}
```

SOLANGE derartige Kanten und Knoten im Working Memory vorhanden sind...

... füge diese Kanten und Knoten ebenfalls zum Working Memory hinzu.

Im Zustand <s> wird ein bestimmtes Spiel <spiel> gespielt.

Dieses Spiel <spiel> ist ein Rufspiel für eine bestimmte Farbe <farbe> und wurde vom Spieler <sp> angesagt.

Ich bin nicht der Spieler <sp>, der das Rufspiel <spiel> angesagt hat, und ich besitze ein Ass mit der Farbe <farbe>.

Dann nehme ich im Spiel die Rolle „Mitspieler:in" ein und merke mir, dass ich zusammen mit <sp> spiele und das Ass das „Mitspieler-Ass" ist.

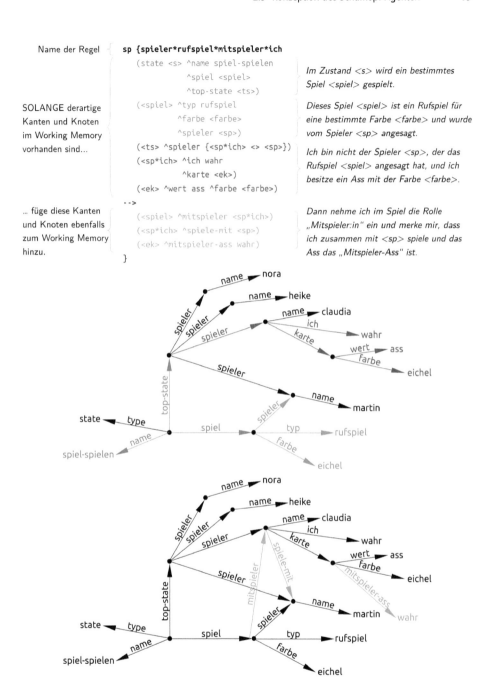

Abb. 2.7: Regel zur Ermittlung der Mitspieler:in-Rolle (a) sowie Ausschnitt des Working Memory vor (b) und nach (c) Anwendung der Regel (eigene Darstellung).

```
sp {waehle-karte*zugeben
    (state <s> ^name waehle-karte
               ^spieler <sp>
               ^stich <st>)
    (<st> ^karte <k1>)
    (<k1> ^nummer 1 ^beendet wahr
          ^kategorie <kat>)
    (<sp> ^karte <k2>)
    (<k2> ^kategorie <kat>)
   -(<k2> ^gespielt wahr)
-->
    (<s> ^operator <o> +)
    (<o> ^name moegliche-karte)
    (<o> ^karte <k2>)
}
```

Im Zustand <s> soll der Spieler <sp> eine Karte für den Stich <st> auswählen.

Die erste Karte dieses Stichs wurde bereits ausgespielt und gehört der Kategorie <kat> an.

Der Spieler <sp> besitzt eine Karte <k2> der Kategorie <kat>, die noch nicht ausgespielt wurde.

Dann wird als mögliche Aktion vorgeschlagen, die Karte <k2> auszuspielen.

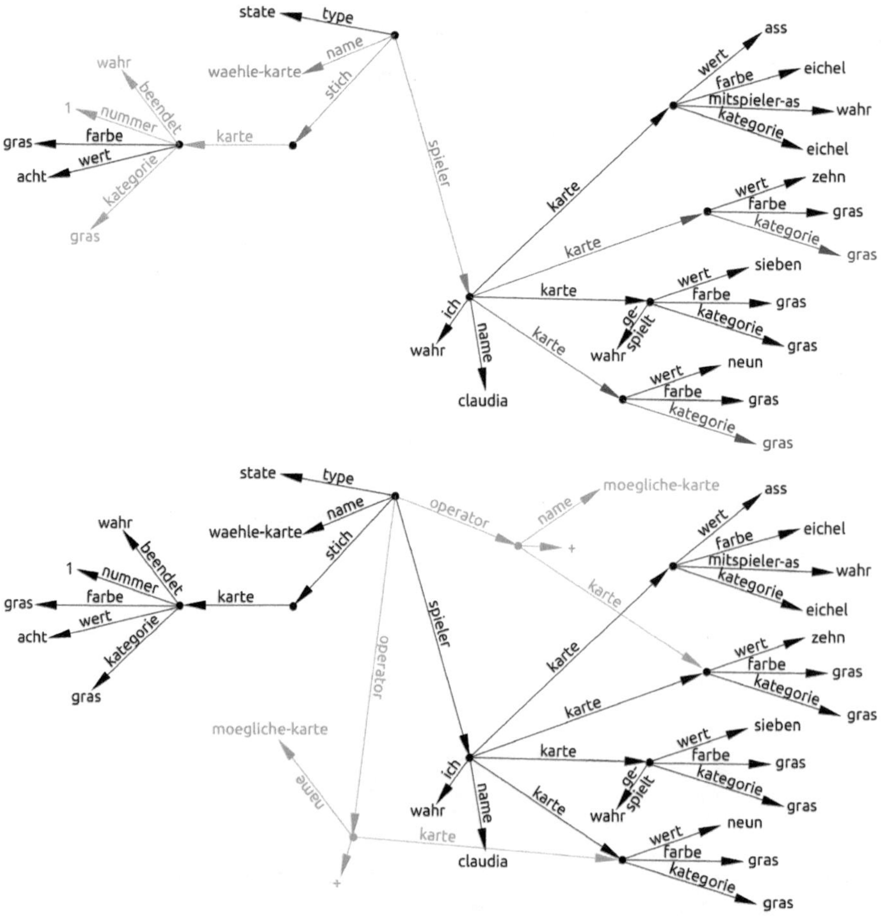

Abb. 2.8: Regel zur Ermittlung der möglichen Karten (a) sowie Ausschnitt des Working Memory vor (b) und nach (c) Anwendung der Regel (eigene Darstellung).

Der Wenn-Teil der dargestellten Regel passt auf zwei der vier Karten – Gras 9 und Gras 10. Das Eichel Ass gehört zu einer anderen Kategorie und die Gras 7 wurde bereits ausgespielt, so dass die Bedingungen der Regel auf diese beiden Karten nicht zutreffen. Allerdings wird der Dann-Teil für beide *Matches* ausgeführt, so dass zwei Operatoren als *acceptable* (gekennzeichnet durch +) zum Zustand `waehle-karte` hinzugefügt werden (siehe Abb. 2.8(c)).

Auswahl einer Aktion: *Select Operator*
Auf den Vorschlag verschiedener Operatoren folgt nun die eigentliche Entscheidung, bei der aus potenziell mehreren vorgeschlagenen Operatoren einer ausgewählt wird. Bei dieser Auswahl kommt typischerweise strategisches Wissen zum Einsatz, das auch in Form von Soar-Regeln formuliert werden kann. So kann z. B. für den Fall aus Abb. 2.8 hinterlegt werden, dass die Karte mit mehr Punkten (Gras 10) bevorzugt wird, wenn der Stich sicher dem bzw. der Mitspieler:in gehört. Ebenso kann formuliert werden, dass es egal ist, welche der möglichen Karten ausgespielt wird, wenn kein passendes Strategiewissen vorhanden ist.

Das gesamte Wissen des Schafkopf-Soar-Agenten wird in Form von Regeln im *Long Term Memory* hinterlegt und kommt in passenden Situationen zum Einsatz, muss aber nicht in einen prozeduralen Ablauf integriert werden. Daher ist es möglich, insbesondere das eben beschriebene strategische Wissen nach und nach durch weitere Regeln zu ergänzen.

Ausführen einer Aktion: *Apply Operator*
Als Ergebnis der Phase *Select Operator* liegt ein ausgewählter Operator vor, d. h. eine Aktion, die nun ausgeführt werden kann. Wie bereits in der Phase *Propose Operator* werden nun sowohl Regeln angewendet, die unabhängig von Operatoren das *Working Memory* verändern, als auch solche, die sich auf den ausgewählten Operator beziehen.

Abb. 2.9 zeigt oben eine Regel, die zur Anwendung kommt, falls ein bestimmter `waehle-karte`-Operator ausgewählt wurde. Im Gegensatz zur vorhergehenden Auswahl-Phase entfällt die Kennzeichnung als „möglicher Operator" (+) und die Anwendung ergänzt eine Anweisung für die Umgebung am `output-link`, informiert den/die unterstützte:n Spieler:in über die zu spielende Karte und markiert die ausgespielte Karte.

Anschließend beginnt der nächste Zyklus des Soar *Decision Cycle*.

```
sp {waehle-karte*apply
   (state <s> ^top-state.io.output-link <ol>)
   (<s> ^operator <o> ^karte <k1>)
   (<o> ^name moegliche-karte)
   (<o> ^karte <k2>)
   (<k2> ^farbe <f> ^wert <w>)
-->
   (write (crlf) |Lass' uns | <f> |-| <w> | spielen!|)
   (<ol> ^spiele-karte <k3>)
   (<k3> ^farbe <f> ^wert <w>)
   (<k1> ^gewaehlt wahr)
   (<k2> ^gespielt wahr)
}
```

Es ist ein output-link verfügbar, um Informationen/Aktionen an die Umgebung zu kommunizieren.

Im Zustand <s> wurde ein Operator „mögliche Karte" ausgewählt, mit dem eine Karte mit Farbe <f> und Wert <w> ausgespielt werden soll.

Der/die Spieler:in wird über die zu spielende Karte informiert.

An den output-link wird eine Aktion „spiele-karte" angehängt und die auszuspielende Karte durch Farbe und Wert spezifiziert.

Es wird hinterlegt, dass für den Operator eine Karte ausgewählt und die entsprechende Karte ausgespielt wurde.

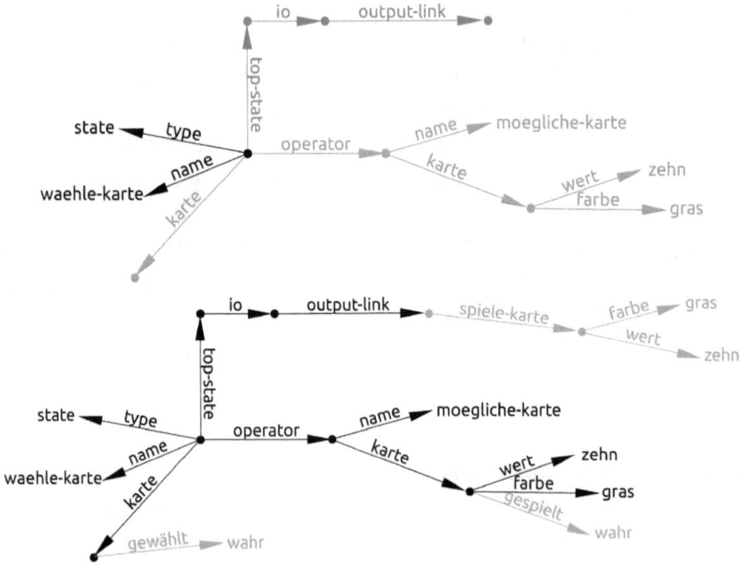

Abb. 2.9: Regel zur Ausführung der Aktion spiele-karte (a) sowie Ausschnitt des Working Memory vor (b) und nach (c) Anwendung der Regel (eigene Darstellung).

2.4 Diskussion und Ausblick

Auch wenn das Erheben und Formulieren von (Experten-)Wissen für symbolische Systeme eine herausfordernde Aufgabe ist (auch *knowledge acquisition bottleneck* genannt) und sie nicht per se lernen (vgl. den Lernbegriff in der KI bei Kipp in diesem Band), so sind sie insbesondere aufgrund ihrer Transparenz für verschiedene Aufgabenstellungen ein gut geeigneter Ansatz. Wie im Beispiel *Schafkopf* dieses Beitrags werden sie häufig in Spielen eingesetzt [10]. Der Einsatzbereich symbolischer KI ist allerdings nicht auf Spiele beschränkt, sondern umfasst eine Vielzahl an Anwendungen [8] [11], die von medizinischen Diagnose-Anwendungen bis hin zur Robotik reichen (weitere Anwendungen s. Hollmann & Schurk in diesem Band).

In der Robotik kann symbolische KI beispielsweise verwendet werden, um Aufgaben zu erfüllen, die zu kompliziert sind, um während der Entwicklung adäquates Verhalten für alle Situationen zu spezifizieren [9]. Soll ein Roboter mit Menschen kollaborieren, sind verschiedene mentale Modelle im Roboter nötig, die alle Aspekte des Arbeitssystems von der Arbeitsaufgabe bis hin zu den Eigenschaften der Menschen umfassen [6]. Denn nur wenn der Roboter beispielsweise weiß, welches Bauteil wie bearbeitet werden soll, kann er den Menschen etwa durch Bereitstellung entsprechender Materialien und Werkzeuge oder die Ausführung von Bearbeitungsschritten unterstützen. Kognitive Architekturen wie Soar können nicht nur für die Implementierung solcher mentalen Modelle verwendet werden, sondern werden auch zur Erforschung der Umgebung mobiler Roboter [14] oder zum interaktiven Erlernen neuer Aufgaben für Roboter [15] genutzt.

Auch in der Einsatzumgebung kollaborativer Roboter – intelligenten Fabriken – finden sich symbolische KI Technologien. So beschreibt beispielsweise [16] einen Ansatz zur Selbstoptimierung einer Fabrik abhängig von deren Zustand und Umgebung.

So vielfältig die Situationen sind, in denen Entscheidungen getroffen werden müssen, so vielfältig sind also auch die Einsatzmöglichkeiten symbolischer KI-Systeme. Ihre Stärken können besonders in solchen Anwendungsszenarien genutzt werden, in denen die Transparenz des Entscheidungsfindungsprozesses wichtig ist. Da in vielen Szenarien viele verschiedene, technische Fähigkeiten notwendig sind und alle Methoden spezifische Stärken und Schwächen aufweisen, ist letztlich oft die Kombination verschiedener Ansätze erfolgversprechend.

Literatur

[1]   T. Schmid, W. Hildesheim, T. Holoyad und K. Schumacher, „The AI Methods, Capabilities and Criticality Grid," *Künstliche Intelligenz*, Bd. 35, pp. 425-440, 2021.

[2]   J. Laird, The Soar Cognitive Architecture, Cambridge, MA: MIT Press, 2012.

[3]   Schafkopfschule e.V., „Schafkopfregeln," 2007. [Online]. Available: https://www.schafkopfschule.de/regeln.html?file=files/inhalte/dokumente/Spielen/Regeln/Schafkopfregeln-Aktuell-29.3.2007.pdf. [Zugriff am 8 November 2022].

[4]   Labor für Mikrocomputertechnik (HS Augsburg), „Kartenspielroboter," 2020.

[5]   A. Kore, Designing Human-Centric AI Experiences: Applied UX Design for Artificial Intelligence, Berkeley, CA: Apress, 2022.

[6]   N. Rußwinkel, „Antizipierende interaktiv lernende autonome Agenten," in *Mensch-Roboter-Kollaboration*, Wiesbaden, Springer Fachmedien, 2020, pp. 193-207.

[7]   S. Russell und P. Norvig, Künstliche Intelligenz – Ein moderner Ansatz, 2. Hrsg., Prentice Hall, 2004.

[8]   K. Anderson, Designing Autonomous AI: a Guide for Machine Teaching, O'Reilly Media, 2022.

[9]   M. Beetz, R. Chatila, J. Hertzberg und F. Pecora, „AI Reasoning Methods for Robotics," in *Springer Handbook of Robotics*, Cham, Springer Handbook, 2016, pp. 329-356.

[10] I. Millington, AI for Games, 3. Hrsg., CRC Press, 2019.

[11] C. Beierle und G. Kern-Isberner, Methoden wissensbasierter Systeme, Wiesbaden: Vieweg+Teubner, 2008.

[12] J. Laird, „Introduction to the Soar Cognitive Architecture," 2022.

[13] Soar, „SML Quick Start Guide," 2014. [Online]. Available: https://soar.eecs.umich.edu/articles/arti cles/soar-markup-language-sml/78-sml-quick-start-guide. [Zugriff am 2 November 2022].

[14] F. Luo, Q. Zhou, J. Fuentes, W. Ding und C. Gu, „A Soar-Based Space Exploration Algorithm for Mobile Robots," *Entropy*, Bd. 24, Nr. 3, 2022.

[15] J. Kirk, A. Mininger und J. Laird, „A Demonstration of Interactive Task Learning," in *Proceedings of the Twenty-Fifth International Joint Conference on Artificial Intelligence (IJCAI-16)*, 2016.

[16] A. Bunte, P. Wunderlich, N. Moriz, P. Li, A.Mankowski, A.Rogalla und O. Niggemann, „Why Symbolic AI is a Key Technology for Self-Adaptation in the Context of CPPS," in *IEEE International Conference on Emerging Technologies and Factory Automation (ETFA)*, 2019.

3 Maschinen mit künstlichen Gehirnen – Was ist Deep Learning?

Michael Kipp

Wenn man heutzutage von Künstlicher Intelligenz oder kurz KI spricht, bekommt man eine Vielzahl an Reaktionen. Auf der einen Seite Faszination und Begeisterung angesichts neuer Meldungen und Videos – von selbstfahrenden Autos, von Gemälden, Essays und Gedichten, die von einer KI – auch von Technologien wie ChatGPT – erschaffen wurden, bis hin zu Robotern, die laufen, tanzen oder Tischtennis spielen. Auf der anderen Seite hört man Hiobsbotschaften über den drohenden Kollaps des Arbeitsmarktes, weil im Grunde jeder Job durch eine Künstliche Intelligenz ersetzt werden könne. Fast immer ist dann auch von Deep Learning die Rede.

Deep Learning ist eine spezielle Technologie in der Künstlichen Intelligenz. Diese Technologie hat um 2010 herum einen fulminanten Durchbruch erzielt, sie steckt auch hinter dem 2022 veröffentlichtem ChatGPT, und ist seitdem in aller Munde. Wie bei so vielen Entwicklungen hat diese Technologie aber eine deutlich längere Geschichte hinter sich, die hier skizziert werden soll. Wir gehen dazu in drei Schritten vor: Künstliche Intelligenz, Maschinelles Lernen und Deep Learning. Wenn Sie das Kapitel gelesen haben, sollten Sie eine Intuition zur Funktionsweise der Deep-Learning-Mechanismen haben und können dann vielleicht besser die Faszination und Möglichkeiten dieser Technologie einschätzen.

3.1 Wie kam es zu Deep Learning?

Zunächst mal zur Einordnung: Deep Learning bezeichnet den aktuellen Stand der Forschung im Bereich Künstlicher Neuronaler Netze. Neuronale Netze sind wiederum ein Teilgebiet des maschinellen Lernens. Maschinelles Lernen ist schließlich ein Teilgebiet der KI (siehe Abb. 3.1). Warum soll so ein winziger Teil der KI jetzt so bedeutungsvoll sein?

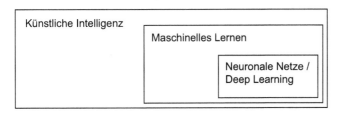

Abb. 3.1: Deep Learning ist ein Teilgebiet der KI.

Beim Thema der Künstlichen Intelligenz steht man zunächst vor der Frage, wie denn *menschliche* Intelligenz genau definiert ist. Diese Frage ist bis heute nur schwer zu beantworten, was auch damit zu tun hat, dass Maschinen immer mehr Bereiche „erobern" und damit in gewisser Weise „entwerten". Ganz früher war es schon genug, viel zu wissen oder gut rechnen zu können. Auf beiden Gebieten übertrumpfen Computer schon längst den Menschen. Definieren wir also Intelligenz über das reine logische Schließen oder das gute Managen von komplexen menschlichen Beziehungen? Oder über eine komplexe Sprache mit umfangreichem Vokabular oder über die spontane, emotionale Reaktion?

Der britische Mathematiker Alan Turing hat bereits 1950 das Problem der Definition von Intelligenz einfach umgedreht und gesagt: Wir definieren nicht, was Intelligenz ist, sondern wir zeigen auf, wie man feststellt, ob z. B. eine Maschine so intelligent ist wie ein Mensch [1] (vgl. auch Seising in diesem Band). Dieser sogenannte Turing-Test funktioniert so, dass ein menschlicher Tester mit zwei Entitäten A und B durch jeweils einen Schlitz über geschriebene Botschaften auf Papier kommuniziert. Der Tester darf alles Mögliche schreiben, also Smalltalk betreiben oder Fachfragen stellen. Hinter den Schlitzen von A und B stecken jeweils ein Mensch und eine Maschine. Wenn der Tester nach einer gewissen Zeit nicht sagen kann, ob der Mensch hinter A oder B sitzt, muss die Maschine wohl intelligent sein.

Als 1956 bei einer interdisziplinären Konferenz im amerikanischen Dartmouth mehrere Wissenschaftler aus Disziplinen wie Mathematik, Informatik und Psychologie zusammenkamen, einigte man sich auf den Begriff Künstliche Intelligenz, um die verschiedenen Bemühungen, intelligente Maschinen zu erschaffen, zu bündeln (ausführlich zur Geschichte des Begriffs der KI siehe Seising in diesem Band). Für die Zukunft dieses Forschungsgebiets wird dieser Begriff mittlerweile fast als Fluch aufgefasst, weil er zu hohe Erwartungen weckt und dazu einlädt, neue Errungenschaften zu schnell als „nicht mehr KI" zu betrachten. Man überlege, dass folgende Technologien in den 90er Jahren typische KI-Themen waren:
- einen gesprochenen Satz in Text umwandeln
- einen intelligenten Vorschlag generieren, welches Produkt man als nächstes kaufen könnte
- auf einem Foto ein menschliches Gesicht entdecken

Natürlich sind obige Themen längst Realität und niemand würde dazu noch KI sagen. Ist es also so, dass Künstliche Intelligenz immer das ist, was noch nicht erreicht wurde? Haben die Wissenschaftler von Dartmouth in diesen Begriff quasi einen Selbstzerstörungsmechanismus eingebaut? Manchmal wird dieser Gedankengang auch als der AI Effect beschrieben und man sollte dies im Kopf behalten, wenn der aktuelle KI-Hype vorübergezogen ist.

Tatsächlich gab es in der Geschichte der KI im Allgemeinen und in der Geschichte der Neuronalen Netze im Besonderen Zeiträume, in denen KI-Technologien als Spielerei und unseriös abgetan wurden. Heutzutage ist das kaum vorstellbar, aber in der Wissenschaftsgeschichte werden diese Phasen auch als KI-Winter bezeichnet. Man nimmt an, dass diese KI-Winter in der Tat in als Reaktion auf völlig überzogene Erwartungen einsetzten. Es flossen überproportional Forschungsgelder in Gebiete, die auf hohe Versprechungen nur kleine Fortschritte lieferten. Ein Beispiel ist die menschliche Sprache in Form der Sprachverarbeitung. Hier geht es um Aufgaben wie das Erkennen von Wörtern bei einer Audioaufnahme, aber auch um die maschinelle Übersetzung von Texten oder um das Führen eines aufgabenspezifischen Dialogs (z. B. bei einem Einkauf). Man dachte in den 50er/60er Jahren, dass Sprachverarbeitung nach maximal 20 Jahren komplett „gelöst" sei. Man kann sich vorstellen, wie die Geldgeber reagierten, als man nach 10, 20, 30 Jahren nur winzige Fortschritte sah.

Auch die Idee, sich vom Gehirn den Mechanismus Neuronaler Netze abzuschauen, war zunächst eine Kuriosität, dann hoffnungsvolle Sensation, gefolgt von großer Enttäuschung. Die Grundidee künstlicher Neuronen stammt bereits aus dem Jahr 1943 von Warren McCulloch und Walter Pitts [2]; also noch vor dem Turing-Test und weit vor der Dartmouth-Konferenz. Die ersten Lernmechanismen, um solche Netze wirklich benutzbar zu machen, wurden dann 1958-60 von Frank Rosenblatt und Bernard Widrow vorgestellt [3][4]. Die erste Enthusiasmus-Welle kam in Form des sogenannten Konnektionismus, wo die Idee von vernetzten Aktivierungsenergien, also eher „weichen" Faktoren, die alten Hardliner der symbolischen, logik-, regel- und wissensbasierten KI überzeugen sollten. Gegenwind bekamen die Wissenschaftler auch von Mathematikern, die davon überzeugt waren, dass Neuronale Netze nur triviale statistische Methoden im neuen Gewand waren. Die statischen Verfahren dominierten ohnehin alle Teilbereiche des maschinellen Lernens, von der Bilderkennung bis zur Sprachverarbeitung. Der Fortschritt bei den Neuronalen Netzen kam in kleinen Schritten. 1986 wurde u. a. durch Geoffrey Hinton ein verallgemeinertes Lernverfahren namens Backpropagation popularisiert, welches bis heute der Motor aller Neuronalen Netze ist [5]. 1988-98 entwickelte Yann LeCun eine völlig neue Netzwerk-Architektur, die man heute als Konvolutionsnetz bezeichnet (auf Englisch Convolutional Neural Network oder CNN) [6]. Ein Vorläufer des Konvolutionsnetzes – das Neocognitron – wurde bereits 1980 von Kunihiko Fukushima vorgestellt [7].

Der Durchbruch gelang dann aber erst 2012, als ein Neuronales Netz namens AlexNet, ein Konvolutionsnetz, den bekannten weltweiten Wettbewerb ImageNet mit einigem Abstand vor der Statistik-basierten Konkurrenz gewann [8]. Die Autoren waren Geoffrey Hinton und zwei seiner Studenten. AlexNet hatte nicht nur die neue Architektur eines Konvolutionsnetzes, es hatte auch mit seinen acht Schichten mehr Schichten als zuvor üblich, war also deutlich „tiefer" und führte so zum Begriff des „Deep Learning".

3.2 Was sind Neuronale Netze?

Um Deep Learning zu verstehen, muss man zunächst wissen, wie maschinelles Lernen funktioniert.

3.2.1 Wie lernen Maschinen?

Stellen Sie sich vor, Sie hätten eine Fabrik, in der Doughnuts am Fließband produziert werden. Im letzten Schritt kontrolliert ein Mitarbeiter, ob ein Doughnut als Ausschuss herausgenommen werden muss, weil er zerquetscht ist oder zu wenig Streusel darauf sind. Wie würde man einen solchen Mitarbeiter einarbeiten, also anlernen?

Wir probieren zunächst den „regelbasierten Ansatz" für das Anlernen: Man erklärt dem Mitarbeiter zwei Regeln: (1) Wenn der Doughnut zerquetscht ist, nimm ihn raus und (2) wenn zu wenige Streusel auf dem Doughnut sind, nimm ihn raus. Aber wann genau sind es zu wenige Streusel? Versuchen wir es mit: Es sollten ca. 60-70% der Oberseite mit Streuseln bedeckt sein. Aber die Streusel sollten auch gleichmäßig verteilt sein. Wie genau kann man das in einer Regel formulieren? Sie merken schon, es wird schnell unübersichtlich. Und der arme Mensch muss das alles ja ständig im Kopf haben. Wahrscheinlich muss man dann noch ein Handbuch schreiben. Und selbst wenn man die besten Regeln der Welt schreibt, vergisst man nicht irgendeinen ganz speziellen Fall? Außerdem muss man sich fragen, ob das irgendetwas mit Lernen zu tun hat. Wir geben schließlich alle Fälle in den Regeln vor. Lernen heißt hier höchstens, dass man merkt, dass man eine neue Regel braucht. Wir überlegen uns also, wie man wirklich anlernt.

Wir probieren daher den „lernbasierten Ansatz": Der Mitarbeiter bekommt anfangs nur eine einzige Regel: Wenn ein Doughnut nicht gut aussieht, nimm ihn raus. Anschließend stellen Sie sich direkt neben ihn. Jedes Mal, wenn er einen Doughnut herausnimmt, sagen Sie „richtig", wenn der Doughnut Ihrer Meinung nach raus sollte, und „falsch", wenn Sie der Meinung sind, der Doughnut wäre doch noch in Ordnung. Nach ein paar Stunden oder Tagen sollte der Mitarbeiter „angelernt" sein. Dieser Ansatz ist nicht nur lernbasiert, weil hier wirklich gelernt wird, er ist außerdem „datenbasiert", denn man kann die Reihe von Doughnuts und das Feedback des Chefs (OK oder Ausschuss) als „Datensatz" verstehen. Das Feedback des Chefs ist ungefähr so, als würde man an jeden Doughnut ein Schildchen (Label) anbringen, auf dem steht „OK" oder „Ausschuss". Die Menge aller Doughnuts mit Labeln sind Daten.

Was hat das mit Maschinen zu tun? Auch in der KI geht man entweder regelbasiert oder lern- bzw. datenbasiert vor. Den letzteren Ansatz nennen wir auch Maschinelles Lernen. Der Mitarbeiter aus unserem Beispiel wird jetzt durch eine Maschine ersetzt. Wir stellen uns diese Maschine mal als schwarze Kiste, also als Black Box, vor (Abb. 3.2). Das Foto eines Doughnuts ist der Input, der Output ist „OK" oder „Aus-

Abb. 3.2: Das Maschinelle Lernen findet in einer Black Box statt.

schuss". Welcher Mechanismus genau in dieser Black Box sitzt, dafür gibt es verschiedenste Möglichkeiten.

Genauso wie eine Heizung mit Gas, Solarenergie oder Erdwärme betrieben werden kann, können in der Black Box verschiedene Machine-Learning-Methoden zum Einsatz kommen, um Probleme wie das Doughnut-Problem zu lösen. Lange Zeit waren statistische Verfahren sehr beliebt. Diese hießen zum Beispiel Logistische Regression, Support Vector Machines oder Random Forests. Seit etwa 2010 ist aber eine Methode auf dem Vormarsch, die von den Strukturen des menschlichen Gehirns inspiriert ist. Dies sind die Neuronalen Netze.

3.2.2 Vom Gehirn zu Neuronalen Netzen

Wir möchten uns also den Mechanismus vornehmen, der vom menschlichen Gehirn inspiriert ist und der in direkter Linie zu Deep Learning führt: Künstliche Neuronale Netze. Ein Neuron nennt man die Basiseinheit in einem Gehirn. Jedes Neuron hat eine bestimmte Ladung. Man kann sich das wie einen Wasserspeicher mit unterschiedlichen „Füllständen" vorstellen. In der Informatik stellt man sich das gern als Zahl zwischen 0 und 1 vor (Abb. 3.3).

Abb. 3.3: Neuron als Wasserspeicher, der eine Zahl zwischen 0 und 1 wiedergibt.

Ein Neuron bekommt von anderen Neuronen durch Verbindungen Input. Wir können uns das so vorstellen, dass Wasser über Leitungen von einem Neuron ins nächste Neuron läuft. Die Verbindungen laufen immer in genau eine Richtung. Außerdem kann man jede Verbindung über einen Regler einstellen, so dass weniger Wasser (Gewicht 0,2) oder mehr Wasser (Gewicht 0,9) hindurchfließt. Eine Verbindung mit Gewicht 0,5 lässt nur die Hälfte der Ladung durch. Wir können berechnen, wieviel Ladung beim Zielneuron ankommt, indem wir die Ladung mit dem Gewicht multiplizieren (Abb. 3.4).

Wie soll das gehen, mit Wasserständen Informationen zu kodieren? Stellen Sie sich vor, der Input ist ein Foto von einer Katze. Ein Bild besteht bekanntlich aus kleinen Punkten, den Pixeln. Jeder Pixel ist mit einem Wert (Graustufe) bei Schwarzweiß-Fotos oder mit drei Werten (Rot-, Gelb- und Blauwert) bei Farbfotos belegt (Abb. 3.5).

Um ein Foto in das Neuronale Netz einzuspeisen, wird einfach für jeden Pixel seine Graustufe in einen Wasserstand für das entsprechende Input-Neuron übersetzt.

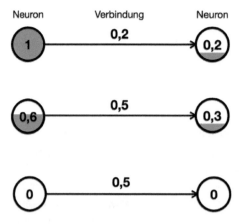

Abb. 3.4: Verbindungen zwischen Neuronen haben Gewichte, die anzeigen, wie viel „Wasser" durchgelassen wird.

Abb. 3.5: Ein Foto besteht aus Pixeln. Jeder Pixel wird durch einen Wert (Graustufe) oder drei Werte (Farbe) repräsentiert.

Ein weißer Pixel entspricht also einem leereren Neuron, schwarz wäre ein komplett gefülltes Neuron und grau ein halbvolles Neuron. Anschließend fließt das Wasser durch die Verbindungen durch viele Neuronen hindurch, bis es schließlich an dem Output-Neuron ankommt (Abb. 3.6). Dort wird kontrolliert, ob die Ladung die Grenze von 0,5 überschreitet, dann ist die Ausgabe JA (ein Katzenfoto). Wird die Grenze nicht erreicht, ist die Ausgabe NEIN (kein Katzenfoto).

Abb. 3.6: Bei den Ausgabeneuronen wird kontrolliert, ob der Füllstand die Grenze von 0,5 überschreitet (dann steht es für JA) oder nicht (dann steht es für NEIN).

Was Sie hier bereits ahnen können: Die „Intelligenz" des Netzwerks ist in den Verbindungen und deren Gewichten kodiert.

3.2.3 Wie wird gelernt?

Jetzt nehmen wir an, wir haben unsere Daten, also zum Beispiel viele Fotos. Auf einigen ist eine Katze zu sehen, auch anderen ist etwas anderes abgebildet, zum Beispiel ein Hund. Wir wollen so etwas wie die Google-Bildersuche speziell für Katzen bauen, also einen Katzen-Detektor. Unser Neuronales Netz soll bei einem Foto sagen, ob eine Katze darauf zu sehen ist oder nicht (Abb. 3.7). Die Trainingsdaten bestehen aus 1000 Fotos, wo für jedes Foto die Information JA (Katzenfoto) oder NEIN (keine Katze zu sehen) vorhanden ist.

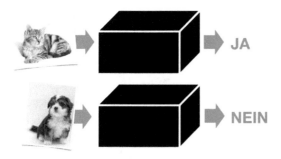

Abb. 3.7: Ein Katzendetektor gibt JA aus, wenn ein Foto mit einer Katze als Input anliegt, und NEIN, wenn keine Katze auf dem Foto ist.

Im ersten Schritt teilen wir unsere Daten in Trainingsdaten (900 Fotos) und Testdaten (100 Fotos). Lernen besteht jetzt darin, dass wir in der ersten Phase Fotos in das Netz speisen und anhand der Ausgabe die Gewichte der Verbindungen anpassen. Das nennt man auch Trainingsphase. In der zweiten Phase, der Testphase, messen wir die Qualität unserer Black Box.

Wie funktioniert die *Trainingsphase*? Unser neuronales Netz besteht also aus Neuronen mit Füllständen und Leitungen. Jede Verbindung hat ein Gewicht zwischen 0 und 1. Wir nehmen unser erstes Trainingsfoto – mit einer Katze – und übersetzen die einzelnen Pixel in Wasserstände und befüllen entsprechend unsere Input-Neuronen (Abb. 3.3). Jetzt läuft überall Wasser entlang, mal mehr, mal weniger, die Zwischen-Neuronen laufen voll (oder auch nicht) und schließlich erhält unser Output-Neuron einen finalen Füllstand. Beim ersten Foto ist der Eimer zum Beispiel voll (1 = Katzenfoto). Das heißt, unser Netz hat das Foto korrekt klassifiziert. Wir müssen daher nichts am Netz verstellen (Abb. 3.8).

Jetzt schütten wir unser zweites Foto hinein: ein Hundefoto (Abb. 3.9). Nach viel Wasserfluss ist der Output-Eimer schon wieder voll (1 = Katzenfoto). Das heißt, unser

Abb. 3.8: Ein Foto mit einer Katze wird als Input anlegt und die Black Box gibt JA aus. Es muss nichts weiter gemacht werden.

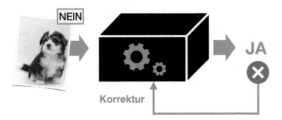

Abb. 3.9: Bei einem Foto ohne Katze wird JA ausgegeben. Jetzt wird die Black Box angepasst, indem Gewichte verändert werden. So findet Lernen statt.

Netz lag falsch. Aber das ist gut, denn jetzt wird gelernt. Wir gehen vom Output-Eimer rückwärts alle Verbindungen entlang und drehen die Gewichte immer ein Stückchen zu oder auf. In unserem Beispiel würden wir die Drehregler eher etwas zudrehen, damit weniger Wasser in das Output-Neuron läuft. Wir nennen das Anpassen aller Gewichte nach einem Foto auch einen Lernschritt. Wenn wir alle 900 Trainingsbilder durchlaufen haben – man nennt das auch eine Epoche – dann sind unsere Gewichte und damit unsere Leitungen hoffentlich schon ein bisschen besser angepasst. Diesen Lernmechanismus nennt man *Backpropagation*.

Wie gut ist gut genug? In der Testphase möchten wir einen Eindruck davon bekommen, wie gut unser Netz schon geworden ist. Also nehmen wir die 100 Testbilder, die unser Netz noch nie „gesehen" hat. Wir testen den „Realfall", dass das Netz gänzlich neue Bilder sieht. Auf diesen 100 Bildern messen wir die Qualität unseres Netzes, zum Beispiel indem wir zählen, wie viele der 100 Bilder unser Netz richtig klassifiziert werden. Wenn wir etwa 90% erreichen, ist das für eine Bildersuche schon richtig gut. Für ein selbstfahrendes Auto, das per Kamera Fußgänger erkennen soll, ist es aber eher beunruhigend, wenn jeder zehnte Fußgänger nicht als solcher erkannt wird. Der Qualitätsanspruch hängt also stark von der Anwendung ab. Wichtig ist aber, dass wir systematisch und zuverlässig messen können, wie gut das Netz ungesehene Bilder klassifiziert.

3.3 Was ist Deep Learning?

Nachdem wir wissen, wie ein einfaches Neuronales Netz funktioniert, wenden wir uns dem Deep Learning zu. Es wurde bereits erwähnt, dass Neuronale Netze in Schichten aufgebaut sind (Abb. 3. 10).

Input   Output

Abb. 3.10: Ein Neuronales Netz ist in der Regel in Schichten aufgebaut, wo der Informationsfluss von Input (links) zu Output (rechts) erfolgt.

Das hat tatsächlich rein pragmatische Gründe und im menschlichen Gehirn ist diese sehr strenge Art der Organisation so nicht vorhanden. Was heißt es denn überhaupt, dass es Schichten gibt? Ganz einfach: Zunächst wird die Eingabe (z. B. ein Bild) an die Neuronen der Eingabeschicht angelegt. Sagen wir, dass es sich um 100 Neuronen handelt. Diese Neuronen sind mit allen Neuronen der zweiten Schicht – nehmen wir an, es sind 200 Stück – verbunden. Das heißt, wir haben es hier mit 100 x 200 also 20.000 Verbindungen zu tun. Weiterhin sind alle Neuronen der zweiten Schicht mit den Neuronen der dritten Schicht verbunden. Bei einem kleinen Netz ist die dritte Schicht vielleicht schon die letzte Schicht. Dann nennen wir sie auch Ausgabeschicht, die vielleicht aus drei Neuronen besteht: Jedes Ausgabeneuron steht für eine mögliche Bildkategorie, zum Beispiel Hund, Katze und Mensch. Zwischen zweiter und dritter Schicht haben wir also noch einmal 200x3 = 600 Verbindungen. Wichtig ist, dass die Verbindungen keine Schicht überspringen dürfen und dass keine Verbindung rückwärts zeigt (z. B. von der zweiten in die erste Schicht). Bei unserem Beispielnetz haben wir jetzt also drei Schichten mit je 100, 200 und 3 Neuronen, somit insgesamt 20.600 Verbindungen mit 20.600 Gewichten. Da beim Lernprozess in der Trainingsphase alle Gewichte schrittweise angepasst werden, ist die Anzahl der Gewichte ein wichtiger Faktor: Je mehr Gewichte vorhanden sind, desto mehr Rechenkapazität wird benötigt. Hinzu kommt das Problem des Overfitting. Dies bedeutet, dass ein Netz sich zu sehr an die Trainingsdaten anpasst und zu wenig verallgemeinert. Stellen Sie sich vor, in Ihrem Bekanntenkreis sind zufälligerweise alle Personen, die blond sind, vegetarisch. Sie könnten daraus eine Regel ableiten: Wenn man blonde Haare hat, ist man Vegetarier:in. Diese Regel ist offensichtlich falsch. Sie haben sich zu sehr auf Ihre „Trainingsdaten" angepasst, das nennt man Overfitting. Beim maschinellen Lernen spielt in solchen Fällen die Anzahl der Gewichte eine Rolle: Je höher die Anzahl der Gewichte, umso größer die Gefahr des Overfitting. Umgekehrt führen zu wenige Gewichte dazu, dass das Netz nur sehr einfache Zusammenhänge lernt. Sie sehen, dass das Fine-Tuning eines Netzes ist eine komplexe Angelegenheit.

Zurück zum Deep Learning. Tatsächlich deutet „deep" einerseits darauf hin, dass diese Netze sehr viele Schichten und somit eine große Tiefe haben. Andererseits bezieht sich der Begriff Deep Learning auf mehrere, relativ junge technische Entwicklungen, die zwar schon seit den 90er Jahren erdacht wurden, aber erst um 2010 herum ihr volles Potenzial entwickelten. Warum diese technischen Entwicklungen sich erst so spät entfalten konnten, hatte auch mit Rahmenbedingungen zu tun, die sich erst in den letzten 10-30 Jahren kristallisiert haben. Das ist zunächst mal die schiere Menge und die leichte Verfügbarkeit von Daten. Dabei geht es um Verkehrsdaten, Bild- und Videodaten, Sprachdaten etc. etc. Große Datenmengen sind die Voraussetzung für das Training von fortgeschrittenen KI-Methoden. Hierbei geht es nicht nur um die reine Existenz dieser Daten, sondern auch um die Bereitstellung großer Datenmengen durch öffentliche Organisationen, aber auch durch Firmen wie Google, Facebook oder Netflix. Der zweite Aspekt ist die rasante Entwicklung spezieller Hardware. Angefeuert durch die Computerspieleindustrie wurden immer leistungsstärkere Grafikprozessoren entwickelt, die sich besonders gut fürs Maschinelle Lernen eignen. Darauf kommen wir später noch zurück. Der dritte Aspekt ist die Entwicklung und Verfügbarkeit von Software und Programmiersprachen, die einen leichten Einstieg und Zugang zu KI-Methoden bieten. Insbesondere die Computersprachen Python und R tragen zur immer weiteren Popularisierung der KI-Methoden bei. Spezielle Softwarebibliotheken für maschinelles Lernen (z. B. Scikit-learn und TensorFlow) und neuronale Netze (z. B. Keras und PyTorch) erlauben es, ohne tiefere theoretische Kenntnisse mit verschiedenen Methoden und Beispieldaten zu experimentieren.

Zurück zu den technischen Innovationen im Deep Learning. Eine Schlüsseltechnologie sind die sogenannten Konvolutionsnetze. Konvolutionsnetze sind inspiriert von der bahnbrechenden Forschung zweier Neurowissenschaftler in den 1960er Jahren, dem Amerikaner David Hubel und dem Schweden Torsten Wiesel. Diese haben das visuelle System im Gehirn von Katzen untersucht und dabei herausgefunden, dass das Gehirn das gesamte Sichtfeld in viele rezeptive Felder einteilt und für jedes Feld verschiedene Eigenschaften berechnet [9]. Zum Beispiel, ob eine Diagonale oder eine Vertikale Linie in einem solchen Feld vorhanden ist oder ob es einen Hell-Dunkel-Kontrast zwischen linker und rechter Hälfte des Feldes gibt. In der weiteren Verarbeitung werden diese Teilinformationen genutzt, um höherwertige Eigenschaften wie etwa „Mund" oder „Nase" zu erkennen und am Ende dieser Verarbeitung wird eventuell ein Gesicht oder ein Objekt wie Klavier erkannt. Die beiden Wissenschaftler erhielten für diese Forschung 1981 den Nobelpreis. Im Bereich Neuronaler Netze nutzten zwei Wissenschaftler diese Idee, um die bis dahin sehr einfachen Netze insbesondere für die Bildverarbeitung zu verbessern. Der Japaner Kunihiko Fukushima entwickelte 1980 das Neocognitron [Fukushima 1980]. Der Franzose Yann LeCun veröffentlichte 1989 mit dem Netzwerk LeNet-5 den Vorläufer moderner Konvolutionsnetze [6]. Den Durchbruch erzielten CNNs mit dem AlexNet aus dem Jahr 2012 [8]. Das Erfolgsrezept bei Konvolutionsnetzen liegt darin, dass eben nicht jedes Neuron einer Schicht mit jedem Neuron der nächsten Schicht verbunden ist. Stattdessen wird ein Raster mit 5x5 Neuronen über alle Eingangsneuronen geschoben. Man nennt dieses Raster auch Filter. Das heißt, wir haben nur 25 Gewichte, die in diesem Filter angepasst werden, und zwar unabhängig von der Anzahl der Eingabeneuronen. Sie erinnern sich an das Beispiel oben? Dort hatten wir bereits 20.000 Gewichte zwischen erster und zweiter Schicht. Das heißt, wir sparen hier jede Menge Rechenkapazität, weil wir nur 25 Gewichte statt 20.000 anpassen müssen. Aber wir sparen nicht nur eine Menge Gewichte. Eine vielleicht noch wichtigere Eigenschaft der Konvolutionsnetze ist die Nicht-Lokalität der Filter. Das heißt, dass unser Filter mit seinen 25 Gewichten in der Trainingsphase alle Regionen des Bildes kennenlernt. In einem traditionellen Netz hingegen ist ein Gewicht nur für genau einen Pixel zuständig. Im Konvolutionsnetz ist es daher leichter, einen Detektor für ein Muster (z. B. diagonale Linie) anzulernen, das im gesamten Bild erkannt wird. In einem Konvolutionsnetz besteht eine Schicht jetzt aus mehreren solcher nicht-lokaler Filter. Jeder Filter entwickelt im Lernprozess seine eigene Spezialisierung, z. B. eben für diagonale Linien oder für Hell-Dunkel-Kontraste oder – in späteren Schichten – für Nase, Mund oder eben auch ein Gesicht.

Spannend ist auch, dass die Berechnung dieser Konvolutionen aus mathematischen Operationen bestehen, die sehr gut parallelisierbar sind, d. h. man kann es ausnutzen, wenn mehrere Prozessoren vorhanden sind. Hinzu kommt, dass genau diese Operationen auch in der Computerspiele-Industrie für die Computergrafik benötigt werden und dass deshalb – wie bereits erwähnt – in den letzten Jahren sehr mächtige Hardware entwickelt wurde. Das Stichwort lautet hier GPU oder Graphics Processing Unit. Gab es vor 30 Jahren in jedem Rechner nur eine zentrale Recheneinheit, nämlich die CPU (Central Processing Unit), so wurde mit fortschreitenden Ansprüchen an Computergrafik die GPU als zweit wichtigste Einheit mit auf das Board gepackt. Mathematisch speichert man sowohl die „Wasserstände" der Neuronen als auch die Gewichte in multi-dimensionalen Konstrukten namens Tensoren. Aus der Schule kennen Sie vielleicht noch Vektoren. Ein Vektor ist ein 1-dimensionales Konstrukt (eine Liste von Zahlen). Das 2-dimensionale Pendant nennt man eine Matrix. Ein Tensor ist die Verallgemeinerung dieser Konstrukte, also so etwas wie eine 3-, 4- oder 5-dimensionale Matrix. Das klingt tatsächlich komplizierter als es ist, man muss sich hier nicht 4- oder 5-dimensionale Räume vorstellen. Man kann sich auch unter Tensoren einfach einen Mechanismus vorstellen, um Daten möglichst gut strukturiert zu „verpacken". GPUs sind also besonders gut und effizient darin, Tensoren zu verarbeiten. Mittlerweile gibt es wiederum neue Hardware, die noch direkter darauf spezialisiert ist, mit Tensoren zu arbeiten, sogenannte TPUs (Tensor Processing Units). Durch die genannten Umstände war also eine ideale Umgebung für Deep Learning geschaffen, was zum aktuellen Hype um diese Technologie führte.

3.4 Was hat das mit dem menschlichen Gehirn zu tun?

Bevor wir uns tiefer vorwagen, noch eine Einschränkung: Künstliche Neuronale Netze sind zwar vom menschlichen Gehirn inspiriert, aber selbst der grundlegende Lernalgorithmus Backpropagation hat tatsächlich kaum etwas mit den Lernmechanismen im menschlichen Gehirn zu tun, soweit man dies weiß. Auch die Einteilung in Schichten ist, zumindest in dieser strengen Form, so nicht im Gehirn vorhanden. Auch die neueren Entwicklungen des Deep Learning wie Konvolutionsnetze sind auf technischer Ebene sehr weit entfernt von dem, was (vermutlich) biologisch passiert, auch wenn bestimmte Effekte (spezialisierte Filter, die den receptive fields entsprechen) Ähnlichkeiten aufweisen. Insofern sollte man bei Schlussfolgerungen und Hypothesen in beide Richtungen sehr vorsichtig sein. Bei der Richtung „Mensch zu KI" heißt das: Nur weil Neuronale Netze vom menschlichen Gehirn inspiriert sind, heißt das noch lange nicht, dass wir daraus ein „künstliches menschliches Gehirn" entwickeln können. Das müsste nämlich völlig anders aussehen als heutige Architekturen Neuronaler Netze. Für die Richtung „KI zu Mensch" gilt: Die Aspekte, die wir bei künstlichen Neuronalen Netzen entdecken, sagen wenig darüber aus, wie menschliches Denken, menschliches Gedächtnis oder gar Dinge wie Emotionen, Persönlichkeit oder soziales Verhalten funktionieren. Man kann künstliche Neuronale Netze also nur sehr begrenzt als „Simulation" von biologischen Gehirnen verstehen. Wie beide Systeme zusammenspielen können, wird im Beitrag von Vukelić und Tagalidou in diesem Band vertieft behandelt.

3.5 Sprache als Schlüssel zur Intelligenz

Sprache wird häufig als Schlüssel zur Intelligenz wahrgenommen, vielleicht zu Recht, denn auch der Turing-Test arbeitet prinzipiell mit Sprache. Schließlich laufen beim Thema Sprache – neben der eigentlichen Sprachkompetenz (Satzbau und Wortwahl) – viele Aspekte zusammen, die Intelligenz ausmachen, etwa die Einbeziehung von Weltwissen, die Berücksichtigung von Kontext und Aspekte von Kreativität.

Wir haben oben zwei Beispiele von Bildverarbeitung kennengelernt. Einmal ging es darum, ein Bild von einem Doughnut zu klassifizieren (OK oder Ausschuss), einmal darum, bei einem Bild zu sagen, ob eine Katze darin vorkommt oder nicht.

Wie verarbeitet ein Neuronales Netz Sprache? Wir möchten z. B. einen Satz eingeben und das Neuronale Netz soll einen Satz ausgeben. Das würde uns erlauben, folgende Anwendungen zu bauen:
- **Übersetzung:** Die Eingabe ist ein Satz auf Deutsch, Ausgabe der übersetzte Satz auf Englisch
- **Empfehlungssysteme:** Die Eingabe ist eine Frage nach einem guten Film, die Ausgabe ist eine Empfehlung (entsprechend für Restaurants oder Touristenattraktionen).
- **Hate-Speech-Detektor:** Die Eingabe ist ein Tweet von Twitter oder ein Kommentar auf Facebook, die Ausgabe ist nur ein Wort, z. B. „Hate-Speech" oder „OK".

Ein Satz besteht aus Wörtern. Leider ist die Anzahl der Wörter immer unterschiedlich. Außerdem ist die Anzahl aller möglichen Wörter – das sogenannte Vokabular – oft sehr, sehr groß. Beides macht die Verarbeitung schwierig. Eine Lösung ist, dass die einzelnen Wörter hintereinander in ein Neuronales Netz eingegeben werden. Dies hat aber zur Folge, dass bei einem Standardnetz die Ausgabe bei Wort 4 überhaupt

keinen Zusammenhang zu den Wörtern 1 bis 3 hat. Schauen Sie sich ein Beispiel aus dem Bereich Übersetzung an:
- deutsch: Ich habe gestern gelernt.
- englisch: Yesterday, I studied.

Eine einfache Architektur müsste pro Wort den entsprechenden Output liefern, also „Ich" zu „Yesterday", „habe" zu „I", „gestern" zu „studied" und „gelernt" zu einer leeren Ausgabe.

Man hat schon früh erkannt, dass Neuronale Netze eine Art von Gedächtnis benötigen und um 1990 die Architektur der Rekurrenten Neuronalen Netze (RNN) ins Leben gerufen [10]. Man hat dazu eine der wichtigsten Einschränkungen der Standardnetze aufgehoben, nämlich dass Verbindungen nur in eine Richtung, nach „vorn", zeigen dürfen. Die weitere Forschung musste dann den Mechanismus des Gedächtnisses verfeinern. Hier wurde 1997 an der TU München durch sogenannte LSTM ein Durchbruch erzielt [11]. Ein weiterer Durchbruch geschah dann 2017 mit einer bahnbrechenden Architektur, die heute Transformer genannt wird, und von einem Team bei Google Brain entwickelt wurde. Transformern wird noch einiges Zukunftspotenzial vorhergesagt [12].

Ein prominentes Beispiel für die Transformer-Technologie ist das System GPT-3 (Generative Pre-trained Transformer), das 2020 von der Organisation OpenAI veröffentlicht wurde [13]. Seit Ende 2022 kann die breite Öffentlichkeit mit Hilfe des Webdienstes ChatGPT die Leistung von GPT-3 selbst erleben und zum Beispiel Kurzgeschichten, Kochrezepte oder Drehbücher schreiben lassen oder sich bei Schulaufgaben, Essays und Folienvorträgen unterstützen lassen. Die Leistungsfähigkeit in sprachlicher, inhaltlicher und kreativer Hinsicht ist in der Tat beeindruckend. Aber wie kommt man von solch einem System zur allumfassenden künstlichen Intelligenz? Diese Frage läuft in der Fachwelt unter dem Begriff AGI für Artificial General Intelligence und damit befassen wir uns im nächsten Abschnitt.

3.6 Übermenschliche Künstliche Intelligenz?

Bei den bisherigen Beispielen könnten Sie jetzt erleichtert denken „so mächtig sind neuronale Netze also auch wieder nicht". AGI also ein ferner (Alp-)Traum? Aber warum sagt dann jemand wie Elon Musk dies hier:

And mark my words, AI is far more dangerous than nukes. Far.

Zur Erinnerung: Musk hat nicht nur selbst ein genialer Technologe und Ingenieur, sondern hat bei Tesla für die dortige Autopilot-Technologie eine der fortgeschrittensten Forschergruppen im Bereich KI weltweit ins Leben gerufen und ist Mit-Gründer von OpenAI, wo mehrere der visionärsten KI-Anwendungen entwickelt wurden (GPT-3 und DALL-E).

Wir haben oben gesehen, dass es Wege gibt, einen natürlichsprachlichen Satz in ein Neuronales Netz einzugeben und dass man daraufhin einen Satz zurückbekommt, z. B. die Übersetzung in eine andere Sprache. Jetzt stellen Sie sich vor, dieser Satz, der zurückkommt, ist nicht nur eine Übersetzung, sondern eine Antwort auf eine Frage, zum Beispiel

- ein Lösungshinweis für eine schwierige Situation in einem komplexen Projekt
- der Beweis für eine mathematische Behauptung
- ein vollständiges Computerprogramm für ein vorgegebenes Szenario

Und jetzt nehmen wir mal den dritten Punkt und Sie sagen der KI: Gib mir ein Programm, das besser ist als du selbst. Sie bekommen also eine verbesserte Version Ihrer KI. Jetzt ahnen Sie vielleicht, was als nächstes passiert. Richtig, Sie starten die neue KI und fragen wieder nach einer verbesserten Version seiner selbst. Das wiederholt man immer wieder und vollautomatisiert, so dass die KI nach etwa einer Stunde das Intelligenz-Niveau von Menschen erreicht hat und danach geht es natürlich immer weiter zu über-menschlicher Intelligenz. In der Fachwelt nennt man das dann eine "Singularität". Mehrere Autoren haben das thematisiert, etwa der renommierte MIT-Physiker Max Tegmark in seinem Buch „Leben 3.0" [14] oder der Oxford-Philosoph Nick Bostrom in seinem Buch „Superintelligence" [15].

Max Tegmark gründete mit weiteren renommierten Wissenschaftlern daher das Future of Life Institute, um Fragen nach Ethik und nach der Notwendigkeit staatlicher Kontrolle und Regulierung zu diskutieren. Auch Namen wie Elon Musk und Stephen Hawking engagierten sich im wissenschaftlichen Beirat.

Sie wissen, dass ein Neuronales Netz lediglich aus vielen Verbindungen mit Gewichten besteht. Sie wissen, dass diese Gewichte die eigentliche Intelligenz darstellen. Kann es sein, dass so menschenähnliche Intelligenz entsteht? Dass nur durch Training, z. B. mit allen Seiten aus dem Internet, das ganze Wissen der Welt in das Netz einkodiert wird. Unser kleines Netz von oben hatte 20.600 Verbindungen. Das menschliche Gehirn hat, einer Schätzung zufolge, 1 Billiarde Verbindungen (eine Billiarde ist eine Eins mit 15 Nullen). Sie könnten sagen, dass man da technisch sowieso nie hinkommt.

Vorhin haben wir GPT-3 erwähnt. GPT-3 ist tatsächlich ein System, dass auf einen sprachlichen Input hin eine sprachliche Antwort generiert, die erstaunlich menschlich klingt. Das Neuronale Netz von GPT-3 hat 175 Milliarden Verbindungen (eine Milliarde hat 9 Nullen). Hier sind wir also rein rechnerisch um Faktor 10.000 von menschlichen Gehirn entfernt. Zwar soll GPT-4 Gerüchten zufolge nicht viel größer sein als GPT-3, aber wird sich spätestens GPT-5 der Komplexität des menschlichen Gehirns annähern?

3.7 Konklusion

Wir haben eine Reise hinter uns, wo wir von der Kontrolle von Doughnuts zur Super-intelligenz gereist sind. Es ist dabei wichtig zu reflektieren, welche Art von Probleme KI lösen kann, wo KI in unserem Leben und in unserer Arbeit einen Platz findet und ob es Gefahren gibt.

Andrew Ng, ein ehemaliger Stanford-Professor und begnadeter KI-Erklärer – sein Stanford-Kurs zum Maschinellen Lernen gilt als weltweit meist besuchter Kurs – sagt zum Thema KI:

> *AI is the new electricity.*

Er ist der Meinung, dass KI bald allgegenwärtig sein wird, aber zunächst im positiven Sinne, also zur Steigerung von Produktivität und Lebensqualität. KI wird uns bei der Textverarbeitung sinnvolle Formulierungsvorschläge geben, wird in unseren Smart Homes Heizung und Strom optimieren und wird uns bei der persönlichen Planung und in der Wissenschaft bei komplexen Problemen unterstützen.

Bei der Debatte um menschenähnliche Künstliche Intelligenz oder AGI sind sich Wissenschaftler:innen im Grunde einig, dass das Ziel prinzipiell erreichbar ist. Unei-nigkeit herrscht eher bei der Frage, ob das in einem Zeitraum von 10-20 Jahren oder 100-200 Jahren passiert. Und selbst wenn dieser Zeitpunkt da ist, ist ein Szenario, wo Maschinen die Herrschaft über die Welt übernehmen, wie häufig von Hollywood in-szeniert, eher unwahrscheinlich. Die eigentliche Gefahr liegt wie so oft darin, auf wel-che Weise Menschen diese Technologie benutzen.

Literatur

[1]   Turing A. Computing Machinery and Intelligence. Mind, 1950, Vol. LIX, Issue 236, 433–460.

[2]   McCulloch W, Pitts W. A logical calculus of the ideas immanent in nervous activity. Bulletin of Mathematical Biophysics, 1943, 5, 115–133.

[3]   Rosenblatt F. The Perceptron: A probabilistic model for information storage and organization in the brain. Psychological Review, 1958, 65: 6, 386–408.

[4]   Widrow B. An Adaptive "ADALINE" Neuron using Chemical "Mimistors". Technical Report, 1960, 1553–2, Solid-State Electronics Laboratory, Stanford University.

[5]   Rumelhart DE, Hinton GE, Williams RJ. Learning representations by back-propagating errors. Neurocomputing – foundations of research, Anderson JA, Rosenfeld E (eds.), MIT Press, Cambridge, MA, USA, 1988, 696–699.

[6]   LeCun Y, Boser B, Denker JS, Henderson D, Howard RE, Hubbard W, Jackel LD. Backpropagation Applied to Handwritten Zip Code Recognition. Neural Computation, 1989, 1: 4.

[7]   Fukushima K. Neocognitron: A self-organizing neural network model for a mechanism of pattern recognition unaffected by shift in position. Biological Cybernetics, 1980, 36: 4, 193–202.

[8]   Krizhevsky A, Sutskever I, Hinton GE. ImageNet classification with deep convolutional neural networks. Communications of the ACM, 2012, 60: 6, 84–90.

[9]   Hubel D. Auge und Gehirn. Neurobiologie des Sehens, Spektrum der Wissenschaft
       Verlagesgesellschaft, 1989.
[10]   Elman JL. Finding Structure in Time. Cognitive Science, 1990, 14, 179–211.
[11]   Hochreiter S, Schmidhuber J. Long Short-Term Memory. Neural Computation, 1997, 9: 8, 1735–1780.
[12]   Vaswani A, Shazeer N, Parmar N, Uszkoreit J, Jones L, Gomez AN, Kaiser L, Polosukhin I. Attention is
       All You Need, Advances in Neural Information Processing Systems, 2017, 30.
[13]   Brown TB, Mann B, Ryder N, Subbiah M, Kaplan J, Dhariwal P, Neelakantan A, Shyam P, Sastry G,
       Askell A, Agarwal S, Herbert-Voss A, Krueger G, Henighan T, Child R, Ramesh A, Ziegler DM, Wu J,
       Winter C, Hesse C, Chen M, Sigler E, Litwin M, Gray S, Chess B, Clark J, Berner C, McCandlish S,
       Radford A, Sutskever I, Amodei D. Language Models are Few-Shot Learners. Advances in Neural
       Information Processing Systems, 2020, 33, 1877–1901.
[14]   Tegmark M. Leben 3.0 – Mensch sein im Zeitalter Künstlicher Intelligenz, 4. Edition, Ullstein
       Taschenbuch, 2019.
[15]   Bostrom N. Superintelligenz: Szenarien einer kommenden Revolution, Suhrkamp, 2016.

4 Kein KI-Urknall. Nirgends

Rudolf Seising

4.1 Einleitung

Dieses Kapitel geht auf meinen Beitrag zur KI-Ringvorlesung „(R)evolution – Künstliche Intelligenz und menschliche Gesellschaft" in der Hochschule Augsburg im Sommersemester 2022 zurück. Die Hochschule feierte ihr 50-jähriges Bestehen und der Abend stand unter dem Thema „Reden wir über den digitalen Urknall – Wie künstliche Intelligenz entstanden ist!" Mein Vortrag beleuchtete die Geschichte der Forschungen zur Künstlichen Intelligenz (KI) und meine Untersuchungen zeigen, dass ein „digitaler Urknall" im Sinne eines singulären Beginns der KI-Forschungen wohl ebenso wie der Urknall unseres Universums Spekulation bleiben wird, da die Entstehung der KI – zwar aus anderen Gründen – im Ungefähren liegt.

Der Urknall (englisch Big Bang) ist ein Begriff aus der Kosmologie und bezeichnet einen Anfang des Universums, der vor etwa 13 800 000 Jahren datiert wurde. Es kann zwar auch sein, dass unser All schon immer da war, dass es also keinen Anfang hatte, aber die Theorie vom Urknall geht davon aus, dass sich Materie, Raum und Zeit aus einem unendlich massiven und dichten Punkt entwickelt und etwa 380 000 Jahre später stabile Atome gebildet haben. Seither expandiere das Universum, so jedenfalls werden die teleskopischen Beobachtungen der sich von uns immer schneller entfernenden Galaxien interpretiert. Allerdings kann nur „altes Licht" registriert werden, denn in den ersten 380 000 Jahren – so besagt es die Theorie ebenfalls – blieb das Universums noch so dicht, dass es für elektromagnetische Wellen undurchdringbar war. Daher können wir über die ersten 380 000 Jahre nach dem angenommenen Urknall nichts wissen [1].

Der „digitale Urknall" ist eine Metapher für einen singulären Anfang der Künstlichen Intelligenz(-Forschungen), vor dem es also keine Überlegungen zu intelligenten Maschinen gab und nach dem die Forschungen zur KI expandierten. Schaut man in Veröffentlichungen zur historischen Entwicklung der KI, wie z. B. [2–5], so kann man durchaus den Eindruck gewinnen, dass es im Jahre 1955 einen Urknall der KI am Dartmouth College in New Hampshire gab, als dort ein Forschungsantrag formuliert wurde, der „Artificial Intelligence" im Titel führte. Dabei handelt es sich um eine Erzählung, die hier ein Datum, sozusagen als „KI-Urknall" fixiert, das ebenso zu hinterfragen ist, wie die These selbst, dass es überhaupt einen solchen Urknall der KI gab [5].

4.2 Dartmouth

Im August 1955 wurde der Antrag für das "Dartmouth Summer Research Projekt on Artificial Intelligence" geschrieben [6]. Federführend war John McCarthy (1927–2011), ein junger Mathematiker, der gerade eine Anstellung als Assistenzprofessor am Dartmouth

https://doi.org/10.1515/9783111034706-004

College in Hanover, New Hampshire bekommen hatte. Seine Ko-Autoren waren der Mathematiker Marvin Lee Minsky (1927–2016), der damals Junior Fellow in Mathematik und Neurologie in Harvard war, der schon etwas ältere und für seine informations- bzw. kommunikationstheoretischen Arbeiten berühmte Mathematiker und Elektrotechniker Claude Elwood Shannon (1916–2001) und der ebenfalls ältere IBM-Elektroingenieur Nathaniel Rochester (1919–2001). Im Kern ging es den Antragstellern darum, mit etwa zehn handverlesenen Wissenschaftlern verschiedener Couleur über Artificial Intelligence nachzudenken. McCarthy erinnerte sich später:

> I introduced the term of artificial intelligence on that date when I wrote the proposal. I had to think of a name to call it and I called it artificial intelligence. Now, later Donald Michie) used the term machine intelligence and my opinion is that that was a better choice. [7]

Lassen wir die Geschichte des Dartmouth Summer Research Project am 4. April 1955 beginnen! An diesem Tag notierte der Mathematiker Warren Weaver (1894–1978), der in den Jahren 1932–1957 Direktor der Abteilung für Naturwissenschaften der Rockefeller Foundation war, einen Absatz über einen jungen Mathematiker „Dr. John McCarthy", der im vorherigen Sommer in den „Bell Telephone Laboratories" mit Claude Shannon „on communication theory" gearbeitet habe und jetzt mit diesem gemeinsam einen Band über das allgemeine Thema Automaten, Gehirnmodelle, Rechengeräte und Kommunikationstheorie bei Princeton University Press herausgeben werde [8].

Weaver kannte Shannon gut. Er hatte dessen Arbeit über die mathematische Kommunikationstheorie von 1948 in einem populärwissenschaftlichen Artikel für den „American Scientist" allgemeinverständlich dargestellt und interpretiert und dieser Text wurde ein Jahr später (leicht verändert) dem Originalartikel von Shannon in dem Buch „The Mathematical Theory of Communication" als eine Einführung vorangestellt [9]. In Weavers Tagebuch heißt es hier weiter:

> McCarthy hopes that the Rockefeller Foundation might finance a six-week summer working session, in 1965, presumably at Dartmouth [...] at which a group of interested individuals would work together on the general subject of automata and brain models. [8]

Zwei Tage später erging ein kurzer Brief von Donald Harvard Morrison (1914–1959), dem Leiter des Dartmouth College, an Weaver, in dem das Interesse des Colleges an der von McCarthy geplanten Veranstaltung „concerned with brain models" bestätigt und McCarthys Idee unterstützt wurde [10].

Im Juni danach trafen sich McCarthy und Shannon mit Weavers Direktionskollegen Robert Swain Morison (1906–1986) zu einem Mittagessen, um über das geplante „Sommer-Forschungsprojekt" zu sprechen. Morison war von Weaver in die Verhandlungen einbezogen worden, weil er das Vorhaben mit dem Thema Hirnforschung verband und Morison in der Stiftung für Medizin und Naturwissenschaften zuständig war. Die Einladung erging auch an Weaver selbst, doch er verzichtete darauf, weil er sich – wohl wegen seiner Bekanntheit mit Shannon – befangen fühlte.

Bei dem Mittagessen wirkt McCarthy auf Morison „enthusiastisch" und „probably quite able in mathematics but young and a bit naive." [11] Während der Rockefeller-Direktor das Treffen mit Zweifeln an der Sinnhaftigkeit der geplanten Veranstaltung verließ, muss McCarthy sich ermutigt gefühlt haben, die Pläne weiterzutreiben. Er verfasste mit Shannon, Minsky, und Rochester den Antragstext, den sie am 2. September 1955 vorab an Morison sandten, mit der Bemerkung, dass sie ihn offiziell einreichen werden, wann immer er dies für angemessen halte. Die beantragte Summe finanzieller Unterstützung belief sich auf 13 500 US-Dollar.

„A Proposal for the Dartmouth Summer Research Project on Artificial Intelligence" war der Antrag überschrieben. Artificial Intelligence – der Begriff war zuvor in keinem Dokument erschienen – sollte folgendermaßen erforscht werden:

> An attempt will be made to find how to make machines to use language, forma abstractions and concepts, solve kinds of problems now reserved for humans and to improve themselves. [6]

Den Begriff „artificial intelligence" führten die vier Wissenschaftler folgendermaßen ein:

> The study is to proceed on the basis of the conjecture that every aspect of learning or any other feature of intelligence can in principle be so precisely described that a machine can be made to simulate it. [6]

Unter Artificial Intelligence verstanden die Antragsteller die Simulation der höheren Funktionen des menschlichen Gehirns, die ihm/ihr jene Fähigkeiten und Verhaltensweisen, ermöglichen, die „intelligent" genannt werden. Es wurden sieben Forschungsschwerpunkte genannt: Für die Grundlage solcher Simulationen waren (1) „Automatic Computers" notwendig, dann war zu fragen (2) „How Can a Computer be Programmed to Use a Language", was auf damalige Spekulationen verweist, dass menschliches Denken auf Wortmanipulationen entsprechend logischen Regeln basiert. Zudem sollten (3) „Neuron Nets" erforscht werden, wobei damalige Theorien besagten, dass gewisse Neuronenverbindungen zu Begriffsbildungen führen. Gesucht wurde (4) eine „Theory of the Size of a Calculation", die Effizienzüberlegungen berücksichtig, man ging davon aus, dass (5) eine „intelligente" Maschine zu einem gewissen „Self-Improvement" und (6) zu „Abstractions" von Sensorwerten und anderen Daten fähig ist. Zuletzt wurden noch (7) „Randomness and Creativity" angeführt, da die Berücksichtigung von Zufälligkeiten den Unterschied zwischen kreativem Denken und phantasielosem, kompetentem Denken ausmache.

Es gab keine Einigkeit unter den Beteiligten, dass die von McCarthy eingeführte und favorisierte Bezeichnung „artificial intelligence" angemessen war. Shannon fand sie zu reißerisch und auch Herbert Alexander Simon (1916–2001) und Alan Newell (1927–1992), die zu den Teilnehmern der Veranstaltung zählten, hätten die Bezeichnung „complex information processing" favorisiert. Aber McCarthy setze seine Auffassung durch.

Die Rockefeller Foundation hatte ganz andere Schwierigkeit mit diesem Antrag, den man dort weder der naturwissenschaftlichen noch der medizinischen Forschung klar zuordnen und daher nur schwerlich mit ihren Förderzielen vereinbaren konnte. Schließlich wurde das Projekt mit einer um etwa die Hälfte gekürzten Fördersumme genehmigt: Es wurden 7 500 US-Dollar für Sommergehälter, Reise- und Unterkunfts-kosten der akademischen Teilnehmer bereitgestellt. Für die Kosten der aus der Indus-trie kommenden Forscher sollten die jeweiligen Firmen aufkommen. Und so fand die Veranstaltung vom 19. Juni bis zum 16. August 1956 statt.

Anlässlich ihres 50-jährigen Jubiläums, das im Jahre 2006 im Dartmouth College gefeiert wurde, erinnerte McCarthy daran, dass damals nur wenige Forschungsarbei-ten über „intelligentes Verhalten von Maschinen" diskutiert wurden, die Teilnehmer jeweils eigene Vorstellungen von dem Forschungsgebiet hatte und nicht alle gleichzei-tig sowie unterschiedlich lang teilnahmen.

Das Treffen löste nicht die großen Erwartungen ein, die von den vollmundigen Worten im Antragstext und erst recht nicht von dem neuartigen Ausdruck „Artificial Intelligence" geweckt wurden, und doch erzeugten dieser schillernde Begriff „AI" und das Dartmouth-Treffen einen Mythos, der bis heute erzählt wird.

Gegen dieses Narrativ wird hier argumentiert, dass es keinen singulären Beginn der KI-Forschung gab, sondern zur Mitte des 20. Jahrhunderts mehrere wissenschaftli-che und technische Entwicklungen zusammentrafen, sich überlagerten, gegenseitig ergänzten und miteinander verschmolzen. Das war zum einen die Logik, die sich aus der Philosophie heraus von der Begriffslogik und mit Arbeiten insbesondere von Friedrich Ludwig Gottlob Frege (1848–1925), David Hilbert (1862–1943), Wilhelm Fried-rich Ackermann (1896–1962), Albert Thoralf Skolem (1887–1963), Kurt Friedrich Gödel (1906–1978) und Stephen Cole Kleene (1909–1994) zur formalen Logik entwickelt und vor allem von Alan Mathison Turing (1912–1954), Alonzo Church (1903–1995) und John von Neumann (1903–1957) mit der Automatentheorie verknüpft wurde.

Neben die mathematisch abstrakten Automaten traten die von Ingenieuren kon-struierten realen Automaten, angefangen bei den Rechenmaschinen bis zu den Digi-talcomputern, die jetzt serienreif geworden waren und dank Claude Shannons Masterarbeit als „logische Maschinen" verstanden wurden, als er die elektrischen Schal-tungen in Analogie zu logischen Aussageverknüpfungen setzte [12]. Zudem hatte sich aus der Nachrichtentechnik eine mathematisch-statistische Informationstheorie ausgebildet, zu der – nicht zuletzt wegen des vielschichtigen Informationsbegriffs – interdisziplinäre Aspekte sowohl zur Psychologie, als auch zur Hirnforschung betrachtet wurden, und es suchten Vertreter der zuletzt genannten Disziplinen ebenfalls gemeinsame Schnittstellen. Ein logisches Modell von Nervenzellen und deren Vernetzung hatten der Neurophysio-loge und Psychologe Warren Sturgis McCulloch (1898–1969) und der Logiker Walter Pitts (1923–1969) schon 1943 publiziert und dafür interessierten sich bald Nachrichten-techniker und Computerkonstrukteure. Der Elektrotechniker Wesley Allison Clark (1927–2016) und der Physiker Belmont Greenlee Farley (1921–2008) programmierten um 1950 im Lincoln Lab des MIT auf dem Memory Test Computer (MTC) erste Simulationen solcher Nervenverknüpfungen. Großes Potenzial der Computertechnologie für die Erforschung der neuronalen Hirnstruktur sah auch der britische Physiker und Neuropsychologe Albert Maurel Uttley (1906–1985), der im genannten Jahr in seinem Vortrag auf dem ersten „Symposium on Information Theory" in London die „beliebte und gefährliche Aufgabe des Vergleichs von Computer und Gehirn" [13, Seite 143] übernahm und auf die Ähnlichkeiten natürlicher Neuronennetze mit der Nachrichtenkommunikationsstruktur innerhalb eines Computers hervorhob: Computer wie Gehirne haben Eingänge und Ausgänge für die Nachrichtensignale, sie können diese speichern und umwandeln.

Im gleichen Jahrzehnt fanden in London noch drei weitere internationale Symposien zur Informationstheorie statt, bei deren drittem, im Jahre 1955, erstmals auch Vorträge zur Hirnforschung angeboten wurden. Auf dem vierten Symposium im Jahre 1960 empfahlen Clark und Farley einen Hochgeschwindigkeits-Digitalcomputer als Werkzeug einzusetzen, um die Probleme der Hirnforschung anzugehen [14, Seite 242]. Auf der anderen Seite wuchs auch das Interesse von Psychologen an Resultaten aus der Nachrichtentheorie und -technik. Auf ihrer Konferenz im niederländischen Amersfoort gab es 1953 zwei Vorträge des Biophysikers George Karreman (1920–1997) über „Recent Mathematical-Biological Studies on Excitation" [15] und „Recent Mathematical-Biological Studies on Communication" [16].

McCarthy, Minsky, Shannon und Rochester fanden in diesen Jahren zueinander, um über ihre Forschungsinteressen, die durchaus verschiedene Herkünfte wie auch unterschiedliche Ziele hatten, zu diskutieren.

John McCarthy

Bevor McCarthy nach Dartmouth kam, hatte er seine wissenschaftliche Laufbahn mit einem Studium der Mathematik 1944 am California Institute of Technology in Pasadena begonnen. Dort konnte er im September 1948 am Hixon Symposium über „Cerebral Mechanisms in Behavior" teilnehmen [17]. Die Hixon-Stiftung finanzierte das Symposium über eine Zuwendung für die Unterstützung der Hirnforschung, für dessen Organisation der dem Hixon-Komitee angehörige Chemiker und zweifache Nobelpreisträger Linus Carl Pauling (1901–1994) den Psychologen Lloyd Alexander Jeffress (1900–1986) vorschlug, der dazu im Studienjahr 1957/48 am Caltech Hixon Visiting Professor war und bei dem Symposium viele Wissenschaftler miteinander ins Gespräch über die Zusammenhänge des menschlichen Verhaltens und der Hirnforschung brachte[1]. McCarthy konnte hier den Vortrag des Physiologen und Psychologen Warren Sturgis McCulloch

---

1 Vorträge hielten neben McCulloch und von Neumann auch die Neurologen Ward Campbell Halstead (1908–1968) und Heinrich Kluver (1897–1979), die Psychologen Wolfgang Köhler (1887–1967), Karl Spencer Lashley (1890.1958) sowie der Neurowissenschaftler Rafael Lorente de Nó (1902–1990). Diskutanten waren ausserdem neben Jeffress, die Neurobiologen bzw. Psychologen Ralph Waldo Gerard

„Why the Mind Is in the Head" hören [18], aber auch den des Mathematikers John von Neumann) über „The General and Logical Theory of Automata" [19] . Zudem traf er hier wohl erstmals Claude Shannon , mit dem er wenig später die „Automata Studies" plante. Für sein Interesse an „intelligenten Maschinen" sah McCarthy schon in seiner Teilnahme am Hixon-Symposium eine Art Auslöser oder „watershedmoment" [20]:

> At this symposium, the computer and the brain were compared, the comparison being rather theoretical, since there wern't [sic] any stored programmed computers yet. The idea of intelligent computer programs isn't in the proceedings, though maybe it was discussed. Turing) already had the idea in 1947. I developed some ideas about intelligent finite automata but found them unsatisfactory and didn't publish. [21]

Nachdem er 1949 das Bachelorstudium abgeschlossen hatte, wechselte er 1949 zur Promotion an die Princeton University, wo er eine Stelle als Instructor annahm und bis 1951 u. a. auch mit John von Neumann zu Automatenmodellen arbeitete. Zudem freundete er sich in dieser Zeit mit Marvin Lee Minsky, an, der in Princeton Junior-Fellow geworden war.

... und Marvin Minsky

Minsky, hatte 1946 ein Studium der Physik, Biologie und Neurophysiologie und -anatomie in Harvard begonnen, wo er bei John Henry Welsh (1901–2002), der dort von 1947 bis 1950 die Abteilung für Biologie leitete, in seinem Labor die Nervenaktivitäten der Klauen von Flusskrebsen untersuchen ließ. Minsky, erinnerte sich später:

> At one point, I had a crayfish claw mounted on an apparatus in such a way that I could operate the individual nerves. I could get the several-jointed claw to reach down and pick up a pencil and wave it around. I'm not sure that what I was doing had much scientific value, but I did learn which nerve fibres had to be excited to inhibit the effects of another fibre so that the claw would open. And it got me interested in robotic instrumentation–something that I have now returned to. [22]

Die Vorstellung, elektronische Maschinen zu bauen, die aus erinnerungsfähigen Neuronen und sie verbindenden „Synapsen" bestehen und deshalb lernfähig sind, hatte er nach der Lektüre des heute berühmten Artikels „A Logical Calculus of Ideas Immanent in Nervous Activity" von McCulloch und Pitts entwickelt [23]. In seinem Promotionsstudium an der Universität Princeton erarbeitete er dazu im Sommer 1951 mit der Hilfe des Physik-Doktoranden Dean Stockett Edmonds (1924–2018) ein Modell. Seiner Erinnerung nach „bauten" sie die Neuronen aus Vakuumröhren und einem Motor. 30 Jahre später beurteilte er diesen ersten „neuronalen Netzwerksimulator", dem sie

---

(1900-1974), Paul Alfred Weiss (1898–1989), Howard Scott Liddell (1895–1962), Donald Benjamin Lindsley (1907–2003) und Johannes Maagaard Nielsen (1890–1969).

den Namen SNARC (Stochastic Neural-Analogue Reinforcement Computer) gaben: „I didn't think that it would be very intelligent. I thought it would work pretty well with about forty neurons" [22]. Es war die Grundlage zu seiner 1954 abgeschlossenen Dissertation „Theory of Neural-Analog Reinforcement Systems and Its Application to the Brain Model Problem" [24]. Es war diese gemeinsame Leidenschaft für die Konstruktion intelligenter Maschinen, die McCarthy and Minsky, zu zwei der wichtigsten Pioniere der KI werden ließ.

... und Nathaniel Rochester

Schon kurz nachdem McCarthy 1955 die Stelle am Dartmouth College angenommen hatte, wurde er mit Rochester bekannt, der seit 1948 bei IBM die Arbeit an der Tape Processing Machine für den Computer 704 leitete. IBM hatte einigen US-Forschungsinstitutionen, darunter auch den New England Colleges und dem MIT, angeboten, die Maschine 704 zu nutzen und McCarthy war bei den Verhandlungen der Vertreter des Dartmouth Colleges. Als Rochester im gleichen Jahr als Leiter des neu aufgestellten IBM Information Research Department in Poughkeepsie, nach New York wechselte, lud er McCarthy ein, den Sommer 1955 mit seiner Gruppe dort zu verbringen [25].

... und Claude Shannon

Vier Jahre nach dem Hixon-Symposium traf McCarthy erneut auf Claude Shannon, als er Princeton im Sommer 1952 für einen halbjährigen Forschungsaufenthalt in den Bell Laboratorien verließ. Die beiden diskutierte die Möglichkeiten „intelligente Maschinen" zu konstruieren und sie beschlossen, einen Sammelband zu diesem Thema herauszugeben. Shannon fand den Begriff „Machine Intelligence" allerdings zu grell („much too flashy"[2]) und so einigten sie sich für das im Jahre 1956 im Druck erschienene Buch auf den Titel „Automata Studies"[3].

---

2 „I wrote this call for these papers on the automatous studies and when the papers came in, I was disappointed, too many of them were about automata and I remember having a discussion with Claude Shannon where I was interested in machine intelligence and he thought any such title was much too flashy." [2].
3 Der Band erschien unter dem Titel „Automata Studies" als Nr. 34 der von der Princeton University Press publizierten Reihe „Annals of Mathematical Studies" [26].

4.3 Automata Studies

Nicht nur dieser Titel, sondern auch die schließlich in dem Band veröffentlichten Beiträge, enttäuschten McCarthy, denn die weitaus meisten der in diesem Band publizierten Arbeiten thematisierten nicht den Intelligenzbegriff, sondern mathematische Automaten. Der Band hat drei Teile: „Finite Automata", „Turing Machines" und „Synthesis of Automata". Die ersten beiden Teile enthielten ohne Ausnahme Beiträge von Mathematikern, die sich auf die Arbeit „On computable numbers, with an application to the Entscheidungsproblem" von Alan Turing (1912–1954)) bezogen [27]. In dieser Arbeit von 1936/37 hatte Turing) bei der Behandlung der Frage, ob ein Algorithmus bei der Ausführung zu einem Ende gelangt, also anhält[4], dadurch beantwortet, dass er zeigen konnte, dass dieses Problem algorithmisch nicht entscheidbar ist. Es gibt keinen Algorithmus, der diese Frage für alle möglichen Algorithmen und beliebige Eingaben entscheiden kann.

... und der Turing-Test

Lediglich im Vorwort thematisieren die Herausgeber der „Automata Studies" Turings im Jahre 1950 in der psychologischen Zeitschrift „Mind" publizierten Artikel „Computing Machinery and Intelligence" [28] in dem dieser das „Imitationsspiel" einführt, das zur Klärung der Frage „Can machines think?" beitragen sollte, stattdessen aber noch heute Verwirrung stiftet:

> The problem of giving a precise definition to the concept of „thinking" and of deciding whether or not a given machine is capable of thinking has aroused a great deal of heated discussion. One interesting definition has been proposed by A. M. Turing): a machine is termed capable of thinking if it can, under certain prescribed conditions, imitate a human being by answering questions sufficiently well to deceive a human questioner for a reasonable period of time. A definition of this type has the advantages of being operational or, in the psychologists' term, behavioristic. No metaphysical notion of consciousness, ego and the like are involved. While certainly no machines at the present time can even make a start at satisfying this rather strong criterion, Turing) has speculated that within a few decades it will be possible to program general purpose computers in such a way as to satisfy this test. [26, Seite V]

Erst die Beiträge für den dritten Teil des Bandes weiteten den Blick auf nicht-mathematische Aspekte von Automaten: Donald MacCrimmon Mackay (1922–1987) thematisierte erkenntnistheoretische Probleme und Albert Maurel Uttley (1906–1985) behandelte wahrscheinlichkeitstheoretische Aspekte.

---

4 Der Logiker Martin Davies (*1928) gab diesem Problem der theoretischen Informatik in seinem Buch „Computability and Unsolvability" (McGraw-Hill, New York 1958) den Namen „Halteproblem."

4.4 Ashbys Interpretation von KI als Verstärkung menschlicher Intelligenz

Den letzten Beitrag für die „Automata Studies" , und den einzigen, dessen Überschrift das Wort „intelligence" enthält, hatte der britische Psychiater William Ross Ashby (1903–1972) geschrieben. In „Design for an Intelligence-Amplifier" [29] erörterte er Aspekte der Intelligenz, bei Menschen und Maschinen. Schon 1952 hatte Ashby das sehr erfolgreiche Buch „Design for a Brain" [30] publiziert, woraufhin er in diesem Jahr zur Teilnahme an der Macy-Konferenz über Kybernetik und Informationstheorie eingeladen wurde. Damit kam er auch auf die Liste der Autoren der „Automata Studies".

Ashby verstand unter der Intelligenz des Menschen, sein Vermögen kognitiver Fähigkeiten, die auf seine Gehirnleistung zurückzuführen sind. Als Psychiater und Mediziner waren ihm viele psychologische Arbeiten zur Intelligenz aus der ersten Hälfte des 20. Jahrhunderts geläufig, auf die er in seinem Artikel für die „Automata Studies" auch eingeht. So zitierte er insbesondere das Buch „Measurement of Adult Intelligence" [31] das der amerikanische Psychologe David Wechsler (1896–1981) 1939 veröffentlichte und in dem dieser betonte, dass die Intelligenz, eines Lebewesens nicht einfach als die Summe seiner kognitiven Fähigkeiten definiert werden könne. Eine Analogiebetrachtung diente ihm hier zur Verdeutlichung:

> Although intelligence is no mere sum of intellectual abilities, the only way we can evaluate it quantitatively is by the measurement of the various aspects of these abilities. There is no contradiction here unless we insist upon the identity of general intelligence and intellectual ability. We do not, for example, identify electricity with our modes of measuring it. Our measurements of electricity consist of quantitative records of its chemical, thermal and magnetic effects. But these effects are not identical with the „stuff" which produced them. General intelligence, like electricity, may be regarded as kind of energy. We do not know what the ultimate nature of this energy is, but as in the case of electricity, we know it by the things it does or, better, by the things it enables us to do – such as making appropriate associations between events drawing correct inferences from propositions, understanding the meaning of words, solving mathematical problems or building bridges. These are the effects of intelligence in the same sense as chemical dissociation, heat, and magnetic fields are the effects of electricity, but psychologists prefer the term mental products. We now intelligence by what it enables us to do. [31, Seite 4]

Auch das Buch „Measuring Intelligence" [32] des amerikanischen Psychologen Lewis Madison Terman (1877–1956) und seiner Mitarbeiterin Maud Amanda Merrill (1888–1978), in dem diese das Konzept des Intelligenzquotienten von William Louis Stern (1837–1890) übernahmen, konsultierte Ashby, um zu argumentieren, dass die Intelligenz, von Menschen begrenzt ist und maschinelle Intelligenzverstärkung zur Lösung der vielen anstehenden und sehr komplexen Probleme von größtem Nutzen sei.

> Our first instinctive action is to look for someone with corresponding intellectual powers: we think of a Napoleon or an Archimedes. But detailed study of the distribution of Man's intelligence shows that this method can give little. [29, Seite 215]

Er verwies dann auf die Form der Verteilung des Intelligenzquotienten, wie er sie in Wechslers Buch fand (Abb. 4.1), die klar zeigte, dass nur sehr wenigen Menschen ein IQ über 150 und niemandem ein IQ über 200 zugeschrieben wird.

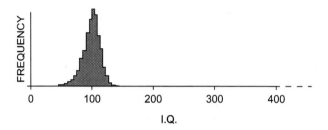

Abb. 4.1: IQ-Verteilung in [modifiziert nach: 29, Seite 216].

> What is important for us now is not the shape on the left but the absolute emptiness on the right. A variety of tests by other workers have always yielded about the same result: A scarcity of people with I.Q.s over 150, and a total absence of I.Q.s over 200. Let us admit frankly that Man's intellectual powers are as bounded as are those of his muscles. What then are we to do? [...] Today, a workman comes to his task with a thousand horsepower available, though his own muscles will provide only about one-tenth. He gets his extra power by using a "power-amplifier". Had the present brain –worker an „intelligence-amplifier" of the same ratio, he would be able to bring to his problems an I.Q. of a million. [29, Seiten 215 f]

Ashby rief dazu auf, KI im Sinne solcher „amplifiers for intelligence" zu konstruieren. Damit wurde – vielleicht erstmalig – eine begriffliche Unterscheidung zwischen natürlicher und künstlicher Intelligenz, eingeführt. Ashby ging es jedoch gar nicht um eine philosophische Begriffsklärung, seine Absichten waren ganz praktisch:

> There is no intention here to enquire the „real" nature of intelligence (whatever that may mean). The position is simple: we have problems and we want answers. We proceed then to ask, where are the answers to be found? [29, Seite 216]

Eine kritische Begriffsklärung des Intelligenzbegriffs und insbesondere von „artificial intelligence" wurde damals nicht betrieben. Über nennenswerte Diskussionen über verschiedene Intelligenzbegriffe in den ersten Jahrzehnten der frühen KI-Forschung ist mir nichts bekannt. Die folgende Rückverfolgung der historischen Entwicklungen des Intelligenzbegriffs, und mit ihm des Informationsbegriffs und ihrer beiden Wechselwirkungen soll einen Weg aufzeigen, wie wir uns dieser Problematik nähern können.

4.5 Intelligenz und Information

Wie schon erwähnt wurde, hatten einige der am Dartmouth-Projekt Beteiligten Einwände gegen die Bezeichnung „Artificial Intelligence", allen voran Claude Shannon, dem auch „Machine intelligence" als Buchtitel des dann „Automata Studies" , genannten

Bandes nicht gefiel. In seiner „Mathematical Theory of Communication" von 1948 [33] unterschied er klar zwischen Nachricht und Information, wie auch sein Kommunikationsschema (siehe Abb. 4.2) zeigt: Von der Informationsquelle (*information source*) geht eine Nachricht (*message*) zum Sender (*transmitter*). Dieser sendet die Zeichen (*signal*) über den Kanal, der möglicherweise gestört wird (*noise source*), zum Empfänger (*receiver*). Vom Empfänger geht dann eine Nachricht (*message*) zum Kommunikationsziel (*destination*).

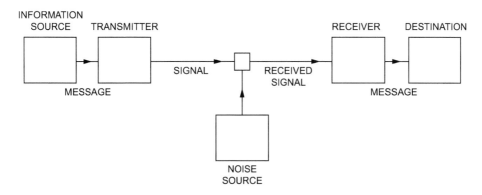

Abb. 4.2: Das Kommunikationsschema von Shannon in [modifiziert nach: 33, Seite 381].

Warren Weaver interpretierte den Begriff Information in seinem Scientific-American-Artikel zu Shannons Theorie der Kommunikation weiter [34], denn er unterschied drei Ebenen der Probleme mit der Information:
–   Ebene A der rein technischen Probleme, die auch Shannon behandelt hatte, die „Syntax des Zeichensystems".
–   Ebene B der semantischen Probleme: Welche Bedeutungen haben die Zeichen und welche Eigenschaften haben diese Bedeutungen?
–   Ebene C der pragmatischen Probleme: Welche Effekte werden auf der Senderseite gewünschte bewirkt?

Weaver machte damit die Informationstheorie oder zumindest Shannons Kommunikationsschema anschlussfähig für Psychologen und Sozialwissenschaftler und es entstanden in der Folge Anwendungen dieser Theorie in den Geistes- und Sozialwissenschaften, die Shannon „suspekt" fand.

Innerhalb der Elektrotechnik etablierte sich Shannons „Information Theory" in den 1950er Jahren und im „Institute of Radio Engineers" (IRE), das sich 1963 mit dem „American Institute of Electrical Engineers" (AIEE) zum „Institute of Electrical and Electronics Engineers" (IEEE) vereinigte, gründeten sich mehrere „Professional Groups", die jeweils eigene „Transactions" herausgaben. In der ersten Ausgabe der „IRE Transactions on Information Theory" im Februar 1953 erschienen dann auch die schriftlichen Fassungen des im September 1950 abgehaltenen First Symposium on Information Theory.

„Information" – den Begriff hatte Shannon vom Bell-Ingenieur Ralph Vinton Lyon Hartley (1888–1970) übernommen, der ihn im September 1927 auf dem International Congress of Telegraphy and Telephony am Comer See eingeführt hatte, als er dort seine Telegrafentheorie vorstellte [34] und geschrieben hatte: „Information is a very elastic term" [35]. Hartley wollte diesen Begriff härten, zu einer physikalischen und quantitativ messbaren Größe machen. Dazu wollte er ihn von „psychologischen Faktoren" befreien. Als „psychologisch" bezeichnete man zu jener Zeit im Zusammenhang mit Telefonaten die Faktoren, die dazu führten, dass man Worte und Silben trotz gegebenenfalls undeutlicher Artikulation dennoch richtig verstand. „Psychologische Aspekte" betrafen den Kontext des Gesprächs und der sollte in Hartleys Theorie keine Rolle spielen. Er ging davon aus, dass das System jedes Zeichen ebenso wie jedes andere Zeichen überträgt – egal welches Zeichen zuvor oder danach übertragen wurde. In seiner Theorie bezog er sich auf den ebenfalls bei Bell beschäftigten, aus Schweden in die USA eingewanderte Elektrotechniker Harry Nyquist (1889–1976), der im Jahre 1924 Messungen der Übertragungsgeschwindigkeit von Nachrichten anstellte und dazu nach dem idealen Code suchte [36, Seite 324]. Interessanterweise kommt der Begriff „Information" (information) bei Nyquist, überhaupt nicht vor. Er bezeichnete das von den Leitungen übertragene als „Intelligenzmengen" , und was er dazu maß nannte er die „speed of intelligence transmission".

„Intelligence" war lange Zeit das übliche Wort, um das von Telegrafie und Telefonie von Ort zu Ort zu Transportierende zu benennen. Als Albert Cushing Crehore (1868–1958) und George Owen Squier (1865–1934) am 9. Februar 1902 ihre Crehore-Squier Intelligence Transmission Company gründeten, versprachen sie, mit ihrem landesweiten Telegraphensystem eine neue „art of transmitting intelligence" zu schaffen. Schon im 17. Jahrhundert hatte sich „intelligence" in der englischen (und auch in der französischen) Sprache für die Übertragung von Nachrichten, Botschaften und Mitteilungen manifestiert. Schon 1893 hieß ein vom Elektroingenieur Edwin James Houston (1847–1914) publiziertes Fachbuch „The Electric Transmission of Intelligence: And Other Advanced Primers of Electricity", und es beginnt mit dem Satz: „The very great velocity with which electricity can be propagated renders it especially adapted for the rapid transmission of intelligence between points situated at comparatively great distances from one another." [37]

Früher noch gebrauchte der Kunstmaler und Erfinder Samuel Finley Breese Morse (1791–1872) „intelligence" in diesem Sinne: Als er etwa 150 Jahre später, im Herbst 1832, mit dem Dampfschiff „Sully" den Atlantik von Le Havre nach New York überquerte, war an Bord auch der Bostoner Chemiker und Geologe Charles Thomas Jackson (1805–1880), der von wissenschaftlichen Experimenten erzählte, wie z. B., solche, in denen ein elektrischer Strom „instantly runs through every known length of wire length" und dass dieser auch über viele Längen hinweg überall gleichzeitig zu sein schien. In seiner Erinnerung hatte Morse unmittelbar danach darüber nachgedacht: „If this be so and the presence of electricity can be made visible in any desired part of the circuit, I see no reason why intelligence might not be instantaneously transmitted by electricity to any distance." [38]

Noch früher sinnierte Robert Hook (1635–1703), der Kurator der im Jahre 1660 gegründeten Royal Society schon 1664 über einen Apparat für „speedy intelligence" und am 29. Februar 1672 schlug er erstmals vor, „speedy conveyance of intelligence" von Ort zu Ort mit Hilfe von Teleskopen zu erreichen. [39, Seite 299] Durch eine solche technische Vermittlung teilte er seiner Wissenschaftsakademie im Jahre 1684 mit, dass er es für möglich halte, „to convey Intelligence from any one high and eminent Place, to any other that lies in sight of it" [40, Seite 142].

Vor dem 20. Jahrhundert wurden offenbar keine Theorien darüber entworfen, die Beziehungen zwischen etwas Gedachtem, den möglichen natürlichsprachlichen Formulierungen dieses Gedachten sowie den Zeichen, mit denen diese technisch übertragen wurden, zu untersuchen. Von Hook und Morse bis zu Nyquist, scheint es dazu keine wissenschaftlichen Überlegungen gegeben zu haben. Hartley hat zwar gesehen, dass die von ihm eingeführte Informationsbegriff auch „psychologische Faktoren" hatte, wollte aber diese Bezeichnung aber auch für den ohne diese weiterhin benutzen. Seine Bezeichnung „information" setzte sich in der Nachrichtentechnik gegenüber dem Wort „intelligence" immer mehr durch.

Letzteres bezeichnete in der englischen Sprache neben Nachrichten oder Mitteilungen lange schon auch das geheime Einvernehmen oder Einverständnis zwischen Menschen, sowie schließlich auch die Fähigkeit kognitiv bzw. geistig etwas zu leisten. Spätestens im 18. Jahrhundert gilt das auch für die entsprechenden Übersetzungen in andere Sprachen. In Deutschland wurden amtliche Nachrichten in „Intelligenzblättern" mitgeteilt und seit den frühen 1840er-Jahren bezeichnete „Intelligenz", auch die Gebildeten, wofür im Russischen das Wort „Intelligenzija" steht.

4.6 Schluss

Intelligenz kam und kommt Lebewesen zu, manche sagen, nur den Menschen, andere sehen sie auch bei Tieren. Seit der Mitte der 1950er-Jahre wird von Intelligenz, auch bei Maschinen gesprochen, weil Maschinen so programmiert werden können, dass sie Aufgaben erledigen, für die Menschen – wie man sagt – Intelligenz benötigen: Rechnen, Beweisen, strategisches Spielen, Sprache verstehen und Muster erkennen. Das waren Fähigkeiten oder Verhaltensweisen, für die Intelligenz vorausgesetzt wurde. Allerdings fasste man den Intelligenzbegriff nach wie vor nicht näher ein, geschweige denn, dass man ihn allgemein definierte. Intelligenz war und blieb ein unscharfer Begriff!

Nicht zuletzt wegen ihrer unscharfen begrifflichen Fassung wurde Intelligenz als eine Fähigkeit von Lebewesen (vor allem Menschen) angesehen, die zwischen ihnen übertragbar ist. Als das Mittel dazu galten Sprachen – nicht nur lautstarke, sondern auch tonlose und nonverbale: Blicke, Gesten, Gebärden und Schriften konnten die so verstandene Intelligenz transportieren und sogar speichern, z. B. in Büchern und Bildern. All dies klingt für uns heute seltsam, wenn nicht falsch. Setzen wir aber in den letzten Sätzen an die Stelle von „Intelligenz", das Wort „Information", dann klingt es für uns sehr geläufig, denn meist wird „Information" gleichbedeutend mit „Nachricht" verwendet. Doch auch das Wort „Information" ist unscharf, denn es steht nicht nur für die aus Zeichen bestehenden Nachrichten, über die wir miteinander kommunizieren, sondern auch für deren Bedeutung und die damit verbundenen Intentionen.

Mit der Nachrichtentechnik ließen sich alle Zeichen übertragen aus denen Nachrichten bestehen können. Unsere Kommunikationssysteme sind Zeichenübertragungssysteme; Telegraphensysteme übertragen elektrische produzierte Zeichen eines bestimmten Codes, in der Telefonie übertragen wir in elektrische Zeichen umgewandelte Töne; Videosysteme übertragen entsprechend umgewandelte Lichtzeichen. Wie kommen dabei die Bedeutung und die Intention dieser Nachrichten vom einen Kommunikationspartner zum anderen? Wie erfahren wir am Telefon, was mit den Worten, Sätzen und sonstigen Geräuschen gemeint und beabsichtigt ist? Wie nehmen wir in der Videokonferenz wahr, was die Kommunikationspartner*in mit dem Gesagten sagen will und beabsichtigt? Wie erfahren wir bei Übertragung der technischen Informationsanteile deren nichttechnische Anteile? Wir nehmen sie über den Kontext wahr. Lesen wir ein Buch, sehen wir einen Film, hören wir eine Operette, dann können wir uns die Bedeutung der uns so erreichenden Information aus dem Zusammenhang, unserem Vorwissen und unserem Allgemeinwissen erschließen. „Da steh' ich nun ich armer Tor und bin so klug als wie zuvor." – das kann ich einordnen, wenn ich den ersten Teil von Goethes Faust kenne. Ansonsten würde mir der Satz wenig sagen, dann wüsste ich nicht, was er bedeuten soll. Picassos Gemälde Guernica sagt mir mehr, wenn ich über den Spanischen Bürgerkrieg etwas weiß, als wenn ich das Bild ohne diese Voraussetzung ansehe.

Die gesamte Fülle der Dimensionen von Information kann nur zwischen Lebewesen übertragen werden, denn um mit den Nachrichten auch ihre Bedeutung und ihre Intentionen wahrzunehmen, ist ein Verständnis nötig, das Maschinen nicht leisten konnten, bisher nicht leisten können und vielleicht prinzipiell nicht leisten können. Was Computer leisten können, nennen wir heute Datenverarbeitung und Datenübertragung. Begriffsunschärfen und -verwirrungen im 20. Jahrhundert sorgten dafür, dass wir bei computertechnischen Systemen auch von der Informationsverarbeitung und -übertragung reden und vor den Computern wurde auch von Intelligenzübertragung, gesprochen, wenn im Grund nur Zeichenreihen als Nachrichten transportiert wurden.

Wir können so weit in die Geschichte der so verstandenen Informations-, Nachrichten- und Intelligenzgeschichte zurückgehen, wie es unsere Möglichkeiten erlauben. Auf einen KI-Urknall treffen wir nicht.

Literatur

[1] H. Lesch und J. Müller, Kosmologie für Fußgänger: Eine Reise durch das Universum – Überarbeitete und erweiterte Neuausgabe. Goldmann Verlag, 2014.

[2] Lenzen M. Künstliche Intelligenz. Fakten. Chancen, Risiken, München, Beck 2018.

[3] Heinrichs B, Heinrichs J-H, Rüther R. Künstliche Intelligenz, Berlin, Boston de Gruyter, 2022.

[4] McCorduck P. Machines Who Think. A Personal Inquiry into the History and Prospects of Artificial Intelligence, San Francisco, W. H. Freeman, 1979.

[5] Seising R. Es denkt nicht! Die vergessenen Geschichten der KI, Frankfurt am Main, Büchergilde Gutenberg, 2021.

[6] McCarthy J et al., A proposal for the Dartmouth summer research project on artificial intelligence, August 31, 1955 (Zugriff: 4. Oktober 2022: www.formal.stanford.edu/jmc/history/dartmouth/dart mouth.html)

[7] Asaro P, Šabanović S, McCarthy J. An interview (Zugriff: 26. 10. 2002: https://www.ieee-ras.org/robo ticshistory/media/roboticists/medias/transcript/2038647415John%20McCarthy.pdf)

[8] Weaver W. Diary 4. April 1955, The Rockefeller Foundation. Warren Weaver diary, April 4, 1955, RF-Dartmouth. RFA, record group 1.0002, series 200, box 26, folder 219. [A Digital History (Zugriff: 26. 10. 2002: https://rockfound.rockarch.org)

[9] Shannon CE, Weaver W. The Mathematical Theory of Communication, Urbana, University of Illinois Press, 1949.

[10] Morrison to Weaver, 6. April 1955, RF Dartmouth, RFA, record group 1.0002, series 200, box 26, folder 219.

[11] Morison R. Diary, June 17, 1955, RF-Dartmouth, RFA, record group 1.0002, series 200, box 26, folder 219.

[12] Shannon CE. A Symbolic Analysis of Relay and Switching Circuits, Transactions of the AIEE 57, 1938, 713–723.

[13] Uttley AM. Information, Machines, and Brains. Transaction of the IRE, Professional Group on Information Theory, Reprint of Proceedings, Symposium on Information Theory, London, England, 1950 1953, 143–152.

[14] Farley BG, Clark WA. Activity in Networks of Neuron-Like Elements. Cherry, C. (ed). Information Theory, Papers read at a Symposium on "Information Theory" held at the Royal Institution, Proceedings of the Fourth London Symposium on Information Theory, London, 1960, 242–248.

[15] Karreman G. Recent Mathematical-Biological Studies on Excitation. Synthese 1953/55, 9, 3/5, Ninth International Significal Summer Conference / Neuvieme Conference d'Ete Internationale de Linguistique Psychologique, 258–251.

[16] Karreman G. Recent Mathematical-Biological Studies on Communication. Synthese 1953/55, 9, 3/5, Ninth International Significal Summer Conference / Neuvieme Conference d'Ete Internationale de Linguistique Psychologique, 255–264.

[17] Jeffress LA (Ed). Cerebral mechanisms in behavior; the Hixon Symposium, New York John Wiley and Sons, 1951.

[18] McCulloch WS. Why the mind is in the head. In [11], 42–111.

[19] Von Neumann J. The general and logical theory of automata. In: [11], 1–41.

[20] Hayes P, Morgenstern L. On John McCarthy's 80th Birthday, in Honor of His Contributions, AI Magazine Winter 2007, 93–102.

[21] McCarthy J. Dartmouth and Beyond, 2006 (Zugriff: 26. 10. 2002: http://www-formal.stanford.edu/ jmc/slides/dartmouth/dartmouth-sli/)

[22] Bernstein J. Marvin Minsky's Vision of the Future. A technologist's Quest to Create Artificial Intelligence. The New Yorker, Profiles, Dec. 14, 1981.

[23] McCulloch WS, Pitts W. A Logical Calculus of the Ideas Immanent in Nervous Activity. The Bulletin of Mathematical Biophysics, 1943, 5, 115–133.

[24] Minsky ML. Theory of neural-analog reinforcement systems and its application to the brain-model problem, Princeton N.J. 1954.

[25] Nilsson N. John McCarthy 1927–2011, A Biographical Memoir, National Academy of Sciences, ohne Datum, 1–17 (Zugriff: 26. 10. 2002 http://www.nasonline.org/publications/biographical-memoirs/me moir-pdfs/mccarthy-john.pdf)

[26] Shannon CE. McCarthy J. (Eds): Automata Studies. Princeton University Press, Princeton, NJ 1956, Annals of Mathematical Studies, 1956.

[27] Turing AM. On Computable Numbers, with an Application to the "Entscheidungsproblem", Proceedings of the London Mathematical Society, 1936, 2–42, 1, 230–265.

[28] Turing AM. Computing Machinery and Intelligence, Mind, 1950, 49, 236, 433–460.

[29] Ashby WR. Design for an Intelligence-Amplifier, In: [21], 215–234.

[30] Ashby WR. Design for a Brain. The Origin for an adaptive Behaviour, New York, London John Wiley and Sons, 1952.

[31] Wechsler D. The Measurement of Adult Intelligence, Third Edition, Baltimore: The Williams & Wilkins Company 1944 (1. Ed. 1939).

[32] Terman LM, Merrill, M A. Measuring Intelligence: A Guide to the Administration of the New Revised Stanford-Binet Tests of Intelligence, London, George G. Harrap, 1937.

[33] Shannon CE. A Mathematical Theory of Communication, The Bell System Technical Journal, 1948, 27, Part I: 379–423, Part II: 623–656.

[34] Weaver W. The Mathematics of Communication, Scientific American, 1949, 181, 11–14.

[35] Hartley RVL. Transmission of Information. The Bell System Technical Journal, 1928, VII 3, 535–563.

[36] Nyquist H. Certain Factors Affecting Telegraph Speed. The Bell System Technical Journal, 1924, III, 324–346.

[37] Houston EJ. The Electric Transmission of Intelligence: And Other Advanced Primers of Electricity, New York, London W. J. Johnston Company Ltd., 1893.

[38] Morse SFB to the Treasury, 27. 09. 1837, zitiert in: Vail A. The American Electric Magnetic Telegraph: With the Reports of Congress and a Description of All Telegraphs Known, Employing Electricity or Galvanism, Lea and Blanchard, Philadelphia, PA 1845, 70.

[39] The History of the Royal Society of London for Improving of Natural Knowledge From Its First Rise In Which The most considerable of those Papers communicated to the Society, which have hitherto not been published, are inserted in their proper order, As A Supplement To The Philosophical Transactions, By Thomas Birch D.D., Secretary to the Royal Society, Vol. IV, London. Printed for A. Millar in the Strand MDCCLVII, 299.

[40] Hook R. Discourset of the Royal Society, for 21. Mai 1684, Philosophical experiments and observations of the late eminent Robert Hooke, and geom. prof. Gresh, and other eminent virtuoso's in his time by Hooke, Robert, 1635–1703; published by William Derham, London.

5 KI auf Heimcomputern?

Thorsten Schöler

5.1 Einleitung

Abb. 5.1: Vortragsmaterial vorgestellt auf einem ZX-Spectrum-Emulator.

KI auf Heimcomputern?

Im Rahmen der interdisziplinären Ringvorlesung „(R)Evolution? – Künstliche Intelligenz und menschliche Gesellschaft" und dem Vortrag „Reden wir über den digitalen Urknall – Wie künstliche Intelligenz entstanden ist!" wurden die Wurzeln der Künstlichen Intelligenz (KI) untersucht. Spuren Künstlicher Intelligenz können, neben der historischen und aktuellen Forschung in der Informatik, auch auf den Heimcomputern der 1980er-Jahre gefunden werden. Um die Authentizität der vorgestellten Programme zu erhöhen, wurden für diesen Beitrag alle Materialien sowie die verwendete Software auf Original-Hardware vorbereitet und ausgeführt. Der geneigte Leser kann die vorgestellte Software selbst in Betrieb nehmen, auch wenn er nicht über entsprechende Original-Hardware verfügt. Hierzu können Emulatoren wie z. B. ZEsarUX[1] verwendet werden (Abb. 5.1). Im Beitrag wird ZEsarUX immer wieder genutzt, um dem Leser einen Eindruck der laufenden Software zu vermitteln.

Bevor wir uns auf die Spurensuche der KI begeben, werden relevante Teilbereiche der Künstlichen Intelligenz kurz vorgestellt. Anschließend folgt eine kurze Einführung in die Hardware und Software der Heimcomputer der 1980er-Jahre. Nachfolgend werden drei typische Heimcomputer-Programme mit Bezug zur Künstlichen Intelligenz vorgestellt. Für jedes Beispielprogramm wird motiviert, warum diese – aus heutiger Sicht einfachen Programme – bereits dem Bereich der Künstlichen Intelligenz hinzugerechnet werden können, obwohl diese Ansätze heutzutage trivial erscheinen mögen.

Im Detail wird ein Verfahren der linearen Regression vorgestellt, welches auch im Bereich des maschinellen Lernens, einem Teilbereich der Künstlichen Intelligenz, Verwendung findet. Einen Einblick in Wissensgraphen und deren Erstellung gibt das Programm „Pangolins". Abschließend wird eine ELIZA-Implementierung für Heimcomputer vorgestellt, welche erste Schritte im Bereich der Computerlinguistik darstellt. Eine kurze Zusammenfassung schließt diesen Beitrag ab.

5.2 Was ist Künstliche Intelligenz?

Unter Künstlicher Intelligenz versteht man, aus historischer Sicht, interdisziplinäre Ansätze von Physikern, Mathematikern, Logikern, Psychologen, Linguisten und Informatikern mit denen menschliches, intelligentes Verhalten simuliert werden kann. Hauptaugenmerk in der Informatik ist aktuell die Beschreibung und Umsetzung von Künstlicher Intelligenz durch mathematische und automatisierbare Verfahren, welche durch Computer ausgeführt werden können.

Ein wichtiger Teilbereich der KI, aus Sicht der Informatik, ist das Maschinelle Lernen, das in letzter Zeit viel Aufmerksamkeit erregt hat. Bemerkenswerte Fortschritte insbesondere im Bereich der Mustererkennung mittels Deep Neural Networks [1] zeigen überzeugend die Leistungsfähigkeit dieser Technologien. Künstliche Intelligenz im eigentlichen Sinn ist aber viel mehr als reine Mustererkennung.

Abbildung 5.2 zeigt einen Ausschnitt für die Informatik relevanter Bereiche der Künstlichen Intelligenz. Neben der Robotik findet sich hier der Bereich der Musteranalyse und Mustererkennung, mit den Technologien des Deep Learnings wieder, aber auch der Bereich der Wissensbasierten Systeme. Einen guten Überblick über Ideen und Konzepte der Künstliche Intelligenz gibt [2].

Der KI-Teilbereich Musteranalyse und Mustererkennung beschäftigt sich damit, Modelle hinter Daten zu finden. Daten können z. B. Bilder, Audioaufnahmen (Sprache)

---

1 ZEsarUX ist unter https://github.com/chernandezba/zesarux (Abruf 2022–08–22) verfügbar. Neben den klassischen Sinclair-ZX-Spectrum-Rechnern kann ZEsarUX auch den ZX Spectrum Next emulieren.

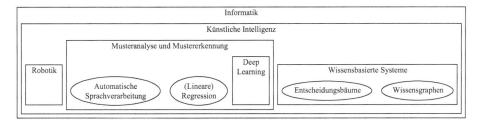

Abb. 5.2: Teilbereiche der Künstliche Intelligenz (Ausschnitt).

oder einfach Werte in Zeitreihen, wie z. B. Aktienkurse oder Sensormesswerte, sein. Es wird versucht ein Modell zu finden, welches einen generellen Zusammenhang zwischen Eingangsgrößen und Ausgangsgrößen herstellen kann. Ein solches Modell kann als mathematische Funktion ausgedrückt werden. Der Übergang zwischen Verfahren der statistischen Modellfindung (Korrelation/Regressionsanalyse) und dem Maschinellen Lernen in der Künstlichen Intelligenz ist fließend.

Mittels Wissensbasierter Systeme können allgemeine Zusammenhänge modelliert werden. Ein solches System kann, auf Basis logischer Schlüsse, Auskunft darüber geben, ob ein solcher Zusammenhang besteht. Sogenannte Expertensysteme finden Anwendung bei komplexen technischen Systemen, wie z. B. um mögliche Konfigurationen einer komplexen Maschine zu beschreiben oder auch bei medizinischen Zusammenhängen wie Krankheiten und deren Symptomen. Wissen wird in Expertensystemen u. a. durch logische Regeln und Graphen/Netzwerke abgebildet. In Entscheidungsbäumen werden hierarchisch aufeinanderfolgende Entscheidungen zusammengefasst, die z. B. bei der Klassifikation von Systemzuständen oder -fehlern behilflich sein können. Entscheidungsbäume können auch durch Maschinelles Lernen automatisiert erlernt werden.

Zusammenfassend geht es in der Künstlichen Intelligenz also darum, intelligentes Verhalten mathematisch zu beschreiben und zu automatisieren, um im weitesten Sinne die menschliche Intelligenz nachzubilden.

Inwiefern dies bereits in den 1980er-Jahren im eigenen Wohnzimmer und nicht nur an Hochschulen, Universitäten und Forschungseinrichtungen möglich war, soll nachfolgend untersucht werden.

5.3 Zurück in die Zukunft der 1980er-Jahre

5.3.1 Sinclair-ZX-Spectrum-Heimcomputer

Mit einem Sprung in die Vergangenheit wollen wir uns nun mit der Welt der Heimcomputer der 1980er-Jahre beschäftigen. Heimcomputer waren Mikrocomputer, die es ermöglichten, sich in den 1980er-Jahren mit praktischer Informatik zu Hause zu beschäftigen. Für die erwachsene, technikaffine Kundschaft stand der Reiz der modernen Technologie im Vordergrund, ermöglichte es doch diese Gerätegeneration, sich mit der Programmierung (meist in BASIC[2]) zu beschäftigen. Für die jüngere Generation standen natürlich schulische Aspekte sowie die umfangreich angebotene Unterhaltungssoftware im Mittelpunkt.

Neben den weit verbreiteten Heimcomputern der Commodore Business Machines (CBM), wie dem VC 20 und dem Commodore 64, konnten die Heimcomputer von Sinclair Research, einer britischen Firma, einen signifikanten Marktanteil in Deutschland erreichen. Nach dem Sinclair ZX80 und dem Sinclair ZX81, welche preiswert auch als Bausätze angeboten wurden, erfreute sich der Sinclair ZX Spectrum einer großen Beliebtheit.

Abb. 5.3: Sinclair ZX Spectrum mit Manic Miner auf Audiokassette im Hintergrund.

Der ZX Spectrum (siehe Abb. 5.3) erschien 1982 zunächst mit 16 kByte RAM, später mit 48 kByte. Er verfügte über eine Z80-CPU mit 3,5 MHz Taktfrequenz. Das kostengünstige Design, berüchtigt auch durch die preiswerte Gummi-Tastatur, sah keine Unterstützung durch Spezial-ICs, z. B. Grafik- oder Soundchips, vor. Durch diese technischen Einschränkungen des Geräts entwickelte sich ein sehr kreatives Software-Umfeld.

Nachdem die Firma Sinclair Research durch nicht-optimale Produktqualität und erfolglose Nachfolgeprodukte in finanzielle Schieflage geriet, wurden der Name Sinclair und die Produkte 1986 durch Amstrad übernommen. Es erschien ein weiteres Nachfolgemodell, der Sinclair ZX Spectrum + 2 (siehe Abb. 5.4). Er verfügte über ein integriertes

---

2 BASIC steht für Beginner's All-purpose Symbolic Instruction Code. BASIC wurde 1964 entwickelt und war auf den Heimcomputern der 1970er/1980er-Jahren eine weitverbreitete Programmiersprache für Einsteiger.

Abb. 5.4: Sinclair ZX Spectrum + 2 (nach der Übernahme durch Amstrad).

Kassetten-Laufwerk, eine Schreibmaschinentastatur, 128 kByte RAM, einen Soundchip und eingebaute Joystick-Ports.

Im Jahr 2017 wurde mit dem ZX Spectrum Next (siehe Abb. 5.5), in einer sehr erfolgreichen Crowd-Funding-Kampagne, ein weiterer Nachfolger des ursprünglichen Heimcomputers entwickelt. Basierend auf einem FPGA-IC in einem vom ursprünglichen Designer des ZX Spectrum, Rick Dickinson, entwickelten Gehäuse, wurde das

Abb. 5.5: ZX Spectrum Next.

Gerät 2020 erstmalig ausgeliefert. Die FPGA-Implementierung der CPU, die Z80n, läuft mit maximal 28 MHz Taktfrequenz. Es stehen 1024 kByte RAM zur Verfügung. Eine umfangreiche Hardwareausstattung und eine moderne Software-Umgebung laden dazu ein, sich auf realer Hardware mit historischer und auch zunehmend aktueller Software zu beschäftigen [3].

5.3.2 Manic Miner

Rund um den ZX Spectrum und seinen Beschränkungen entwickelte sich eine kreative Software-Szene. Es erschienen stilprägende Spiele, die damals auf dem Medium der Zeit, der Audiokassette, ihren Weg zum Kunden fanden. Heutzutage finden diese Spiele auch ihre Anwendung im Bereich der Künstlichen Intelligenz. Ihre reduzierte Darstellung des Spielgeschehens auf dem Bildschirm, das meist leicht zugängliche Spielziel und die oftmals hohen Anforderungen an die Geschicklichkeit machen diese Spiele zu einer interessanten Umgebung für Algorithmen des bestärkenden Lernens.

Abb. 5.6: Manic Miner.

Stellvertretend für die zahlreichen Spiele der damaligen Zeit soll Manic Miner von Matthew Smith, erschienen 1983 für den ZX Spectrum mit 48 kByte, herausgegriffen werden (siehe Abb. 5.6). Manic Miner gilt als erster und einflussreicher Vertreter der sogenannten Plattform-Spiele (Jump-and-Run-Spiele). Der Spielcharakter Miner Willy muss in 20 unterirdischen Kammern Gegenstände einsammeln, um zur nächsten Kammer zu gelangen. Sauerstoffnot und bewegliche Feinde erschweren den Weg durch die Kammern. Die Spielidee, die Grafik und der Sound waren 1983 hervorragend und stilprägend. Der Schwierigkeitsgrad war sehr hoch und erforderte pixelgenaue Geschicklichkeit beim Spielen [4].

In der heutigen KI-Forschung zum bestärkenden Lernen (englisch Reinforcement Learning) entwickelt das Unternehmen OpenAI seit 2016 eine Softwareplattform mit dem Namen „OpenAI Gym" zur Erforschung von Algorithmen und Strategien zum Reinforcement Learning [5]. Teil dieser Plattform ist es, Gewinnstrategien für Computerspiele maschinell erlernen zu lassen. Hierzu finden zahlreiche Videospiele, die in den 1970er/1980er-Jahren für die Spielkonsole Atari Video Computer System (Atari 2600) entwickelt wurden, ihre Verwendung. Unter anderem auch einige Plattform-Spiele, so wie das zuvor vorgestellte Manic Miner.

Ziel der angelernten KI-Algorithmen, der sogenannten Softwareagenten, ist das Maximieren der im Spiel erreichten Punkte (englisch Score) bzw. das Erreichen des generellen Spielziels. Dazu bekommt der Softwareagent für zielführendes Verhalten eine Belohnung (Bestärkung). Er lernt durch Ausprobieren von anfangs zufälligen Spielentscheidungen, wie z. B. das Bewegen und Steuern des Spielercharakters und der daraus resultierenden Belohnung, wie eine hohe Punktzahl bzw. das Spielziel erreicht werden kann und optimiert so seine Spielentscheidungen.

Nach den Einblicken in die in den 1980er-Jahren für Privatpersonen verfügbare Rechenleistung und Softwarelandschaft sowie deren Bezüge zur aktuellen KI-Forschung, soll im Folgenden beispielhaft Software vorgestellt werden, bei der bereits damals KI-Ansätze gefunden werden konnten.

5.4 Beispiele für Künstliche Intelligenz auf dem ZX-Spectrum-Heimcomputer

5.4.1 Einfache Modellbildung mit Hilfe der linearen Regression

Wie bereits in der Einleitung angeschnitten, ist ein wichtiger Teilbereich der Künstlichen Intelligenz die Mustererkennung. Mit Hilfe des Computers wird versucht, in einer vorhandenen Menge von Daten, Gesetzmäßigkeiten zu finden. Diese Gesetzmäßigkeiten können einfacher mit Hilfe eines abstrakten, mathematischen Modells beschrieben werden, welches aus den vorhandenen Daten generalisiert oder angepasst wird.

Um einen Einstieg in das Gebiet der Mustererkennung zu bekommen, ist das mathematisch/statistische Verfahren zum Bestimmen einer Regressionsgeraden (lineare

Regression) gut geeignet. Für aktuelle Ansätze zur maschinellen Mustererkennung und Modellbildung, so wie sie heute beispielsweise durch tiefe neuronale Netze (englisch Deep Learning) umgesetzt werden, bildet die lineare Regression keine große Herausforderung mehr. Für die Heimcomputer der 1980er-Jahre stellt sie doch einen geeigneten Einstieg in das Thema Modellbildung und Mustererkennung dar. Mit der Klassifikation von Bildern oder großen Datenmengen wären diese Heimcomputer durch Ihre geringe Rechenleistung und Speicherkapazitäten sehr stark überfordert gewesen.

Trotz der aus heutiger Sicht stark eingeschränkten Leistungsfähigkeit der damaligen Heimcomputer befriedigten kommerziellen Software, die anfangs auf Audiokassette vertrieben wurde, zahlreiche Bücher und Zeitschriften den Wissensdrang der Computer-Enthusiasten. Kommerzielle Software und im Quelltext abgedruckte Programme erschienen auch im Bereich der mathematischen Modellbildung und somit dem Übergangsbereich zwischen Mathematik, Statistik, Maschinellem Lernen und Künstlicher Intelligenz.

Bezogen auf das Thema Modellbildung und die Fragestellung, ob das noch angewandte Statistik oder bereits Künstliche Intelligenz ist, kann das Programm „Q-REG (Wechselbeziehung/Rückgang)" aus [6] gesehen werden. Das Programm berechnet aus einzugebenden X- und Y-Werten über die Summen $\sum X$, $\sum Y$, $\sum X^2$, $\sum Y^2$ und $\sum XY$ als Bauteile für die Verteilungsfunktion den „Pearsonschen Wechselbeziehungs-Koeffizienten"[3] r und die lineare „Rückgangs-Gleichung"[3] $y = m \cdot x + t$.

Verwendet man als X-Werte beispielhaft die Körpergrößen von Fußballspielern und als Y-Werte das Körpergewicht der Fußballspieler, so berechnet das Q-REG-Programm die benötigten Summen, den Pearson-Korrelationskoeffizienten r, das Bestimmtheitsmaß r^2 sowie die Regressionsgeradengleichung wie in Abb. 5.7 gezeigt. Die verwendeten X-/Y-Werte der Fußballspieler können Tab. 5.1 entnommen werden. Eine graphische Darstellung der verwendeten Werte und der berechneten Regressionsgeraden zeigt Abb. 5.8.

Geht man jetzt von einer Körpergröße von 178 cm aus, so kann das Körpergewicht des Fußballspielers mit Hilfe von Q-REG zu 72,222389 kg bestimmt werden. Dieses Ergebnis kann mit Hilfe der Regressionsgeraden in Abb. 5.8 überschlägig überprüft werden.

Neben der hier vorgestellten analytischen Berechnung der Regressionsgeraden nach der Methode der kleinsten Quadrate, welche vergleichsweise wenig Berechnungen benötigt, könnte auch ein schrittweises Näherungsverfahren (sukzessive Approximation) eingesetzt werden, welches dann näher an den heute geläufigen Lernverfahren des Maschinellen Lernens ist. Hier besteht also eine Überlappung statistischer/analytischer Methoden mit Methoden der Künstlichen Intelligenz. Die Modellbildung der Regressionsgeraden, mit einerseits analytischen Mitteln und andererseits als Iterationsverfahren, bildet somit den Einstieg in eine einfache Auf-

---

3 Die zitierten Begriffe stammen aus der deutschen Übersetzung des Buches. Gemeint sind wohl der Korrelationskoeffizient nach Pearson und die lineare Regressionsgleichung.

Abb. 5.7: Berechnungsergebnisse des Programms Q-REG.

Tab. 5.1: Gewicht/Körpergröße von
Fußballspielern als Datengrundlage.

Körpergröße/cm	Körpergewicht/kg
190	81
191	84
197	98
188	83
182	71
174	72
193	86
179	76
186	78
181	67
193	89
188	77
173	71
186	79

Tab. 5.1 (fortgesetzt)

Körpergröße/cm	Körpergewicht/kg
180	78
183	78
182	80
183	80
179	68
185	80
178	76
180	74
187	86
188	87
193	91
185	74
183	75
184	80
181	72

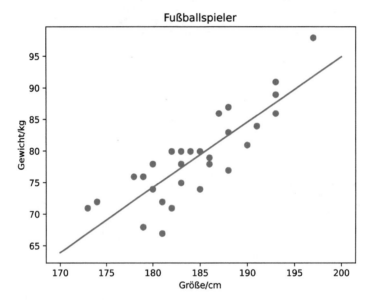

Abb. 5.8: Gewicht/Körpergröße-Relation von Fußballspielern.

gabe der Modellbildung und zeigt den Übergang von analytischen Methoden, falls sich das Ergebnis in geschlossener Form berechnen lässt, über Näherungsverfahren, hin zum Maschinellen Lernen.

Führt man dieses Näherungsverfahren heute mit Hilfe von Python, NumPy, scikit-learn – einer beliebten Kombination von Bibliotheken im Bereich des Maschinellen Lernens – durch, so erhält man für die Steigung m der Regresssionsgeraden den Wert

1,03447632 und für den Achsenabschnitt *t* der Geraden den Wert − 111,91438817. Diese Werte liegen sehr nah an den Werten die Q-REG auf dem ZX Spectrum berechnet hat. Dem interessierten Leser obliegt nun die Implementierung des numerischen Näherungsverfahrens für den ZX Spectrum.

5.4.2 Ein einfaches semantisches Netz mit Pangolins

Neben der Modellbildung mittels Maschinellem Lernen beschäftigt sich Künstliche Intelligenz mit den Möglichkeiten Wissen in auf Logik basierten, symbolischen Modellen auszudrücken, die maschinell ausgewertet werden können. Hierzu können beispielsweise Graphen verwendet werden, die mit ihren Knoten und Kanten, Objekte und ihre Relationen zueinander ausdrücken. Aktueller KI-Forschungsinhalt ist z. B. die Erweiterung des World Wide Webs[4] in Richtung eines semantischen Wissensnetzwerks, welches nicht nur Wissen speichert, sondern dessen Bedeutung sich Rechnern auch semantisch erschließt. Das sogenannte Semantic Web basiert auf Modellierungsverfahren und -sprachen die das Speichern maschinell erschließbarer Bedeutungen ermöglichen. Rechner sind so in der Lage inhaltsbezogen Informationen zu verarbeiten und besser zu „verstehen" [7].

Eine einfachere Möglichkeit mit mathematischen Graphen (Netzwerken) Wissen auszudrücken, sind binäre Entscheidungsbäume. Ausgehend von einem Wurzelknoten verbinden gerichtete Kanten, welche Ja/Nein-Entscheidungen (Regeln) repräsentieren, die Knoten der Antworten (Repräsentationen) miteinander. So können beispielsweise Objekte mittels binärer Entscheidungen klassifiziert werden. Entscheidungsbäume können vorab manuell erstellt oder auch maschinell erlernt werden.

In der Welt der 1980er-Heimcomputer findet sich ein passendes Beispiel für einen Entscheidungsbaum zur Klassifikation von Tieren im Programm Pangolins für den ZX Spectrum aus dem mitgelieferten BASIC-Handbuch [8]. Das Programm wird wie folgt beschrieben:

> Here is a program to play 'Pangolins'. You think up an animal and the computer tries to guess what it is, by asking you questions that can be answered 'yes' or 'no'. If it's never heard of your animal before, it asks you to give it some question that it can use next time to find out whether someone's given it your new animal.

Abbildung 5.9 zeigt den im Programm bereits vorgegebenen Entscheidungsbaum. Die erste Frage, die das Programm dem Anwender stellt, lautet: „Does it live in the sea?" Nach weiteren Fragen kann das Programm auf die bereits vorgegebenen Tiere schließen (Blattknoten). Wird ein Blattknoten erreicht, ohne dem zu ratenden Tier zu entsprechen, wird der Entscheidungsbaum mit der vom Benutzer einzugebenden Frage, den passenden Ja/Nein-Antworten und dem gesuchten Tier erweitert.

---

4 Der Teil des Internets der normalerweise über Internet-Browser zugänglich ist.

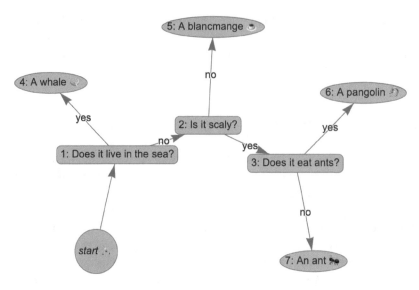

Abb. 5.9: Entscheidungsbaum für Pangolins.

Den resultierenden Entscheidungsbaum für den angesprochenen Fall für das neue gedachte Tier Wal (engl. whale) und dem letzten bekannten Tier Hai (engl. shark), sowie die neue Unterscheidungsfrage „Is it a predator?" („Ist es ein Raubtier?") mit den entsprechenden Ja/Nein-Antworten zeigt Abb. 5.10.

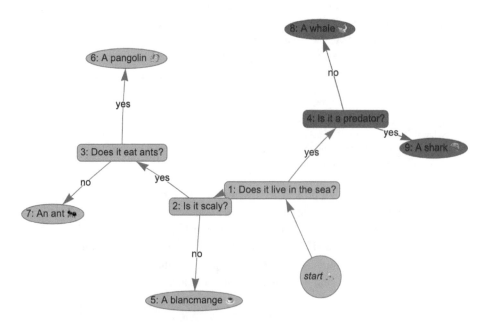

Abb. 5.10: Entscheidungsbaum für Pangolins nach Einfügen von Hai.

Mit dem Programm Pangolins wurden bereits im mitgelieferten Programmierhandbuch des ZX-Spectrum-Heimcomputers, welches für viele Heimcomputerbegeisterte den Erstkontakt zum Rechner und zur Welt der Informatik darstellte, fortschrittliche Konzepte der Künstlichen Intelligenz (semantische Wissensmodelle) als Programmierbeispiel, in einem einfachen Frage-und-Antwort-Spiel, vorgestellt.

5.5 Ein Einblick in die Computerlinguistik mit ELIZA

Als abschließendes Beispiel für Künstliche Intelligenz auf Heimcomputern der 1980er-Jahre wollen wir nun einen Ausflug in die maschinelle Sprachverarbeitung, die Computerlinguistik, unternehmen. Heutzutage sind auf vielen Internetseiten textbasierte Dialogsysteme (sogenannte Chatbots) zu finden, welche den Anwendern das Finden von Informationen bzw. das Wahrnehmen verschiedener digitaler Dienstleistungen vereinfachen sollen. Im November 2022 machte das Unternehmen OpenAI mit seinem Chatbot ChatGPT Furore. Die umfangreichen KI-Verfahren hinter ChatGPT wurden auf großen Mengen von Text trainiert, wie z.B. Internet-Forenbeiträgen, Inhalten aus sozialen Netzwerken, Nachrichtenmeldungen und sonstigen Text-Dokumenten. ChatGPT ermöglicht die freie Unterhaltung mit dem Chatbot. Von ChatGPT erzeugte Antworten zeigen ein hohes syntaktisches Sprachniveau. Die semantische (inhaltliche) Qualität schwankt allerdings zwischen „brillant und [...] atemberaubend dumm" [9].

Auf dem Weg der Erforschung aktueller computerbasierter Dialogsysteme ist ELIZA das prominente Beispiel für den Versuch, menschliche Sprache durch Künstliche Intelligenz besser zu verstehen. Hierzu wird mit ELIZA ein Gespräch zwischen Klienten und Psychotherapeuten nachgebildet. Das Programm übernimmt hierbei die Rolle des Psychotherapeuten [10].

ELIZA wurde 1966 von Joseph Weizenbaum entwickelt. ELIZA selbst ist nur die Plattform für verschiedene Anwendungen im Bereich der Computerlinguistik. ELIZA wurde in der Programmiersprache MAD-SLIP (Michigan Algorithm Decoder Symmetric List Processor), einer Algol-ähnlichen Programmiersprache implementiert. Die eigentliche Anwendung, der Psychotherapeut DOCTOR, wurde als Skript auf Basis von ELIZA umgesetzt [11]. ELIZA/DOCTOR verfügt über ein strukturiertes Wörterbuch mit Synonymen und Oberbegriffen. Weiterhin enthält das Programm Phrasen, wie z.B. Fragen und Ausweichfragen, um den Redefluss aufrecht zu erhalten.

ELIZA und DOCTOR können als frühe Umsetzungen des Turing-Tests gesehen werden, bei dem untersucht wird, ob eine Maschine eine Unterhaltung mit einem menschlichen Gegenüber so simulieren kann, dass der Mensch den Eindruck bekommt, mit einem anderen Menschen zu kommunizieren. Eine solche Maschine würde den Turing-Test bestehen, was für ELIZA noch einfach zu entscheiden ist. Eine aktuelle Version des Turing-Tests kann im Chatbot ChatGPT wieder erkannt werden.

Interessant zu erwähnen ist, dass in der Originalveröffentlichung von Joseph Weizenbaum nur der Algorithmus veröffentlicht wurde, nicht aber die eigentliche Implementierung.

Es folgten zahlreiche Umsetzungen von ELIZA und DOCTOR in Lisp[5] und weiteren populären Programmiersprachen wie z. B. BASIC.

Abb. 5.11: Psycho, ein ELIZA-Clone für den ZX Spectrum.

Exemplarisch für die vielen ELIZA-Implementierungen, sowie als Beleg für den KI-Bereich der Computerlinguistik auf den Heimcomputern der 1980er-Jahre, soll hier eine der zahlreichen ZX-Spectrum-Versionen vorgestellt werden. Das Programm Psycho (ELIZA) [12] wurde 1983 von M. de Vries veröffentlicht. Einen Eindruck von Psycho gibt Abb. 5.11. Die Version in Sinclair BASIC basiert offenbar auf der BASIC-Version von Jeff Shrager [13]. Bei einer genauen Analyse des BASIC-Quelltexts beider Programme fallen die nahezu identischen Zeilennummern und andere Übereinstimmungen ins Auge.

---

5 Lisp steht für LISt Processing. Lisp ist eine in den 1960er-Jahren sehr populäre Sprache für KI-Anwendungen.

Bei näherer Beschäftigung mit dem Programm fällt sofort auf, dass es über ein sehr eingeschränktes Textverständnis verfügt. Eingegebene Sätze werden auf Schlüsselwörter hin durchsucht, welche sich durch Oberbegriffe einordnen lassen. Weiterhin wird die Konversation durch verschiedene Textphrasen aufrechterhalten, die dazu ermuntern sollen, sich weiter mit dem Dialog zu befassen.

Alles in allem ist Psycho/ELIZA eine einfache Implementierung eines computerbasierten Dialogsystems, welches vor mehr als 60 Jahren bzw. auf den Heimcomputern der 1980er-Jahren, mit ihren eingeschränkten Fähigkeiten, noch nicht erahnen ließ, welche Art von Dialogsystemen, basierend auf aktuellen Verfahren der Künstlichen Intelligenz, noch möglich werden sollten.

5.6 Zusammenfassung

Die vorgestellten Programme zur linearen Regression (QREG), dem Modelllernen eines Wissensgraphen (Pangolins), sowie aus dem Bereich der Computerlinguistik (Psycho), geben einen kleinen Einblick über die Möglichkeiten, sich als interessierter Laie auf den Heimcomputern der 1980er-Jahre mit dem Bereich der Künstlichen Intelligenz zu beschäftigen. Für den Experten ergab sich damals unter Rückgriff auf Fachbücher wie z. B. [14] die Möglichkeit Expertensysteme in der Programmiersprache Prolog auf dem ZX Spectrum zu implementieren. Rückblickend, nicht nur unter Betrachtung der zur Verfügung stehenden Ressourcen der Heimcomputer, sicherlich eine Nischen-Anwendung.

In der damaligen KI-Forschung jedoch stand viel leistungsfähigere Hardware zur Verfügung. Beispielhaft soll hier die Connection Machine des amerikanischen Unternehmens Thinking Machines genannt werden. Die CM-1 aus dem Jahr 1983 war hauptsächlich zur Lösung von KI-Problemen konzipiert und entwickelt worden. In der CM-1 kamen spezielle 1-Bit-Prozessoren zum Einsatz. Eine der maximal 4 096 Prozessoreinheit bestand aus 16 dieser 1-Bit-Prozessoren. In der voll ausgebauten CM-1 konnten somit 65 536 dieser 1-Bit-Prozessoren verwendet werden[6]. Optisch und auch leistungsmäßig ist die CM-1 kein Vergleich zu den eher eingeschränkten Möglichkeiten des Z80-Prozessors eines ZX Spectrums. Zur Implementierung der KI-Lösungen kam die Programmiersprache Lisp zum Einsatz, die wiederum auch für den ZX Spectrum erhältlich war.

---

6 Jeder 1-Bit-Prozessor signalisierte seine Arbeit mit einer von außen sichtbaren Leuchtdiode. Ein durchaus imposanter Anblick, so dass eine Connection Machine (eine CM-2) auch im Museum of Modern Art in New York, USA ausgestellt wurde (Quelle: https://www.tamikothiel.com/cm/, Abruf 2022–11–01).

5.7 KI auf Heimcomputern?

Die Frage „KI auf Heimcomputern?" kann abschließend mit „Ja, aber ... " beantwortet werden: „Ja", weil sich durchaus Programme und Anwendungen der Künstlichen Intelligenz für Heimcomputer, wie den ZX Spectrum, finden lassen. „Aber", weil die Ressourcen der damaligen Heimcomputer für die Umsetzung von umfangreicher und leistungsstarker KI zu eingeschränkt waren und KI damals noch nicht so weit bekannt und verbreitet war, wie es heute der Fall ist. Trotzdem können die vorgestellten Programme als Einstieg in die Künstliche Intelligenz betrachtet werden und brachten interessierte – oftmals jugendliche – Laien in Kontakt mit mathematischen und theoretischen Fragestellungen der Informatik.

Somit war die Möglichkeit, sich in den 1980er-Jahren im eigenen Wohnzimmer mit Computern und Informatik zu beschäftigen herausragend für die Zeit und übte auf die damalige Jugend eine große Faszination aus. Die intensive Beschäftigung mit diesen Technologien beeinflusste so manche Berufswahl der damaligen Schülerinnen und Schüler.

Auch heute noch haben historische Rechenmaschinen und auch die ersten Heimcomputer einen besonderen Reiz, so dass sich eine umfangreiche Gemeinschaft des Retrocomputings gefunden hat, die sich regelmäßig auf Veranstaltungen trifft und sich über alte und neue Erkenntnisse austauscht. Eine fachliche Verankerung des Retrocomputings findet sich auch in der Fachgruppe Informatik- und Computergeschichte der Gesellschaft für Informatik e. V[7].

Literatur

[1]   C. C. Aggarwal, *Neural Networks and Deep Learning: A Textbook*. Cham: Springer International Publishing, 2018 [Online]. Available: http://link.springer.com/10.1007/978-3-319-94463-0. [Accessed: Jun. 16, 2020]

[2]   S. Russell and P. Norvig, *Künstliche Intelligenz*, 3rd ed. Pearson Studium, 2012.

[3]   P. R. Dokos, *ZX Spectrum Next User Manual*. 2020 [Online]. Available: http://www.specnext.com/wp-content/uploads/2020/02/ZX-Spectrum-Next-Manual-Color-ONLINE-Edition.7z

[4]   "Software Reviews – Manic Miner," *ZX Computing Magazine (December 1983)*, p. 152, Dec. 1983 [Online]. Available: http://archive.org/details/zxcomputing-magazine-1983-12. [Accessed: Aug. 17, 2022]

[5]   G. Brockman *et al.*, "OpenAI Gym." arXiv, Jun. 05, 2016 [Online]. Available: http://arxiv.org/abs/1606.01540. [Accessed: Jan. 17, 2023]

[6]   D. ¬[Verfasser. Harwood, *Spaß und Profit SPECTRUM*, 1. Auflage, 2. Druck. München: Hueber, 1983 [Online]. Available: http://btmoz2.bib-bvb.de/webOPACClient.btmsis/start.do?Login=wobtm&Query=540="978-3-19-008201-8"

[7]   H. Stuckenschmidt and F. van Harmelen, *Information sharing on the semantic web*. Springer, 2005.

---

7 Online unter https://fg-infohist.gi.de/ (Abruf: 2022–11–01) zu finden.

[8]   Penny Vickers, Steven Vickers, and Robin Bradbeer, *ZX Spectrum BASIC Programming – 2nd Edition*.
       1983 [Online]. Available: http://archive.org/details/zx-spectrum-basic-programming. [Accessed: Aug.
       02, 2022]

[9]   E. Kühl, "ChatGPT: Gut erfunden ist halb geglaubt," *Die Zeit*, Hamburg, Dec. 06, 2022 [Online].
       Available: https://www.zeit.de/digital/internet/2022-12/chatgpt-kuenstliche-intelligenz-openai-chat
       bot?utm_referrer=https%3A%2F%2Fde.wikipedia.org%2F. [Accessed: Jan. 16, 2023]

[10]   J. Weizenbaum, "ELIZA – a computer program for the study of natural language communication
       between man and machine," *Commun. ACM*, vol. 9, no. 1, pp. 36–45, Jan. 1966, doi: 10.1145/365153.
       365168. [Online]. Available: https://doi.org/10.1145/365153.365168. [Accessed: Aug. 02, 2022]

[11]   "ELIZAGEN – The Original ELIZA." [Online]. Available: https://sites.google.com/view/elizagen-org/
       the-original-eliza. [Accessed: Aug. 02, 2022]

[12]   "Psycho (Eliza) at Spectrum Computing – Sinclair ZX Spectrum games, software and hardware."
       [Online]. Available: https://spectrumcomputing.co.uk/entry/3918/ZX-Spectrum/Psycho_Eliza.
       [Accessed: Aug. 02, 2022]

[13]   "ELIZAGEN – Commonly Known ELIZA Clones." [Online]. Available: https://sites.google.com/view/eli
       zagen-org/commonly-known-eliza-clones. [Accessed: Aug. 02, 2022]

[14]   S. Gascoigne, *The Purple Planet*. London: Macmillan Education UK, 1985 [Online]. Available: http://
       link.springer.com/10.1007/978-1-349-07860-8. [Accessed: Jan. 17, 2023]

6 Personalisierte Feinfühlige Technik

Intelligentes Zusammenwirken von Mensch und Künstlicher Intelligenz

Mathias Vukelić, Nektaria Tagalidou

Abstract: Im Zeitalter zunehmend digitaler Vernetzung und Technologien der Künstlichen Intelligenz (KI) spielt die Gestaltung von Schnittstellen zwischen Mensch und Technik eine bedeutsame Rolle. In diesem Spannungsfeld sehen wir eine zunehmend symbiotische Beziehung zwischen Mensch und Maschine, welche eine neue Phase der Interaktion voraussieht – symbiotische Intelligenz. Einen wesentlichen Beitrag leisten hier Fortschritte neurowissenschaftlicher Messtechnologien in Verbindung mit KI-Algorithmen, die es ermöglichen möglichst unaufdringlich und einfach handhabbare neurophysiologische Messungen durchzuführen – ein aufstrebendes Forschungsfeld der Neuroergonomie (im engl. *neuroergonomics*). Dadurch kann ein besseres Verständnis entstehen, wie Körper und Gehirn zusammenarbeiten und unterschiedliche Tätigkeiten in unserem Alltag ausführen – „vom Gehen, über das komplexe Steuern eines Flugzeugs bis hin zur Navigation auf einem virtuellen Computer-Desktop" [1]. „Die Neuroergonomie bezieht sich darauf, wie neurowissenschaftliche Methoden eingesetzt werden können, um die zugrundeliegenden psychologischen Prozesse während alltäglicher Aktivitäten zu verstehen" [1]. Die vorliegende Studie gibt einen Überblick, welchen Beitrag und welche Potenziale die neuroergonomische Forschung für die menschzentrierte Arbeitsplatzgestaltung und Gestaltung von technischen Produkten ermöglicht. Konkrete Herausforderungen und Fragestellungen sind: „Wie hoch ist die kognitive Belastung oder das subjektive Wohlbefinden während der Arbeitstätigkeit? Welche Denkprozesse und Verhaltensweisen fördern ein positives Erleben im Umgang mit Technik? Wie kann eine Mensch-Technik-Interaktion (MTI) möglichst umfassend evaluiert werden?" [1]. Neurotechnologien und neuroergonomische Forschung bieten nicht nur die Möglichkeit eines besseren Verständnisses mentaler Zustände oder der Evaluation von technischen Schnittstellen und Produkten, sondern ermöglichen auch die Entwicklung zukünftiger neuroadaptiver Assistenzsysteme auf der Basis einer Gehirn-Computer Schnittstelle (GCS). Grundlage einer solchen Technologie ist die Echtzeit-Erfassung von neurophysiologischen Maßen während der Interaktion mit einem technischen System. Diese werden im Sinne einer kontinuierlichen Repräsentation des Nutzerzustands interpretiert und geben Aufschluss über psychologische Prozesse wie

Anmerkung, Dies ist eine verkürzte und bearbeitete Fassung des Artikels „Vukelić M, Lingelbach K, Piechnik D Feinfühlige Technik – Wie Neuroergonomie und Brain-Computer-Interfaces in der Praxis eingesetzt werden können. In: KI-Fortschrittszentrum "Lernende Systeme und Kognitive Robotik." Fraunhofer IAO, 2021, Stuttgart, p 90". Teile davon wurden bereits veröffentlicht. Alle Rechte vorbehalten © Fraunhofer IAO, 03/2021.

Kognition, Emotion und Motivation. In einem Mensch-Technik-Regelkreis dient der erfasste Nutzerzustand als Eingangsgröße, um das Verhalten des Systems so anzupassen, dass die Ziele der Interaktion oder bestimmte Nutzerbedürfnisse optimal unterstützt werden können. Aufgrund der weitreichenden ethischen und sozialen Implikationen besteht die Aufgabe einer zukünftigen Forschungsagenda darin, die zunehmende Intelligenz und Autonomie von Maschinen konsequent mit den Bedürfnissen und Fähigkeiten des Menschen in Einklang zu bringen – eine menschzentrierte Forschungsagenda neuroadaptiver Technologien.

Schlagworte: Künstliche Intelligenz, Gehirn-Computer Schnittstelle, Neuroadaptive Technologie, Autonome Systeme, Adaptive Systeme, Ethik

6.1 Feinfühlige Technik: Interaktion zwischen Mensch und Technik

Technik unterstützt unseren Alltag auf bedeutsame Art und Weise. Computer handeln mit Aktien, Autos parken selbstständig, Roboter reagieren sensitiv auf Gestik und Sprache und Fliegen ist fast vollständig automatisiert. Mobile Sensoren und ubiquitäre Technologien [2], sowie Anwendungen der Künstlichen Intelligenz (KI) und Maschinelles Lernen (ML) leisten dazu einen enormen Beitrag und können als „Enabler-Technologien auf dem Weg zu einer immer »feinfühligeren Technik« angesehen werden" [1]. Interaktive und adaptive Mensch-Technik Schnittstellen nehmen zunehmend auf ihre physische Umgebung Rücksicht. Neue Technologieinnovationen werden so vorangetrieben. Es lassen sich Tätigkeiten und Prozesse zunehmend automatisieren, indem Technik sensitiv auf Kontextsituationen reagiert. Produktivität und Effizienz werden verbessert und dadurch Zeit im Alltag gespart. Durch teilweise selbstständig agierende Systeme entstehen in der Interaktion zwischen Mensch und Technik aber auch neue Herausforderungen und Konfliktpotenziale. Die Systeme greifen auf externe Informationen zurück und versuchen Intentionen der Nutzer*innen aus dem gegebenen Kontext zu erschließen. Direktes Feedback der Personen ist nicht möglich bzw. nicht gewollt. Dadurch bleibt unklar, ob das Systemverhalten im Sinne der Benutzer*in war oder nicht. Das kann neben einem Gefühl von Kontrollverlust im Extremfall auch dazu führen, dass adaptive Systeme anstelle der beabsichtigten Unterstützung und Entlastung Unwohlsein und Ablehnung auslösen. Nutzer*innen mit persönlichen Bedürfnissen und Vorlieben könnten vernachlässigt werden, was wiederum die Gefahr mit sich bringt, dass innovative, fortgeschrittene Lösungen „kaum positive Effekte auf Produktivität, Kreativität und Gesundheit der beteiligten Nutzer*innen erzielen können" [1, 3, 4]. Die Herausforderung dieser zunehmenden Automatisierung wird es sein, geeignete menschzentrierte Schnittstellen und technische Produkte zu gestalten, die den Menschen die bestmögliche Unterstützung zur Erledigung ihrer Tätigkeiten in verschiedensten Situationen geben. Der Wert von KI-Technik oder Automatisierung liegt nicht in erster Linie darin, dass sie menschliche

Tätigkeiten vollständig übernehmen. Entscheidender ist die Kooperation und Arbeit mit dem Menschen zusammen [1, 5]. Es lassen sich neue Potenziale erschließen, indem sich Mensch und Maschine in sozio-technischen Systemen optimal ergänzen und dynamisch zusammenarbeiten. Probleme können gemeinsam gelöst und fundierte Entscheidungen getroffen werden. Allerdings muss für eine solch enge Zusammenarbeit auf Augenhöhe die Technologie intuitiv bedienbar sein und sich intelligent nicht nur nach dem Aufgabenkontext richten, sondern auch an ihre individuellen Nutzer*innen anpassen können. Bislang gibt es nur wenige adaptive KI-Systeme, die eine kontextsensitive Anpassung durch eine angemessene Balance von automatischen, systeminitiierten Anpassungen und gezielter Einflussnahme durch die Nutzer*in aufweisen. Zwar greifen intelligente KI-Systeme bereits auf verschiedenste Kontextinformationen (z. B. genutzte Geräte, Umgebungsbedingungen, Abstand vom Display, etc.) zu, um eine optimale Anpassung an den Kontext zu bieten, allerdings bleiben die Möglichkeiten den Nutzerzustand zu erfassen und in ein adaptives KI-System zu integrieren noch weitgehend ungenutzt.

Die Effizienz, Kooperationsfähigkeit und Nutzerakzeptanz zukünftiger KI-basierter Mensch-Technik-Systeme kann signifikant gesteigert werden, indem die Technik zunehmend in der Lage ist die Nutzer*in zu erkennen und angemessen auf sie zu reagieren. Dies bietet eine große Chance für die Technikgestaltung – ohne zusätzlichen Aufwand auf Seiten der Nutzenden, z. B. im Falle eines kollaborativen Roboters, der seine Interaktion automatisch an die erkannte Intention oder die aktuelle kognitive Belastung (im engl. *cognitive workload*) des Menschen anpasst. Ein weiteres Anwendungsbeispiel ist die Erkennung des Fahrerzustandes in der zunehmend automatisierten Automobilindustrie, wobei Assistenzsysteme auf die Ablenkung oder den emotionalen Gemütszustand der Fahrzeuginsassen reagieren. „Nicht nur das gegenseitige Verständnis zwischen Mensch und Technik kann dadurch gefördert werden, auch die Motivation und das Wohlbefinden im Umgang mit adaptiven und autonomen KI-Systemen kann verbessert werden" [1]. Obwohl die Vorteile unbestreitbar sind, muss eine immer intelligenter werdende und selbstlernende Technik so gestaltet sein, dass es allgemein nachvollziehbar ist, welches Verhalten aufgrund welcher Schlussfolgerung auf maschineller Seite getätigt wurde. Durch Transparenz und Nachvollziehbarkeit kann die Technik gesellschaftlich akzeptierbar sein. Die Grundlage für den Erfolg einer Partnerschaft zwischen Mensch und Technik ist eine *feinfühlige Technik*, die eine symbiotische Mensch-Maschine-Interaktion [6, 7] ermöglicht und so völlig neue technologische Lösungen an der Schnittstelle zwischen Biologie und Technik unterstützt[1,2].

---

1 https://www.fraunhofer.de/de/forschung/aktuelles-aus-der-forschung/biologische-transformation. html.
2 Biologische Transformation und Bioökonomie – Fraunhofer Gesellschaft 2018, White paper. Download: https://www.fraunhofer.de/content/dam/zv/de/forschung/artikel/2018/Biologische-Transformation/Whitepaper-Biologische-Transformation-und-Bio-Oekonomie.pdf.

6.2 Feinfühlige Mensch-Technik-Interaktion und Neuroergonomie

Durch die zunehmend digitalisierte (Arbeits-)Welt sind wissenschaftliche Erkenntnisse, die zum Verständnis und zur Verbesserung der Mensch-Technik-Interaktion (MTI) beitragen und damit eine effiziente Nutzung technischer Produkte durch den Menschen ermöglichen, von zentraler Bedeutung. Im Themenfeld dieser *menschzentrierten Technikgestaltung* gewinnen Emotionen und Affekt zunehmend an Bedeutung. Nicht nur die Usability von Produkten wird als relevant für die Entwicklung und den späteren Erfolg von Produkten erachtet, auch »weichere« Faktoren der Produktgestaltung gewinnen zunehmend an Bedeutung. Die Forschung zur »User Experience« (UX) von Produkten beschäftigt sich damit, wie bei Nutzer*innen positive Emotionen während der Produktinteraktion erzeugt werden können [8]. Produkte, die viele positive UX-Momente auslösen, werden häufiger und favorisierter genutzt und haben sowohl für den Menschen als auch das Unternehmen dahinter eine größere Bedeutung. Aus »Human Factors« Sicht tragen positive Nutzererfahrungen zur subjektiven Wahrnehmung von Kompetenz bei, wirken sich positiv auf die psychische Gesundheit aus und führen in der Folge zu motiviertem Handeln, erhöhter Produktivität und Arbeitszufriedenheit [8–10].

Grundlegende technische Innovationen verändern langfristig nicht nur den Umgang mit ihnen, sondern haben auch Einfluss auf Sensomotorik und Kognition [1]. Osiurak et al. [6] fassen diese Entwicklungen in der MTI auf drei Ebenen zusammen:

- physische Ebene (engl. *affordance design*)
- fortgeschrittene Ebene (engl. *automation and interface design*)
- symbiotische Ebene (engl. *embodied und cognitive design*).

Zukünftige technologische Trends wie sprach-, gesten- oder gar hirn-gesteuerte Technologien zeigen bereits heute schon Ansätze einer zunehmenden symbiotischen Interaktion zwischen Mensch und Maschine. Die automatische Erkennung kognitiver Prozesse und emotionaler Erlebnisse liefern neue Meilensteine für die verbesserte Interaktion zwischen Mensch und Technik. „Doch wie kann eine symbiotische Interaktion mit einer Maschine oder gar einer feinfühligen Technik aussehen?" [1].

In der sozialen Interaktion und Kommunikation mit anderen Menschen können wir die Handlungsintentionen unseres Gegenübers unmittelbar (meist implizit) erkennen und unsere Handlungen entsprechend anzupassen. Diese Fähigkeit, sprich die Erfassung des mentalen und emotionalen Zustandes der menschlichen Interaktionspartner (siehe auch *Theory of Mind* [11]), fehlt technischen Systemen in der MTI bislang. Generell können wir hier zwischen zwei Arten menschlicher Fähigkeiten unterscheiden: 1) kognitive Empathie: Fähigkeit, die Perspektive einer anderen Person zu verstehen und 2) affektive und emotionale Empathie: Fähigkeit zu fühlen, was die andere Person fühlt [12, 13]. Diese Unterscheidung ist nicht nur äußerst wichtig zur Erforschung der Empathiefähigkeit des Menschen, sondern auch für das technische Systemdesign von autonom und adaptiv agierenden KI-Systemen. Es erscheint aktuell unwahrscheinlich, dass technische Systeme bald affektive Empathie haben werden. Sie brauchen es auch nicht. Die kognitive Fähigkeit, sprich die Fähigkeit, die aktuellen kognitiven und emotionalen Zustände des Menschen zu erkennen, kann Systeme bereits dazu befähigen, Nutzer*innen einzigartige Unterstützung zu bieten. Mehr noch, KI-Systeme benötigen nicht einmal Einfühlungsvermögen im Sinne eines vollständigen Verständnisses des emotionalen oder gar kognitiven Spektrums der Nutzer*innen. Feinfühlige Technik kann wie folgt definiert werden: „Technische Systeme, die in der Lage sind, einen interessierenden Benutzerzustand zu erkennen und Interaktionsstrategien zu lernen, um auf diesen Benutzerzustand maßgeschneidert zu reagieren." [1]

In diesem Sinne kann ein feinfühliges System Emotionen (unmittelbare positive und negative affektive Reaktionen) oder kognitive Prozesse (Aufmerksamkeit, kognitive Belastung) der Nutzer*innen erkennen und basierend darauf kontextsensitiv reagieren. Dafür notwendig sind Erkennungstechnologien, die mobil einsetzbar sind. Verschiedene Signale können dafür berücksichtigt werden, z. B. Neurophysiologie oder kamera- und sensorbasierte Verfahren. Diese werden durch maschinelle Lernverfahren (ML) bearbeitet, um Rückschlüsse über mentale Zustände zu geben [1]. Durch eine feinfühlige Technik soll es so möglich werden, das Verhalten von autonomen und adaptiven Assistenzsystemen optimal an die Nutzer*innen anzupassen und so Interaktion nicht zu stören. Im Sinne des symbiotischen Technikdesigns [6] lassen sich so völlig neue Mensch-Maschine-Schnittstellen gestalten. Grundsätzlich kann die Kombination von Erkennungstechnologien und ML-Verfahren nicht nur für die Entwicklung von Schnittstellen zwischen Mensch und Maschine genutzt werden, sondern auch, um neue Erkenntnisse der physischen und kognitiven Beanspruchung, Produktwirkung, Akzeptanz, und das Allgemeinbefinden für die praxisnahe Forschung zu sammeln. Das Ziel der praxisnahen menschzentrierten Forschung ist es dabei, auf der Basis empirisch gewonnener Erkenntnisse, verbesserte Modelle der Mensch-Maschine-Interaktion, sowie darauf basierende fundierte Gestaltungskonzepte zu entwickeln.

Ein wichtiger Teil der angewandten Forschung beschäftigt sich mit kognitionswissenschaftlichen und psychologischen Fragestellungen, sowie der Rolle des Menschen im Umgang mit komplexen Systemen und welchen Einfluss diese auf unsere Denkprozesse haben. Die Endnutzer*innen stehen im Mittelpunkt der Forschung und Entwicklung, da sie die technischen Systeme intuitiv und effizient nutzen sollen. Erkenntnisse aus der Kognitionswissenschaft zeigen, dass die Anzahl der Informationen, die wir in unserem Arbeitsgedächtnis verarbeiten können, durch unsere kognitiven Fähigkeiten generell begrenzt ist [14–16]. Eine weitere These besagt, dass wir gerade durch das Internet unser Gehirn enorm entlasten, indem wir es als *erweitertes Gedächtnis* nutzen [17]. Gerade was den Wissenserwerb und Wissensabruf betrifft, sehen wir eine Verlagerung hin zu dieser intelligenten Technologie, die uns Informationen schnell und bedarfsgerecht bereitstellt. Welchen Einfluss Suchmaschinen und Computer bereits jetzt auf unser Selbstbild und unser Gedächtnis haben, ist auf eindrucksvolle Weise in einer Studie [17] gezeigt worden. Wer Suchmaschinen benutzt, nimmt fälschlicherweise an, sich mehr merken zu können – obwohl eher das Gegenteil der Fall ist. Durch Suchmaschinen merken wir uns deutlich besser, wo wir gespeicherte Fakten abgelegt haben, dafür umso weniger den Inhalt der Fakten selbst. Kognitionswissenschaftler*innen sprechen hier auch vom Phänomen des *cognitive off-loading* [18]. Der Trend zeigt, dass wir vermehrt mit technischen Hilfsmitteln denken. Egal, ob wir ein GPS-Gerät zur Navigation oder den Taschenrechner zur Berechnung komplizierter mathematischer Ausdrücke verwenden – wir verwenden diese Technologien unterstützend oder geben Aufgaben vollkommen ab. Immer komplexerer Technik folgend treten kognitive Prozesse wie die Kapazität des Arbeitsgedächtnisses oder gar dessen Belastung und auch die Informationsverarbeitung immer mehr in den Vordergrund und spielen dabei eine entscheidende Rolle für die Gestaltung von Mensch-Maschine-Schnittstellen. Neben kognitiven Prozessen spielen aber Fragen der Gestaltung und Evaluation von Arbeitssituationen und deren Anpassung an die Bedürfnisse und Fähigkeiten von Menschen in der Arbeitswissenschaft eine wichtige Rolle. Gute UX, die auch mentale Aspekte berücksichtigt, ist ein Schlüsselfaktor für den Erfolg von technischen Systemen, Produkten, Services und Arbeitsabläufen. Dabei ist immer der Mensch im Mittelpunkt [1, 8, 19]. Es stellen sich u. a. folgende Fragen für die menschzentrierte Forschung: „Wie hoch ist die kognitive Belastung während der Arbeitstätigkeit? Wie ist das emotionale Erlebnis eines Menschen während der Interaktion mit Technik?" [1].

Um diese Fragen beantworten zu können, bedarf es neben kognitionspsychologischen und arbeitswissenschaftlichen Methoden auch neurowissenschaftliche Technologien zur gezielten Messung mentaler Faktoren der UX. Mit dem Aufkommen zunehmend tragbarer und leicht einsetzbarer neurophysiologischer Messmethoden wie der Elektroenzephalographie (EEG) und funktioneller Nahinfrarotspektroskopie (fNIRS), oder psychophysiologischer Verfahren wie der Messung der Herzratenvariabilität durch die Elektrokardiographie (EKG) und dem Eye-Tracking wurden enorme Fortschritte in der Erfassung von Gehirn- und Körperfunktionen erzielt, sodass sich Fragestellungen und Studien der praxisnahen Forschung nicht mehr auf artifizielle Laborumgebungen beschränken müssen. Die Neuroergonomie ist ein aufstrebendes Forschungsgebiet, das sich diese Entwicklungen zunutze macht. Die neuroergonomische Forschung nutzt neurowissenschaftliche Ansätze und Methoden, um kognitive Prozesse und emotionale Erlebnisse bei der Techniknutzung zu erfassen und der Arbeitswissenschaft neue Perspektiven und technische Möglichkeiten zu eröffnen. Die Motivation ist, Methoden und Theorien unterschiedlicher Forschungsdisziplinen effektiv zu kombinieren und anzuwenden, wie: Kognitive Neurowissenschaft, Arbeitswissenschaft und Human Factors, Künstliche Intelligenz und Maschinelles Lernen, und MTI. Ergänzend zu Leistungsmaßen und subjektiven Einstellungen aus der klassischen psychologischen und arbeitswissenschaftlichen Forschung erlauben uns neuroergonomische Methoden, Faktoren zu berücksichtigen, die der Arbeitstätigkeit direkt zugrunde liegen, wie zum Beispiel: „Aufgabenengagement, kognitive Arbeitsbelastung, Frustration, wahrgenommene Valenz und viele weitere" [1]. Diese Aspekte zu berücksichtigen wird in Zukunft immer wichtiger, da unsere Arbeit zunehmend kognitiv geprägt ist. Vorrangig physisch geprägte Arbeit ist noch vorhanden, wird jedoch immer stärker durch Technik ergänzt und somit durch kognitive Aspekte erweitert: „Fabrikarbeiter*innen müssen mit Robotern zusammenarbeiten, Pilot*innen überwachen größtenteils automatisierte Flüge und (halb-)automatische Fahrzeuge verlangen von ihren Nutzer*innen, dass sie effektiv zwischen Freizeitaktivitäten und Fahren wechseln können" [1]. Ergebnisse der Neuroergonomie finden Anwendung in der Gestaltung von Arbeitsplätzen und Entwicklung von Mensch-Maschine-Schnittstellen. Die Anwendung in realen Settings (out-of-the-lab) steht dabei im Vordergrund. Herausforderungen und Fragestellungen eines menschzentrierten Designs lassen sich so gezielt adressieren:

- „Welche Faktoren beeinflussen die Leistungsfähigkeit von Menschen in modernen (digitalisierten) Arbeitsumgebungen?" [1]
- „Wie hoch ist die kognitive Belastung während der Arbeitstätigkeit?" [1]
- „Welche Rolle spielen Emotionen bei der MTI und wie hängen sie mit kognitiven Prozessen zusammen?" [1]
- „Welche Eigenschaften müssen Schnittstellen zwischen Mensch und Technik aufweisen, damit die Nutzer*innen besser mit Informationen umgehen können – also besser lernen oder bessere Entscheidungen fällen?" [1]

6.3 Gehirn-Computer Schnittstellen, Neuroadaptive Systeme und personalisierte Mensch-Maschine-Anwendungen

Die Entwicklung von Sensortechnologien und die Miniaturisierung von Neurotechnologien zur Aufzeichnung von Gehirn- und physiologischen Aktivitäten in Verbindung mit fortgeschrittener Signalverarbeitung, maschinellem Lernen und KI-Technologien schreitet stetig voran. Durch diese Fortschritte verstehen wir kognitive Prozesse und emotionale Erfahrungen, die dem menschlichen Verhalten, der Entscheidungsfindung, der Motivation und den sozialen Interaktionen zugrunde liegen. „Um die Idee einer feinfühligen Technik bzw. einer symbiotischen Interaktion zwischen Mensch und Maschine zu realisieren, bedarf es einer unmittelbaren und direkten Kommunikation zwischen Mensch und System" [1]. Die Gehirn-Computer-Schnittstelle (GCS) (im engl. *brain-computer interface*) ist derzeit die direkteste Form einer Schnittstelle zur Interaktion und Kommunikation zwischen Mensch und Computer [20, 21]. „Die GCS ist eine technische Verbindung zwischen dem Gehirn und einem Computer" [1]. Grundlage der GCS ist die Echtzeiterfassung neurophysiologischer Aktivitäten. Es lassen sich verschiedene Formen der GCS unterscheiden: invasive (Elektroden werden direkt in den Körper implantiert) und nicht-invasive (Elektroden liegen auf der Haut) [22]. „Mittels maschineller Lernverfahren können diese Signale verarbeitet und so interpretiert werden, dass ein Computer sie dann für eine Aktion nutzen kann" [1]. Lange Zeit hat sich die GCS-Forschung auf medizinische und klinische Anwendungsbereiche fokussiert, wobei das Hauptziel darin bestand, Nutzer*innen mit motorischen oder perzeptuellen Beeinträchtigungen ein Kommunikationsmittel zur Verfügung zu stellen, z. B.

die Steuerung eines technischen Geräts zur Sprachausgabe für Locked-in Patient-*innen oder Schlaganfallpatient*innen mit einer fast vollständigen Lähmung [23–28]. GCS-Anwendungen eignen sich für die Entwicklung von unterstützender Technik, z. B. für Rollstühle [29], Orthesen [30–33], Prothesen [34], Servicerobotern [35] und assistiven Web-Anwendungen [36]. Darüber hinaus legten GCS auch den Grundstein für die Entwicklung innovativer Neurofeedbacktrainings zur Behandlung von Symptomen psychiatrischer und kognitiver Störungen wie Depression, Schizophrenie oder Aufmerksamkeitsdefizite [37–41]. Weitere Fortschritte der Echtzeiterfassung und dem Monitoring neurophysiologischer Signale ermöglichen es zunehmend verschiedenste Aktivitäten in unserem alltäglichen Lebens- und Arbeitssituationen zu messen [42–44] und legen so die Basis für nicht-medizinische Anwendungen einer GCS [20, 21, 45, 46].

Situationsbedingte Hilfestellung und Assistenz benötigen – in Echtzeit – das Wissen über den Nutzungskontext (physische und soziale Umgebung), die Interaktionssituation und den emotionalen und kognitiven Zustand der Nutzer*innen. In diesem Zusammenhang sind kontext-sensitive KI-Systeme [47, 48] zunehmend in der Lage, die Interaktion auf der Grundlage der erkannten situativen Kontextinformationen (Informationen über Zweck, Ziel und Aufgaben) adaptiv anzupassen. Im einfachsten Fall greifen die Systeme auf Daten von integrierten Sensoren (z. B. Smartphones) oder Umgebungssensoren (z. B. Kameras) zu, um so über maschinelles Lernen auf den Kontext zu schließen [49–51]. Kontextdaten können aber die individuellen Vorlieben, Fähigkeiten und Fertigkeiten von Endnutzer*innen nicht abbilden. Für eine optimale Interaktion zwischen Endnutzer*in und einem kontext-sensitiven KI-System ist es wichtig, nicht nur die Umwelt- und Kontextbedingungen, sondern auch den aktuellen mentalen Zustand der Benutzer*in angemessen zu berücksichtigen. „Die technischen Systeme benötigen ein Verständnis der Benutzer*in oder Informationen, die über die bloßen Notwendigkeiten zur Steuerung der Maschine hinausgehen" [1]. Eine wesentliche Voraussetzung für die Gestaltung der Schnittstelle ist, dass das kontext-sensitive KI-System feinfühlig und zeitnah auf ihre Nutzer*in reagiert, um eine kollaborative und unterstützende menschzentrierte Interaktion zu schaffen, die von der menschlichen Interaktionspartner*in akzeptiert und unterstützt wird [3, 7, 52]. Durch Neuro- und KI-Technologien werden ganz neue Ansätze zur Kontext- und Zustandserfassung der Nutzer*innen realistisch. So können beispielsweise Kameras und akustische Sensoren und darauf aufbauende Spracherkennung, Pupillen- und Bewegungstracking eingesetzt werden. Das gesammelte und aufbereitete Wissen besteht aus Informationen unterschiedlicher Abstraktionsebenen und wird gewöhnlich in einem Nutzer- und Kontextmodell hinterlegt [7, 48]. Damit solche computergestützten Nutzermodelle vollends personalisiert und menschzentriert sind Bedarf es noch Forschungsbedarf. Feingranularere Aspekte der Nutzer*in, wie Fertigkeiten, Vorlieben, kognitive Fähigkeiten und emotionaler Zustand sowie deren kontextuelle Veränderungen müssen modelliert werden. Dieser Detailgrad im Nutzermodell würde die Anpassung des Systems an deutlich schwierigere Situationen ohne Abhängigkeiten von vorgegebenen Programmen ermöglichen und die Grundlage für eine wirklich symbiotische Interaktion zwischen Benutzer*in und Maschine bilden, damit diese bei kollektiven Entscheidungen zusammenarbeiten können [7]. Die Einführung sog. *„impliziter* GCS" [53] als neues Interaktionskonzept legte die Basis der Verknüpfung von Neurotechnologien und kontext-sensitiven KI-Systemen, um so die MTI grundlegend zu revolutionieren. Der wesentliche Unterschied zu den bislang besser bekannten *aktiv* gesteuerten GCS-Anwendungen in der Medizin liegt darin, dass beim impliziten Ansatz spontane Hirnaktivitäten erfasst werden. Aktive GCS steuert der Nutzende willentlich, um bestimmte Kommandos an eine Computeranwendung zu übermitteln. Ein implizites GCS erfordert keine willentliche Ansteuerung. Während bei aktiven GCS-Paradigmen das Hauptaugenmerk auf der Steigerung der Anzahl der pro Minute übertragenen Bits und der erfolgreichen Klassifizierungsraten liegt, konzentriert sich das implizite GCS-Paradigma eher auf die Verbesserung der MTI. „Beim impliziten Ansatz müssen die Nutzer*innen mentale Aktionen nicht aktiv ausführen, um Gehirnmuster zu erzeugen, die in Maschinenaktionen übersetzt werden" [1]. Der Einsatz von GCS ist eher als begleitende Erweiterung autonom agierender Maschinen zu verstehen, die die Interaktion mit den Menschen intuitiver macht [1, 7]. Es hat den Vorteil, dass die Person nicht in ihrer Tätigkeit gestört wird. Neurophysiologische Signale lassen sich als kontinuierliche Rückmeldung nutzen, die dazu dient, die Benutzer*in entsprechend ihrem kognitiven oder emotionalen Zustand zu repräsentieren (sog. computergestütztes Nutzermodell). Die gewonnenen Informationen bereichern das computergestützte Nutzermodell insofern, dass nicht nur Befehle ausgeführt, sondern auch eine Systemanpassung an die Präferenzen, Fähigkeiten und Fertigkeiten der Benutzer*innen ermöglicht werden – entsprechend des Kontextes. Die Entwicklung derartiger technischer Konzepte wird die Anwendung *neuroadaptiver KI-Systeme* ermöglichen [1, 52, 54–59]. „Durch ihre individuelle und personalisierte Anpassungsfähigkeit können neuroadaptive Systeme einen wesentlichen Beitrag für eine menschengerechte, effiziente und barrierefreie Technik leisten" [1]. Mögliche zukünftige neuroadaptive Anwendungen sind unter anderem:

- Intelligente Fahrzeuge, die den Automatisierungsgrad der Fahraufgabe dynamisch an die aktuelle Aufmerksamkeit, die kognitive Belastung oder den affektiven Zustand der Fahrer*in anpassen [13, 60–64]
- Neurofeedback-basierte Schnittstellen zur Förderung des subjektiven Wohlbefindens durch Training von Konzentration und Entspannung, immersive Kunstinstallationen, oder neuroadaptive Spiele [65–68]
- Kollaborative Roboter, die sensibel auf die Absichten, Emotionen und Aufmerksamkeitsstufen der Benutzer*innen reagieren [69–73]

Obwohl der Nutzen und die Vorteile künftiger neuroadaptiver Systeme unbestritten sind, sollten die ethischen und sozialen Implikationen nicht übersehen werden, da das Verhältnis zwischen Mensch und Maschine geklärt werden muss. Solche soziotechnischen Systeme, die in den Alltag Einzug halten, müssen so gestaltet werden, dass sie verständlich, sozialverträglich und lernfördernd sind. Weitere Disziplinen wie Ethik und Sozialwissenschaften sind bei der Gestaltung zukünftiger neuroadaptiver Systeme sehr wichtig. Besondere Berücksichtigung sozialer und ethischer Fragestellungen sind daher ein sicherer und kompetenter Umgang mit den erhobenen Daten und damit eine wünschenswerte MTI in der Zukunft. Wichtige Fragen sind unter anderem: Wem gehören die Daten? Zu welchem Zweck werden die Daten genutzt? Wie vertrauenswürdig sind KI-Algorithmen? Wie transparent sind die neuroadaptiven Systeme? Dies umfasst die aktive Einbeziehung zukünftiger Nutzer*innen im Sinne eines menschzentrierten Gestaltungs- und Entwicklungsprozesses (*Human-Centered Design*), ebenso wie regelmäßige Informations- und Austauschveranstaltungen für Medienvertreter und die interessierte Öffentlichkeit (Bürgerbeteiligung). Die Aufgabe zukünftiger Forschung ist es, die zunehmende Intelligenz und Autonomie technischer Assistenzsysteme konsequent an den Bedürfnissen und Fähigkeiten des Menschen auszurichten – eine menschenzentrierte Forschungs-Roadmap für neuroadaptive Systeme. Die Ausrichtung aller Forschungsarbeiten und -disziplinen sollte sich dabei stets an dem real zu erwartenden Nutzen für Mensch und Gesellschaft richten und muss sich konsequent an den Bedürfnissen und ethischen Werten orientieren. Erst durch dieses Zusammenwirken lassen sich nutzernahe Neurotechnologien auch für komplexe Mensch-Maschine-Anwendungen nutzbar und damit wirklich alltagstauglich machen. Das Ziel einer neuroadaptiven menschzentrierten Forschung ist daher einen Innovations-, Entwicklungs- und Erfahrungsraum zu etablieren, in dem

- die Nutzer*innen im Mittelpunkt stehen, um die Entwicklung wirklich personalisierter Neurotechnologien zu ermöglichen.
- die Nutzer*innen stets die volle Kontrolle über ihre Daten und deren Verwendung haben.
- die unmittelbaren Nutzer*innen der neuroadaptiven Schnittstellen diese erleben, testen und an ihrer Entwicklung aktiv partizipieren können.
- die Effektivität und der Mehrwert der entwickelten Neurotechnologien und KI-Algorithmen unter ökologisch validen Rahmenbedingungen bewertet, quantifiziert und validiert werden.
- eine große Kontaktfläche für die breite Öffentlichkeit geschaffen wird und damit der Kreis der Nutzer*innen und Multiplikatoren kontinuierlich vergrößert werden kann.
- die maßgeblichen Multiplikatoren und der Transfer in die Praxis vorbereitet werden können.

Literatur

[1]   Vukelić M, Lingelbach K, Piechnik D Feinfühlige Technik – Wie Neuroergonomie und Brain-Computer-Interfaces in der Praxis eingesetzt werden können. In: KI-Fortschrittszentrum "Lernende Systeme und Kognitive Robotik." Fraunhofer IAO, 2021, Stuttgart, p 90.

[2]   Weiser M (1991) The Computer for the 21st Century. Sci Am 265:94–104.

[3] Vukelić M, Pollmann K, Peissner M, Spath D (2020) Mensch-Technik-Interaktion mit Emotionen. In: Michael Freitag (Hrsg.): Mensch-Technik-Interaktion in der digitalisierten Arbeitswelt. Schriftenreihe der Wissenschaftlichen Gesellschaft für Arbeits- und Betriebsorganisation (WGAB) e.V., pp 39–58.

[4] Bauer W, Vukelić M (2018) Forschungsprojekt EMOIO. In: Neugebauer R (ed) Digitalisierung. Springer Berlin Heidelberg, Berlin, Heidelberg, pp 135–151.

[5] Matthias Peissner, David Blank, Thomas Norgall, Martin Wegele (2018) # Zukunfstarbeit – Zukunftsbilder und Handlungsfelder. Fraunhofer-Gesellschaft zur Förderung der angewandten Forschung.

[6] Osiurak F, Navarro J, Reynaud E (2018) How Our Cognition Shapes and Is Shaped by Technology: A Common Framework for Understanding Human Tool-Use Interactions in the Past, Present, and Future. Frontiers in Psychology. https://doi.org/10.3389/fpsyg.2018.00293

[7] Vukelić M (2021) Connecting Brain and Machine: The Mind Is the Next Frontier. In: Friedrich O, Wolkenstein A, Bublitz C, Jox RJ, Racine E (eds) Clinical Neurotechnology meets Artificial Intelligence. Springer International Publishing, Cham, pp 215–226.

[8] Hassenzahl M (2008) User experience (UX): towards an experiential perspective on product quality. ACM Press, p 11.

[9] Deci EL, Ryan RM (eds) (2004) Handbook of self-determination research, Softcover ed. Univ. of Rochester Press, Rochester, NY.

[10] Spath D, Peissner M, Sproll S (2010) Methods from Neuroscience for Measuring User Experience in Work Environments. In: Rice V (ed) Advances in Understanding Human Performance. CRC Press, pp 111–121.

[11] Förstl H (ed) (2012) Theory of mind: Neurobiologie und Psychologie sozialen Verhaltens, 2., überarb. und aktualisierte Aufl. Springer, Berlin.

[12] Stephan A (2015) Empathy for Artificial Agents. Int J of Soc Robotics 7:111–116.

[13] Oehl M, Ihme K, Pape A-A, Vukelić M, Braun M (2020) Affective Use Cases for Empathic Vehicles in Highly Automated Driving: Results of an Expert Workshop. In: Krömker H (ed) HCI in Mobility, Transport, and Automotive Systems. Automated Driving and In-Vehicle Experience Design. Springer International Publishing, Cham, pp 89–100.

[14] Miller GA (1956) The magical number seven, plus or minus two: some limits on our capacity for processing information. Psychological Review 63:81–97.

[15] Wilhelm O, Hildebrandt A, Oberauer K (2013) What is working memory capacity, and how can we measure it? Front Psychol. https://doi.org/10.3389/fpsyg.2013.00433

[16] Cowan N (2010) The Magical Mystery Four: How Is Working Memory Capacity Limited, and Why? Curr Dir Psychol Sci 19:51–57.

[17] Sparrow B, Liu J, Wegner DM (2011) Google Effects on Memory: Cognitive Consequences of Having Information at Our Fingertips. Science 333:776–778.

[18] Risko EF, Gilbert SJ (2016) Cognitive Offloading. Trends in Cognitive Sciences 20:676–688.

[19] Kahneman D (1999) Objective happiness. New York, NY, US: Russell Sage Foundation, xii, 593 pp.

[20] Blankertz B, Acqualagna L, Dähne S, Haufe S, Schultze-Kraft M, Sturm I, Uščumlic M, Wenzel MA, Curio G, Müller K-R (2016) The Berlin Brain-Computer Interface: Progress Beyond Communication and Control. Frontiers in Neuroscience. https://doi.org/10.3389/fnins.2016.00530

[21] Cinel C, Valeriani D, Poli R (2019) Neurotechnologies for Human Cognitive Augmentation: Current State of the Art and Future Prospects. Frontiers in Human Neuroscience. https://doi.org/10.3389/fnhum.2019.00013

[22] Thakor NV (2013) Translating the Brain-Machine Interface. Science Translational Medicine 5:210ps17–210ps17.

[23] Birbaumer N, Ghanayim N, Hinterberger T, Iversen I, Kotchoubey B, Kübler A, Perelmouter J, Taub E, Flor H (1999) A spelling device for the paralysed. Nature 398:297–298.

[24] Ramos-Murguialday A, Broetz D, Rea M, et al (2013) Brain-machine interface in chronic stroke rehabilitation: A controlled study: BMI in Chronic Stroke. Annals of Neurology 74:100–108.

[25] Kübler A, Nijboer F, Mellinger J, Vaughan TM, Pawelzik H, Schalk G, McFarland DJ, Birbaumer N, Wolpaw JR (2005) Patients with ALS can use sensorimotor rhythms to operate a brain-computer interface. Neurology 64:1775–1777.

[26] Münßinger JI, Halder S, Kleih SC, Furdea A, Raco V, Hösle A, Kübler A (2010) Brain Painting: First Evaluation of a New Brain–Computer Interface Application with ALS-Patients and Healthy Volunteers. Frontiers in Neuroscience. https://doi.org/10.3389/fnins.2010.00182

[27] Wolpaw JR, Birbaumer N, McFarland DJ, Pfurtscheller G, Vaughan TM (2002) Brain-computer interfaces for communication and control. Clin Neurophysiol 113:767–791.

[28] Wolpaw JR (2007) Brain-computer interfaces as new brain output pathways. J Physiol (Lond) 579:613–619.

[29] Carlson T, del R. Millan J (2013) Brain-Controlled Wheelchairs: A Robotic Architecture. IEEE Robotics & Automation Magazine 20:65–73.

[30] Vukelić M, Gharabaghi A (2015) Oscillatory entrainment of the motor cortical network during motor imagery is modulated by the feedback modality. Neuroimage 111:1–11.

[31] Brauchle D, Vukelić M, Bauer R, Gharabaghi A (2015) Brain state-dependent robotic reaching movement with a multi-joint arm exoskeleton: combining brain-machine interfacing and robotic rehabilitation. Frontiers in Human Neuroscience. https://doi.org/10.3389/fnhum.2015.00564

[32] Vukelić M, Belardinelli P, Guggenberger R, Royter V, Gharabaghi A (2019) Different oscillatory entrainment of cortical networks during motor imagery and neurofeedback in right and left handers. NeuroImage 195:190–202.

[33] Kern K, Vukelić M, Guggenberger R, Gharabaghi A (2023) Oscillatory neurofeedback networks and poststroke rehabilitative potential in severely impaired stroke patients. NeuroImage: Clinical 37:103289.

[34] Rohm M, Schneiders M, Müller C, Kreilinger A, Kaiser V, Müller-Putz GR, Rupp R (2013) Hybrid brain–computer interfaces and hybrid neuroprostheses for restoration of upper limb functions in individuals with high-level spinal cord injury. Artificial Intelligence in Medicine 59:133–142.

[35] Leeb R, Tonin L, Rohm M, Desideri L, Carlson T, Millan J del R (2015) Towards Independence: A BCI Telepresence Robot for People With Severe Motor Disabilities. Proceedings of the IEEE 103:969–982.

[36] Bensch M, Karim AA, Mellinger J, Hinterberger T, Tangermann M, Bogdan M, Rosenstiel W, Birbaumer N (2007) Nessi: An EEG-Controlled Web Browser for Severely Paralyzed Patients. Computational Intelligence and Neuroscience 2007:1–5.

[37] Wyckoff S, Birbaumer N (2014) Neurofeedback and Brain-Computer Interfaces. In: Mostofsky DI (ed) The Handbook of Behavioral Medicine. John Wiley & Sons, Ltd, Oxford, UK, pp 275–312.

[38] Birbaumer N, Ruiz S, Sitaram R (2013) Learned regulation of brain metabolism. Trends Cogn Sci (Regul Ed) 17:295–302.

[39] Ruiz S, Lee S, Soekadar SR, Caria A, Veit R, Kircher T, Birbaumer N, Sitaram R (2013) Acquired self-control of insula cortex modulates emotion recognition and brain network connectivity in schizophrenia. Hum Brain Mapp 34:200–212.

[40] Choi SW, Chi SE, Chung SY, Kim JW, Ahn CY, Kim HT (2011) Is alpha wave neurofeedback effective with randomized clinical trials in depression? A pilot study. Neuropsychobiology 63:43–51.

[41] Ehlis A-C, Schneider S, Dresler T, Fallgatter AJ (2014) Application of functional near-infrared spectroscopy in psychiatry. NeuroImage 85:478–488.

[42] Reiser JE, Wascher E, Rinkenauer G, Arnau S (2021) Cognitive-motor interference in the wild: Assessing the effects of movement complexity on task switching using mobile EEG. Eur J of Neuroscience 54:8175–8195.

[43] Verdière KJ, Roy RN, Dehais F (2018) Detecting Pilot's Engagement Using fNIRS Connectivity Features in an Automated vs. Manual Landing Scenario. Front Hum Neurosci 12:6.

[44] Vukelić M, Lingelbach K, Pollmann K, Peissner M (2020) Oscillatory EEG Signatures of Affective Processes during Interaction with Adaptive Computer Systems. Brain Sciences 11:35.

[45] Craik A, He Y, Contreras-Vidal JL (2019) Deep learning for electroencephalogram (EEG) classification tasks: a review. J Neural Eng 16:031001.

[46] Lotte F, Bougrain L, Cichocki A, Clerc M, Congedo M, Rakotomamonjy A, Yger F (2018) A review of classification algorithms for EEG-based brain–computer interfaces: a 10 year update. J Neural Eng 15:031005.

[47] Mens K, Capilla R, Cardozo N, Dumas B (2016) A taxonomy of context-aware software variability approaches. In: Companion Proceedings of the 15th International Conference on Modularity – MODULARITY Companion 2016. ACM Press, Málaga, Spain, pp 119–124.

[48] Kaklanis N, Biswas P, Mohamad Y, Gonzalez MF, Peissner M, Langdon P, Tzovaras D, Jung C (2016) Towards standardisation of user models for simulation and adaptation purposes. Universal Access in the Information Society 15:21–48.

[49] Radu V, Lane ND, Bhattacharya S, Mascolo C, Marina MK, Kawsar F (2016) Towards multimodal deep learning for activity recognition on mobile devices. In: Proceedings of the 2016 ACM International Joint Conference on Pervasive and Ubiquitous Computing Adjunct – UbiComp '16. ACM Press, Heidelberg, Germany, pp 185–188.

[50] Sankaran K, Zhu M, Guo XF, Ananda AL, Chan MC, Peh L-S (2014) Using mobile phone barometer for low-power transportation context detection. In: Proceedings of the 12th ACM Conference on Embedded Network Sensor Systems – SenSys '14. ACM Press, Memphis, Tennessee, pp 191–205.

[51] Liu H, Wang J, Wang X, Qian Y (2015) iSee: obstacle detection and feedback system for the blind. In: Proceedings of the 2015 ACM International Joint Conference on Pervasive and Ubiquitous Computing and Proceedings of the 2015 ACM International Symposium on Wearable Computers – UbiComp '15. ACM Press, Osaka, Japan, pp 197–200.

[52] Bauer W, Vukelić M (2019) EMOIO Research Project: An interface to the world of computers. In: Neugebauer R (ed) Digital Transformation. Springer Berlin Heidelberg, Berlin, Heidelberg, pp 129–144.

[53] Zander TO, Kothe C (2011) Towards passive brain-computer interfaces: applying brain-computer interface technology to human-machine systems in general. J Neural Eng 8:025005.

[54] Vukelić M, Pollmann K, Peissner M (2019) Toward Brain-Based Interaction Between Humans and Technology. In: Neuroergonomics. Elsevier, pp 105–109.

[55] Pollmann K, Ziegler D, Peissner M, Vukelić M (2017) A new Experimental Paradigm for Affective Research in Neuro-adaptive Technologies. http://dx.doi.org/10.1145/3038439.3038442

[56] Zander TO, Krol LR, Birbaumer NP, Gramann K (2016) Neuroadaptive technology enables implicit cursor control based on medial prefrontal cortex activity. Proceedings of the National Academy of Sciences 201605155.

[57] Fairclough SH (2009) Fundamentals of physiological computing. Interacting with Computers 21:133–145.

[58] Hettinger LJ, Branco P, Encarnacao LM, Bonato P (2003) Neuroadaptive technologies: Applying neuroergonomics to the design of advanced interfaces. Theoretical Issues in Ergonomics Science 4:220–237.

[59] Vukelić M (2021) Connecting Brain and Machine: The Mind Is the Next Frontier. In: Friedrich O, Wolkenstein A, Bublitz C, Jox RJ, Racine E (eds) Clinical Neurotechnology meets Artificial Intelligence. Springer International Publishing, Cham, pp 215–226.

[60] Haufe S, Kim J-W, Kim I-H, Sonnleitner A, Schrauf M, Curio G, Blankertz B (2014) Electrophysiology-based detection of emergency braking intention in real-world driving. J Neural Eng 11:056011.

[61] Lahmer M, Glatz C, Seibold VC, Chuang LL (2018) Looming Auditory Collision Warnings for Semi-Automated Driving: An ERP Study. In: Proceedings of the 10th International Conference on

Automotive User Interfaces and Interactive Vehicular Applications – AutomotiveUI '18. ACM Press, Toronto, ON, Canada, pp 310–319.

[62] Ihme K, Unni A, Zhang M, Rieger JW, Jipp M (2018) Recognizing Frustration of Drivers From Face Video Recordings and Brain Activation Measurements With Functional Near-Infrared Spectroscopy. Front Hum Neurosci 12:327.

[63] Pollmann K, Stefani O, Bengsch A, Peissner M, Vukelić M (2019) How to Work in the Car of the Future?: A Neuroergonomical Study Assessing Concentration, Performance and Workload Based on Subjective, Behavioral and Neurophysiological Insights. In: Proceedings of the 2019 CHI Conference on Human Factors in Computing Systems – CHI '19. ACM Press, Glasgow, Scotland Uk, pp 1–14.

[64] Lingelbach K, Bui M, Diederichs F, Vukelic M (2021) Exploring Conventional, Automated and Deep Machine Learning for Electrodermal Activity-Based Drivers' Stress Recognition. In: 2021 IEEE International Conference on Systems, Man, and Cybernetics (SMC). IEEE, Melbourne, Australia, pp 1339–1344.

[65] Kosunen I, Salminen M, Järvelä S, Ruonala A, Ravaja N, Jacucci G (2016) RelaWorld: Neuroadaptive and Immersive Virtual Reality Meditation System. In: Proceedings of the 21st International Conference on Intelligent User Interfaces. ACM, New York, NY, USA, pp 208–217.

[66] Kovacevic N, Ritter P, Tays W, Moreno S, McIntosh AR (2015) 'My Virtual Dream': Collective Neurofeedback in an Immersive Art Environment. PLoS ONE 10:e0130129.

[67] Krol LR, Freytag S-C, Zander TO (2017) Meyendtris: A Hands-free, Multimodal Tetris Clone Using Eye Tracking and Passive BCI for Intuitive Neuroadaptive Gaming. In: Proceedings of the 19th ACM International Conference on Multimodal Interaction. ACM, New York, NY, USA, pp 433–437.

[68] Kosuru RK, Lingelbach K, Bui M, Vukelić M (2019) MindTrain: How to Train Your Mind with Interactive Technologies. In: Proceedings of Mensch und Computer 2019 on – MuC'19. ACM Press, Hamburg, Germany, pp 643–647.

[69] Kim SK, Kirchner EA, Stefes A, Kirchner F (2017) Intrinsic interactive reinforcement learning – Using error-related potentials for real world human-robot interaction. Sci Rep 7:17562.

[70] Akinola I, Wang Z, Shi J, He X, Lapborisuth P, Xu J, Watkins-Valls D, Sajda P, Allen P (2020) Accelerated Robot Learning via Human Brain Signals. In: 2020 IEEE International Conference on Robotics and Automation (ICRA). IEEE, Paris, France, pp 3799–3805.

[71] Iwane F, Halvagal MS, Iturrate I, Batzianoulis I, Chavarriaga R, Billard A, Millan J del R (2019) Inferring subjective preferences on robot trajectories using EEG signals. In: 2019 9th International IEEE/EMBS Conference on Neural Engineering (NER). IEEE, San Francisco, CA, USA, pp 255–258.

[72] Iturrate I, Chavarriaga R, Montesano L, Minguez J, Millán J del R (2015) Teaching brain-machine interfaces as an alternative paradigm to neuroprosthetics control. Sci Rep 5:13893.

[73] Fiederer LDJ, Völker M, Schirrmeister RT, Burgard W, Boedecker J, Ball T (2019) Hybrid Brain-Computer-Interfacing for Human-Compliant Robots: Inferring Continuous Subjective Ratings With Deep Regression. Front Neurorobot 13:76.

7 KI und Security: Täuschung von maschineller Bilderkennung

Helia Hollmann, Philipp Schurk

7.1 Einleitung

Künstliche Intelligenz (KI) ist seit den 1960er Jahren ein eigenes Forschungsgebiet. Nach der Schaffung des Begriffs „Künstliche Intelligenz" durch John McCarthy, der 1956 die Dartmouth-Konferenz zum Thema „Künstliche Intelligenz" organisierte (Details siehe Seising in diesem Band), dem interaktiven Programm „ELIZA", das die Eingabe eines Benutzers nach Schlüsselwörtern untersuchte und beantwortete, und den ersten mobilen Robotern in den 1970er Jahren wurde der Deep Blue Schachcomputer als Meilenstein in der Geschichte der künstlichen Intelligenz gefeiert (weiterführend zu dieser Frage siehe Kovács in diesem Band). Um die Jahrtausendwende hielten Roboter Einzug in Haushalte und autonomes Fahren etablierte sich als Spielwiese für künstliche Intelligenz. So gewann beispielsweise der IBM-Computer „Watson" den Wissenswettbewerb in der Gameshow „Jeopardy" und die KI-gestützte Spracherkennungssoftware „Siri" wurde 2011 Teil des iPhone-4s-Betriebssystems [1].

KI-Systeme spielen heute eine immer größere Rolle als Teil von Entscheidungs- und Steuerungssystemen. In kritischen Anwendungen, wie in den Bereichen Mobilität, Biometrie oder Medizin, sind sie relevant für die IT Security und Safety. Überall dort, wo es um große Datenmengen geht, wird KI einerseits gelobt, andererseits werden die Risiken von KI diskutiert. Allein in Deutschland befassen sich verschiedene hochkarätige und interdisziplinäre Expertengremien wie die Leopoldina – die Nationale Akademie der Wissenschaften, die Union der deutschen Akademien der Wissenschaften oder die Acatech – Deutsche Akademie der Technikwissenschaften unter anderem mit ethischen, sozialen und gesellschaftspolitischen Fragen [2]. Die Diskussionen erreichen die Bürger: Zeitungen greifen die Themen auf und der Gesetzgeber wird aktiv [3].

Das Thema „KI und Sicherheit" eignet sich am besten, um dieses Spannungsfeld vorzustellen, hier die Chancen und Risiken einer Zukunftstechnologie. Dieser Artikel konzentriert sich auf die Bildverarbeitung auf Basis von KI. Genauer gesagt geht es darum, Bilder zu klassifizieren und aufzuzeigen wie sie falsch klassifiziert werden können, indem man zu den Eingabedaten eine kleine Störung hinzufügt. Diese Methode ist unter dem Namen adversarial Angriff oder auch gegnerischer Angriff bekannt. Es gibt ihn in der „untargeted" und der „targeted" Variante.

Der Aufbau dieser Arbeit ist wie folgt: Einige Grundlagen neuronaler Netze und insbesondere der Bildverarbeitung mit neuronalen Netzen werden vorgestellt. Anschließend wird der Lebenszyklus einer KI-Anwendung mit ihren KI-spezifischen Schwachstellen untersucht. Danach wird ein ungezielter und ein gezielter Angriff mit dem Ziel einer fehlerhaften Bildklassifizierung durch die KI ausführlich erläutert. Dieser Angriff wurde im Labor für Industrielle Sicherheit am Institut für Innovative Sicherheit – HSA_innos der Hochschule Augsburg durchgeführt (www.hsainnos.de). Beispielskripte werden erläutert und zur Verfügung gestellt.

7.2 Bildverarbeitung mit Konvolutionsnetzen

KI-Systeme werden traditionell in zwei Kategorien unterteilt. Zum einen die symbolische KI, bei der Probleme regel-, wissensbasiert oder mit Expertensystemen gelöst werden (Details zu den zwei Systemen s. Meitinger und Kipp in diesem Band). Klassische Anwendungen der symbolischen KI sind z. B. Textverarbeitung und Übersetzer, Fabrikplanung, Optimierung der Materialnutzung, aber auch die Beherrschung eines Schachspiels. Auf der anderen Seite gibt es konnektionistische KI-Systeme, die aus parallel miteinander verbundenen Systemen einfacher Verarbeitungselemente bestehen, ähnlich wie biologische Gehirne (vgl. Kipp in diesem Band). Anwendungen aus diesem Bereich sind z. B. die Bildklassifizierung, Objekterkennung und Objektrekonstruktion. Dieser Artikel beschäftigt sich mit konnektionistischen KI-Systemen, der Grundlage künstlicher neuronaler Netze. Neuronale Netze bestehen aus mehreren Schichten, einer Eingabeschicht, einer oder mehreren verborgenen Schichten und einer Ausgabeschicht. Die Schichten bestehen aus Knoten. In den Knoten findet die Berechnung statt. Eingabedaten x_j werden mit Gewichtungen w_{ij} multipliziert, die den Input entweder verstärken oder dämpfen. Die Inputgewichtsprodukte werden addiert. Dann wird die Summe $\sum_{j=1}^{n} w_{ij}x_j$ durch eine sogenannte Aktivierungsfunktion $\varphi(\cdot)$ geleitet, um zu bestimmen, ob und in welchem Umfang dieses Signal weiter durch das Netzwerk laufen soll, um das Endergebnis zu beeinflussen (siehe Abb. 7.1).

Bei der Bildklassifizierung werden tiefe neuronale Netze verwendet. Deep-Learning-Netzwerke unterscheiden sich von den Single-Hidden-Layer-neuronalen Netzen durch ihre Tiefe, d. h. die Anzahl der Knotenschichten, die Daten in einem mehrstufigen Prozess der Mustererkennung durchlaufen müssen. In diesen Netzwerken trainiert jede Knotenschicht einen anderen Satz von Features, basierend auf der Ausgabe der vorherigen Schicht. Je weiter die Daten in das neuronale Netz vordringen, desto komplexer können die Merkmale sein, die die Knoten erkennen können, da sie Merkmale aus der vorherigen Schicht aggregieren und neu kombinieren. Dadurch können Deep-Learning-Netzwerke sehr große, hochdimensionale Datensätze mit Milliarden von Parametern verarbeiten. Das tiefe neuronale Netzwerk wird durch seine Architektur und die Parameter des Netzwerks definiert.

Das Lernen eines neuronalen Netzes funktioniert – vereinfacht dargestellt – so, dass zu Beginn Anfangsparameter gegeben sind. Das Netz wird mit zuvor bereits klassifizierten Daten gefüttert. Ist die Ausgabe eines neuronalen Netzes falsch, wird ein Optimierungsverfahren verwendet, um die Gewichte des neuronalen Netzes für den nächsten Durchlauf anzupassen. Dies wird solange wiederholt, bis man ein Ergebnis

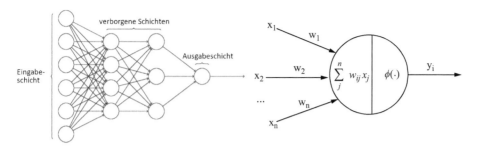

Abb. 7.1: Neuronales Netz mit Aktivierungsfunktionen $\Phi(\cdot)$ [modifiziert nach 4].

erhält, das der Klassifizierung entspricht. Dieser Optimierungs- bzw. Lernprozess läuft automatisiert ab.

Die Architektur eines neuronalen Netzes für die Bildverarbeitung soll hier an einem einfachen Beispiel erläutert werden (Abb. 7.3, [4]). Die neuronalen Netze, die zur Klassifizierung realer Bilder verwendet werden, sind viel komplexer als das in Abb. 7.3 verwendete neuronale Netzwerk. Die einzelnen Verarbeitungsschritte, wie in Abb. 7.3 dargestellt, finden sich jedoch auch in komplexeren Netzwerken. Daher werden sie nun kurz erklärt.

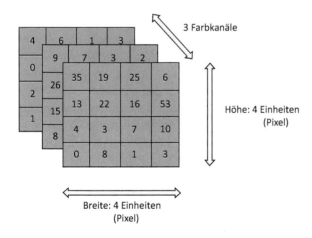

Abb. 7.2: 4x4x3 RGB-Bild [modifiziert nach 4].

Ein Bild kann als Matrix von Pixelwerten gespeichert werden. Zum Beispiel werden im RGB-Farbraum alle sichtbaren Farben aus einer Mischung von drei Grundfarben erzeugt: Rot, Grün und Blau. Diese Grundfarben werden auch als additiv bezeichnet: Je größer der Anteil an allen drei Farben ist, desto heller wird die Mischung bis hin zu schlichtem Weiß. RGB-Werte werden in Form von drei Ziffern zwischen 0 und 255 (8 Bit) eingegeben. An jedem Pixel hat man einen Wert zwischen 0 und 255, jeweils

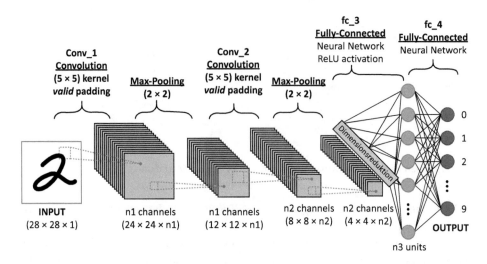

Abb. 7.3: Eine CNN-Sequenz zur Klassifizierung von Handschriften [modifiziert nach 4].

für Rot, Grün und Blau, und somit wird zur Darstellung eines farbigen Bildes eine (2x2)-Matrix für jede der drei Farben benötigt (siehe Abb. 7.2).

In Abb. 7.3 ist ein kleines neuronales Faltungsnetz zur Klassifizierung handschriftlicher Ziffern dargestellt [4]. Die Faltungseinheit reduziert das Bild so, dass es einfacher zu verarbeiten ist. Bei der Reduktion gehen keine Eigenschaften verloren, die für eine gute Vorhersage entscheidend sind. Die räumlichen und zeitlichen Abhängigkeiten in dem Bild werden durch den Einsatz entsprechender Filter erfasst. Um den Faltungsschritt zu verstehen, werden in diesem vereinfachten Beispiel nur Schwarzweißbilder mit 5x5 Pixeln betrachtet (siehe Abb. 7.4). Ein schwarzes Pixel wird als 0, ein weißes Pixel als 1 angezeigt. Die Positionen 11, 13, 22, 31 und 33 der Filtermatrix in Abb. 7.4 werden addiert und ergeben den Wert in der gefalteten (3x3)-Matrix. Auf den Faltungsschritt folgt ein Max-Pooling- oder Durchschnittspooling-Schritt, bei dem der Maximaloder Mittelwert in einer (2x2)-Matrix an einer Position in einer (2x2)-Matrix gespeichert wird. So wird eine (4x4)-Matrix auf eine (2x2)-Matrix reduziert. Es gibt mehrere Faltungsschritte. Einige extrahieren High-Level-Features aus dem Eingabebild wie Konturen, andere Low-Level-Features, d. h. lokale Features. Für einige Operationen wird die Dimensionalität der Ausgabe im Vergleich zur Eingabe reduziert, für einige wird sie erhöht und für einige bleibt die Dimensionalität gleich. Im Allgemeinen wird die Rechenleistung, die für die Verarbeitung der Daten erforderlich ist, durch Verkleinerung der Dimensionalität verringert. Dominante Merkmale werden extrahiert und Rauschen unterdrückt. Schließlich werden die Daten komprimiert und zu Klassifizierungszwecken in ein reguläres neuronales Netzwerk eingespeist.

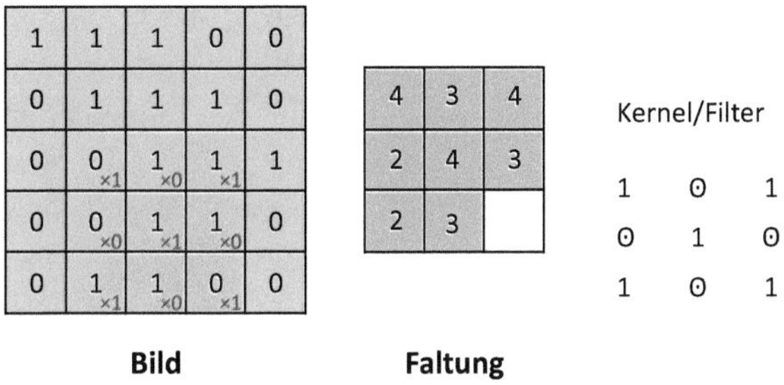

Abb. 7.4: Falten eines 5x5x1-Bildes mit einem 3x3x1-Kernel, um ein 3x3x1-Ergebnis zu erhalten [modifiziert nach 4].

Das neuronale Faltungsnetz, das für die Durchführung des adversarial Angriffs verwendet wird, ist das sogenannte SqueezeNet [5]. Es ist viel komplexer als das Beispiel in Abb. 7.3, aber die Hauptmerkmale sind die gleichen.

7.3 KI-spezifische Angriffe

In diesem Abschnitt werden KI-spezifische Angriffe vorgestellt. Es wird kurz skizziert, welche KI-spezifischen Eigenschaften diese Angriffe ermöglichen, bzw. erleichtern. Die Entwicklung einer KI-Anwendung unterliegt einem Lebenszyklus. Deshalb werden zu jedem Schritt des Lebenszyklus Faktoren, die sich auf die Leistung des Modells auswirken und mögliche KI-spezifische Schwachstellen identifiziert. Schwachstellen, die aus konventionellen IT-Systemen bekannt sind, werden nicht berücksichtigt. Einen umfassenden Überblick zu diesem Thema ist unter [6] zu finden.

Neuronale Netze, die zur Bildklassifizierung verwendet werden, haben Millionen von parametrisierbaren Gewichtungen. Die Gewichte werden im automatisierten Lernprozess mit Optimierungsmethoden auf Basis von Trainingsdaten ermittelt. Alleine schon aufgrund der großen Anzahl der Gewichte und der Vielzahl von Verbindungen sind die Auswirkungen der Parameteroptimierungen für den Menschen nicht mehr nachvollziehbar [7]. Die Leistung des neuronalen Netzes wird durch die Metriken zur Bewertung der Qualität bestimmt. Auch die Qualität der verwendeten Trainings- und Testdaten hat Einfluss auf die Performance des Netzwerks. Das Funktionsprinzip und die Ausgabe des Modells können aufgrund der impliziten Kodierung nur teilweise verstanden werden. Dies gilt auch für die Robustheit des Modells gegenüber gezielten und zufälligen Störungen [8].

Der Lebenszyklus einer KI-Anwendung lässt sich in folgende Phasen unterteilen: Planung, Datenerfassung, Datenvorverarbeitung, Training, Test, Auswertung und Betrieb.

In der Planungsphase wird die Frage beantwortet, welches Problem unter den gegebenen Randbedingungen gelöst werden muss. Das führt zu einer Schätzung der erforderlichen Leistung des Systems, einschließlich der gewünschten Genauigkeit, der Robustheit der Ausgabe (z. B. durch Eingaben, die während des Trainings der KI-Anwendung nicht berücksichtigt wurden), der Beschränkung der Rechenressourcen und der kombinierten Ausführungszeit und Latenz. In dieser Phase hat man die Wahl eine Modellklasse oder ein vortrainiertes neuronales Netzwerk zu verwenden und wenn ein vortrainiertes Netzwerk oder Software-Framework verwendet wird, um ein Modell und die maschinellen Lernverfahren zu implementieren, kann die Ausnutzung von Bugs und Hintertüren durch einen Angreifer zu relevanten Sicherheitsproblemen führen.

Die Datenerfassung kann von Grund auf neu beginnen oder mit dem Training gestartet werden. Test und Betrieb einer KI-Anwendung können auf vorhandene Daten zurückgreifen. Die Verwendung einer ausreichenden Menge an Daten und die Qualität der Daten stellt die Genauigkeit der Modelle sicher. Um zuverlässige Information über die Leistung des Modells zu erhalten, müssen die Testdaten unabhängig vom Trainingsdatensatz sein. Baut ein Entwickler seinen eigenen Datensatz auf, hat er mehr Kontrolle über den Prozess. Werden vorhandene Daten verwendet, können die Daten während der Übertragung verändert werden. Möglich ist ein sogenannter Poisoning-Angriff, bei dem der Angreifer den Trainingsdatensatz oder das mit diesen Daten trainierte Modell manipuliert. Hier zielt der Angreifer darauf ab, den Fehler zu maximieren oder eine Hintertür in das Modell zu implementieren. Ersteres verschlechtert die Genauigkeit des Modells (und kann auf diese Weise erkannt werden), letzteres hat keinen Einfluss auf die Genauigkeit und wird wie folgt durchgeführt: Ein spezielles Triggermuster wird in die Daten injiziert und dem Zielausgang zugeordnet. Ein Netzwerk, das auf diese Daten trainiert ist, erzeugt die Zielausgabe, wenn Daten mit dem Trigger verarbeitet werden. Ein in der Literatur diskutiertes Beispiel [6] war die Klassifizierung von Verkehrszeichen: Ein manipuliertes Stoppschild wurde von der KI-Anwendung als Tempolimitschild eingestuft. Trigger war in diesem Fall Post-its auf einem Stoppschild (siehe Abb. 7.5).

Abb. 7.5: Manipuliertes Stoppschild führt zu Fehlklassifizierung [9].

Die Trainingsphase besteht darin, die Parameter und Hyperparameter (z. B. die Anzahl der Wiederholungen oder Stoppkriterien) des Modells entweder automatisch oder manuell durch den Entwickler festzulegen. Zu den möglichen Bedrohungen in dieser Phase gehört die Erweiterung des Trainingssatzes mit manipulierten Daten, um das Training zu beeinträchtigen oder die Modellparameter zu ändern.

Nach der Trainingsphase wird die Leistung mit dem Validierungsdatensatz getestet und dann die endgültige Leistung des Modells anhand des Testdatensatzes gemessen. Die Validierung des Modells ist keine Garantie für die Richtigkeit oder Robustheit des Modells. Die getroffenen Entscheidungen sind schwer nachzuvollziehen.

Im Betrieb reagieren KI-Systeme empfindlich auf sogenannte „evasion attacks". Im Kontext des maschinellen Lernens sind sie besser bekannt unter dem Namen „adversarial attacks". Der Angriff zielt auf die Interferenzphase eines trainierten Modells ab und stört die Eingabedaten, um die Ausgabe des Modells in gewünschter Weise zu verändern. Dieser Angriff ist Thema des nächsten Abschnitts.

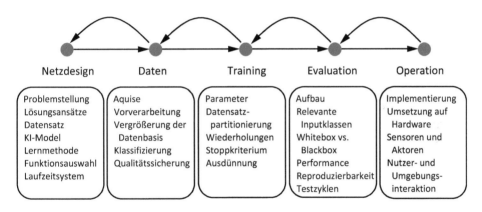

Abb. 7.6: Lebenszyklus von KI-Anwendungen [modifiziert nach 6].

7.4 Der adversarial Angriff

Mit dem adversarial Angriff beabsichtigt der Gegner, die Daten so zu manipulieren, dass die KI-Anwendung einen Fehler macht. Das kann z. B. eine Fehlklassifikation eines Bildes sein. Die Entscheidungsgrenzen in einem trainierten tiefen neuronalen Netz werden durch die Architektur des neuronalen Netzes, die Entscheidungsalgorithmen und die Gesamtheit der Parameter beeinflusst. Da Millionen von Parametern angepasst werden müssen, ist nicht transparent, was zu den Parameterwerten des trainierten Netzwerks geführt hat und wo genau die Entscheidungsgrenzen liegen. Bei Angriffen wie dem adversarial Angriff ist das Zielmodell bereits trainiert und der Gegner kann das Modell nicht ändern. Aber mit einer geeigneten Hypothese testet er aus, wo die Entscheidungsgrenzen des Modells liegen.

Es gibt zwei Varianten des adversarial Angriffs: die gezielte (targeted) und die ungezielte (untargeted). Beim gezielten adversarial Angriff besteht das Ziel darin, dass das KI-Modell Objekte falsch klassifiziert. Dabei gibt der Angreifer vor, wie das Objekt klassifiziert werden soll. Im Fall der Bilderkennung weiß der Angreifer, wie ein Bild klassifiziert wird. Er versucht es so zu verändern, dass es in eine von ihm vorgegebene Klasse eingestuft wird. Für Menschen ist die Veränderung im Bild nicht zu erkennen. Bei einem ungezielten Angriff wird die Zielklasse nicht angegeben. Der Angreifer manipuliert ein Bild so, dass es nach den Änderungen falsch klassifiziert wird. Sowohl der gezielte als auch der ungezielte Angriff können als digitale oder physische Angriffe entwickelt werden. Bei digitalen Angriffen wird das digitale Abbild der Realität verändert, zum Beispiel durch Hinzufügen von Rauschen. Bei physischen Angriffen wird das Objekt verändert, zum Beispiel wird ein Post-it auf das Stoppschild geklebt [6]. Neben dem Ziel des Gegners kann auch sein Wissen variieren. Im Falle eines White-Box-Angriffs hat der Angreifer vollständige Kenntnisse über das Modell und kann es verwenden, im Falle eines Black-Box-Angriffs ist die innere Konfiguration des Modells unbekannt und für den Gegner nicht verfügbar. Hier ist der Angreifer darauf angewiesen, das Modell mit bestimmten Hypothesen zu replizieren.

Tab. 7.1: Vergleich des AlexNet, des SqueezeNet und des GoogleNet [5].

	AlexNet	SqueezeNet	GoogleNet
Bildgröße [px^2]	227 x 227	227 x 227	224 x 224
Tiefe	8	22	18
Parameter (10^6)	61	1.24	7
Größe [MB]	227	5.2	27

Wir konzentrieren uns nun auf den gezielten und ungezielten adversarial Angriff in der digitalen und Whitebox Variante. Es werden weder Gegenmaßnahmen berücksichtigt noch klassische IT-Sicherheitsmaßnahmen umgesetzt. Für den Angriff wurde ein Mittelklasse-Laptop (Intel i5 8250U-Prozessor, 4 Kerne, 8 Threads, 3,4 GHz, 6 MB Intel Smart Cache) verwendet. SqueezeNet wurde als vortrainiertes neuronales Netzwerk genutzt. Es ist im Mathworks-Framework enthalten, ebenso wie das AlexNet und das GoogleNet [5]. Das SqueezeNet wurde gewählt, weil seine Größe im Vergleich zum AlexNet und dem GoogleNet klein und die Anzahl der Parameter erheblich geringer ist. Seine Genauigkeit ist fast so präzise wie die des AlexNets, aber nicht so gut wie die von GoogleNet. Ein großer Vorteil des SqueezeNet ist seine Laufzeit. Um Bilder zu klassifizieren, dauert es im Vergleich zu GoogleNet nur halb so lange. Für Einzelheiten siehe Tab. 7.1.

MATLAB trainiert Netzwerke mit dem ImageNet Large Scale Visual Recognition Challenge (LSVRC)-Datensatz. Der Datensatz umfasst 1000 Klassen mit 1,2 Millionen Trainingsbildern. In Byte ausgedrückt, ist der Datensatz 148 GB groß. Ergänzt wird er durch

150 000 Validierungsbilder (6,7 GB) und 100 000 Testbilder (4,3 GB). Neben einem PC, einem vortrainierten neuronalen Netz, dem Datensatz zur Validierung und Testen der KI-Anwendung, sind auch Grundkenntnisse nicht nur im Bereich neuronaler Netze, sondern auch in MATLAB/Simulink nützlich. Die Deep Learning Toolbox ist für neuronale Netzwerkberechnungen erforderlich. Um den adversarial Angriff erfolgreich durchzuführen, ist weder jahrelange Forschung noch Expertenwissen erforderlich. Es gibt gut aufgearbeitete Tutorials [10], die dabei unterstützen, den Angriff mit geringem Aufwand umzusetzen.

Beim ungezielten adversarial Angriff geht man wie folgt vor. Es wird ein Bild mit einem korrekt klassifizierten Objekt ausgewählt. Unsere Wahl fiel auf einen Golden Retriever, der durch das Beispielskript bereitgestellt wurde. Das Bild muss an das vortrainierte neuronale Netz angepasst werden, d. h. eine Skalierung auf 227×227 px^2 und die Verwendung eines 8-Bit-RGB-Farbraums. Der nächste Schritt besteht darin, das Bild von dem verwendeten neuronalen Netz, hier dem SqueezeNet, klassifizieren zu lassen. In Abb. 7.7 ist das Bild und die Klassifizierung (die vier Treffer mit der höchsten Wahrscheinlichkeit) (Tab. 7.2) dargestellt.

Abb. 7.7: Ursprüngliche Vorhersage: Golden Retriever [11].

Tab. 7.2: Vorhersagewahrscheinlichkeiten.

Klasse	Wahrscheinlichkeit [%]
Golden Retriever	86.76
Tennisball	3.77
Irish Setter	3.02
Cocker Spaniel	2.54

Danach wird die Bildstörung mit der Untargeted Fast Gradient Methode berechnet und dem Originalbild überlagert. Die Untargeted Fast Gradient Methode funktioniert wie folgt:

$$X_{adv} = X + \varepsilon \cdot \nabla_X L(\theta, X, y_{true}),$$

wobei X das Inputbild, ε eine kleine Zahl, θ die Parameter vom Modell, y_{true} die wahre Vorhersage und L die Verlustfunktion beschreibt.

Die spezifische Verlustfunktion L gibt an, wie gut die Vorhersage y für eine gegebene Wahl von Parametern θ ist. Mit $\nabla_X L$ wird ein Rauschen erzeugt und dem Originalbild gewichtet durch ε zugefügt. Dadurch verschiebt sich die Klassifizierung weg von der Zielklasse in eine unspezifische Richtung (d. h. ungezielt). ε ist viel kleiner als eins und wird so klein wie möglich gewählt. Dies führt zu einer Änderung der Klassifizierung, die im Bild visuell nicht erkannt wird (Abb. 7.8, Tab. 7.3).

Abb. 7.8: Ungezieltes gegnerisches Bild: Golden Retriever [12], Manipulation von [11].

Tab. 7.3: Vorhersagewahrscheinlichkeiten.

class	Wahrscheinlichkeit [%]
Yorkshire Terrier	47.59
Tennisball	21.86
Australian Terrier	11.7
Norfolk Terrier	2.93

Die Bildstörung ist in Abb. 7.9 Pixel für Pixel im Farbkanal kodiert. Ein gelbes Pixel bedeutet eine Abweichung von 2 Bit, ein grünes Pixel eine Abweichung von 1 Bit und ein blaues Pixel keine Abweichung. Die Abweichungen werden gleichmäßig über das Bild verteilt, mit einer maximalen Abweichung von 2 Bit. In Abb. 7.8 ist das Originalbild mit der Störung überlagert. Der Unterschied ist mit menschlichen Augen schwer

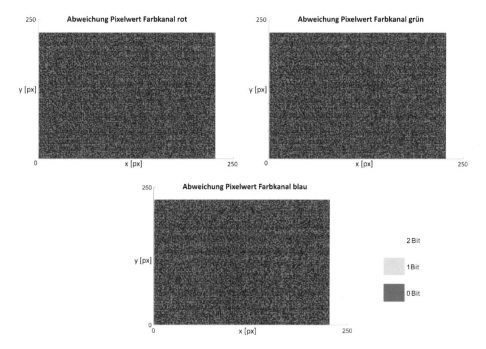

Abb. 7.9: Bildstörung für das ungezielte gegnerische Bild für jeden Farbkanal [12].

zu erkennen. Das neuronale Netzwerk identifiziert den Golden Retriever mit einer Wahrscheinlichkeit von 47,59 % eindeutig als Yorkshire Terrier. Die nächsthöchsten Trefferwahrscheinlichkeiten sind ein Tennisball mit 21,86 %, ein Australian Terrier mit 11,7 % und ein Norfolk Terrier mit 2,93 % (siehe Abb. 7.9). Der Golden Retriever gehört nicht mehr zu den Treffern mit der höchsten Wahrscheinlichkeit.

Bei einem gezielten adversarial Angriff ist der Ansatz etwas anders. Nach Auswahl eines Bildes mit einem klassifizierten Objekt, auch hier wieder dem Golden Retriever, wird eine Zielklasse gewählt, die Tarantel (siehe Abb. 7.10).

Zur Berechnung der Bildstörung wird die Targeted Fast Gradient Methode angewendet:

$$X_{adv} = X + \varepsilon \cdot \nabla_x L\left(\theta, X, y_{target}\right),$$

wobei X das Inputbild, ε eine kleine Zahl, θ die Parameter des Modell, y_{target} die Zielklasse (in dem Fall „Tarantel") und L die Verlustfunktion beschreibt.

Die spezifische Verlustfunktion L gibt hier an, wie gut die Vorhersage das Ziel der Zielklasse y für eine gegebene Auswahl von Parametern θ trifft. Mit $\nabla_x L$ wird ein Rauschen erzeugt und vom Originalbild mit ε gewichtet subtrahiert. Dadurch wird die Klassifizierung zur gewählten Zielklasse verschoben (d. h. zielgerichtet, in eine bestimmte Richtung) (Tab. 7.4, Abb. 7.11). Für komplexere Angriffe wird die Targeted Fast Gradient Method iterativ angewendet.

Abb. 7.10: Lerndatenbeispiele für die Klassifikation „Tarantel" [13].

Abb. 7.11: Gezieltes gegnerisches Bild: Golden Retriever [12], Manipulation von [11].

Tab. 7.4: Vorhersagewahrscheinlichkeiten.

Klasse	Wahrscheinlichkeit [%]
Tarantel	99.994
Wolfsspinne	0.097
Yorkshire Terrier	0.069
Araneus cavaticus (Spinne)	0.049

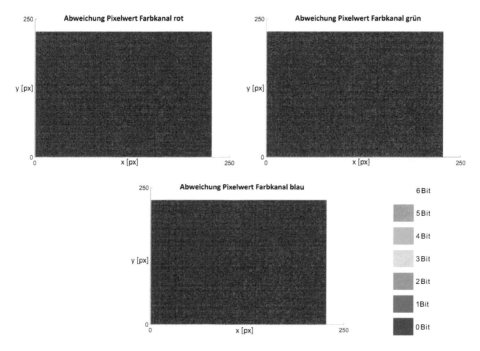

Abb. 7.12: Bildstörung für das anvisierte kontradiktorische Bild für jeden Farbkanal [12].

Hier wird das Bild in Richtung der Tarantelklasse verändert. Die Bildstörung ist in Abb. 7.12 Pixel für Pixel in jedem Farbkanal kodiert. Die Störungen, die dem Bild hinzugefügt werden müssen, um die Klassifizierung zu ändern, sind im Vergleich zum ungezielten Angriff nicht so gleichmäßig über das Bild verteilt. Die maximale Abweichung für diesen gezielten Angriff beträgt ca. 6 Bit.

Alle Skripte finden Sie unter dem Link https://cloud.hs-augsburg.de/s/3964KJP8cYexgAF.

7.5 Fazit

Zusammenfassend: Der ungezielte und gezielte adversarial Angriff kann mit erschwinglicher Hardware und moderatem Wissen durchgeführt werden. Vor allem, weil Tutorials und Beispielskripte – wie es häufig bei Angriffen auf die IT-Sicherheit von Systemen der Fall ist – frei im Internet verfügbar sind. Darüber hinaus kann nicht nur KI kompromittiert werden, sondern auch IT-Systeme und Anwendungen in IT-Systemen können mit KI angegriffen werden. Damit ist KI Fluch und Segen zugleich. Wie jede neue Technologie kann sie den Menschen nicht nur unterstützen, sondern auch in Gefahr bringen. Schon heute gibt es viele KI-Anwendungen wie virtuelle Assistenten, Suchmaschinen oder Übersetzer, die unser Alltagleben einfacher machen sollen. Es besteht aber die Gefahr, dass Bürgerrechte wie die Privatsphäre, das Recht auf informationelle Selbstbestimmung oder das Recht auf Löschung personenbezogener Daten ausgehöhlt oder sicherheitskritische IT-Sicherheitsanwendungen manipuliert werden. Es ist daher eine wichtige Aufgabe für den Gesetzgeber, die Rahmenbedingungen für den Einsatz von KI zum Wohle der Bevölkerung zu schaffen. Und Entwickler technischer Systeme im Bereich IT-Sicherheit haben eine große Verantwortung, auch KI-basierte Angriffs- und Abwehrmethoden über den gesamten Lebenszyklus eines Produkts im Blick zu behalten.

Literatur

[1] Die Roboter kommen – The Artificial Intelligence Revolution, https://www.merckgroup.com/de/stories/curiosity-drives-artificial-intelligence.html, letzter Zugriff am 11. November 2022.

[2] Leopoldina, acatech, Union der deutschen Akademien der Wissenschaften: Privatheit in Zeiten der Digitalisierung; Stellungnahme; Deutsche Akademie der Naturforscher Leopoldina e.V., 2018, https://www.leopoldina.org/uploads/tx_leopublication/2018_Stellungnahme_BigData.pdf, letzter Zugriff am 11. November 2022.

[3] Pressemitteilung: Europa fit für das digitale Zeitalter: Kommission schlägt neue Vorschriften und Maßnahmen für Exzellenz und Vertrauen in die künstliche Intelligenz vor, 21. April 2022, https://ec.europa.eu/commission/presscorner/detail/de/IP_21_1682, letzter Zugriff am 11. November 2022.

[4] Saha, S.: Towards data science: A Comprehensive Guide to Convolutional Neural Networks – the ELI5 way, https://towardsdatascience.com/a-comprehensive-guide-to-convolutional-neural-networks-the-eli5-way-3bd2b1164a53, letzter Zugriff am 11. November 2022.

[5] MathWorks:https://de.mathworks.com/help/deeplearning/ref/squeezenet.html, https://de.mathworks.com/help/deeplearning/ref/alexnet.html, https://de.mathworks.com/help/deeplearning/ref/googlenet.html, letzter Zugriff am 04. Februar 23.

[6] Berghoff, C., Neu, M., von Twickel, A.: Vulnerabilities of Connectionist AI Applications: Evaluation and Defense; Frontiers in Big Data, 22. Juli 22, DOI: https://doi.org/10.3389/fdata.2020.00023, https://www.frontiersin.org/articles/10.3389/fdata.2020.00023/full, letzter Zugriff am 11. November 2022.

[7] Bundesamt für Sicherheit in der Informationstechnik: Sichere, robuste und transparente Anwendung von KI, Problemen, Maßnahmen und Handlungsbedarf, 2021, https://www.bsi.bund.de/SharedDocs/Downloads/EN/BSI/KI/Secure_robust_and_transparent_application_of_AI.pdf?__blob=publicationFile&v=2, letzter Zugriff am 11. November 2022.

[8] Bundesamt für Sicherheit in der Informationstechnik: Towards Auditable AI Systems-Current status and future directions, Whitepaper; Bundesamt für Sicherheit in der Informationstechnik, 2021, https://www.bsi.bund.de/SharedDocs/Downloads/EN/BSI/KI/Towards_Auditable_AI_Systems.pdf?__blob=publicationFile&v=6,, letzter Zugriff am 11. November 2022.

[9] A. Goel: An Empirical Review of Adversarial Defenses, https://www.researchgate.net/figure/An-Adversarial-Stop-Sign-Recognized-by-the-AI-as-a-45-Miles-per-hour-sign-Reference-7_fig1_346973650 letzter Zugriff am 03. Februar 2023.

[10]   Wintel, F., Christ, M., Brenner, P.: Selected Topics in Deep Learning, Institut für Angewandte KI, 1. September 2020, https://ai.hdm-stuttgart.de/news/2020/selected-topics-1-adversarial-attacks/, letzter Zugriff am 03. Februar 2023.

[11]   HTO, Wikimedia Commons: Retriever 02.JPG, https://commons.wikimedia.org/wiki/File:Retriever_02. JPG, letzter Zugriff 14. Februar 2023.

[12]   Eigene Abbildung.

[13]   Wikimedia Commons: Gemeinfreie Bilder „Tarantula", https://commons.wikimedia.org/w/index. php?search=tarantula&title=Special:MediaSearch&go=Seite&uselang=de&type=image&haslicense= unrestricted, letzter Zugriff 14. Februar 2023.

8 KI in der Produktion

Marcel Öfele, Christoph Hartmann, Sabrina Sommer, Florian Kerber,
Stefan Braunreuther

8.1 Einleitung

Täglich benutzen wir in unserem Alltag Produkte, deren Existenz ohne moderne Produktionstechnik undenkbar wäre. Die Bruttowertschöpfung des produzierenden Gewerbes, welches diese Produkte, wie Zahnpasta, TVs oder Autos, herstellt, hatte 2021 einen Anteil von 26,6 Prozent am Bruttoinlandsprodukt Deutschlands [1]. Die produzierenden Unternehmen tragen damit wesentlich zur Sicherung unseres Wohlstands und Lebensstandards bei.

Aktuell sieht sich das produzierende Gewerbe durch den Wunsch nach immer kürzeren Lieferzeiten und kundenspezifischen Produktvarianten einem Trend der komplexer werdenden Produktionsprozesse und -systeme gegenüber. Gleichzeitig nimmt durch die Globalisierung der Kostendruck stetig zu und es rücken zusätzliche Themen, wie Energieeffizienz und die damit einhergehende Reduktion von CO_2–Emissionen, in den Fokus [2]. Um diese Herausforderungen zu bewältigen, müssen Unternehmen alle zur Verfügung stehenden Technologien zur Sicherung ihrer Wettbewerbsfähigkeit nutzen.

Mit der fortschreitenden Digitalisierung der Produktion entstehen jedoch auch neue Möglichkeiten die bestehenden Herausforderungen zu bewältigen. Künstliche Intelligenz (KI) kann hierbei einen wichtigen Beitrag liefern. Mittels KI-basierter Mustererkennung können beispielsweise Maschinenausfälle vorhergesagt und dadurch mit einem Eingriff in die Produktionssteuerung Ausfälle und daraus resultierende Lieferverzögerungen vermieden werden. Aber nicht nur in der operativen Produktionssteuerung liegen interessante Anwendungsbereiche für KI-Methoden. Auch in der Produktionsplanung können intelligente Systeme dazu beitragen, effizientere Produktionssysteme zu gestalten.

Da KI enorme Potentiale für die Produktion bietet, soll dieser Beitrag einen Überblick über KI-Methoden und deren Anwendung in der Produktion geben. Hierzu werden zunächst die Charakteristika von produktionstechnischen Problemstellungen und deren Auswirkungen auf die verwendeten KI-Algorithmen herausgearbeitet. Anschließend werden drei konkrete Beispiele zum Einsatz von KI im Produktionskontext vorgestellt.

8.2 Problemstellungen in der Produktion

Der Begriff Produktion umfasst alle unmittelbaren wirtschaftlichen, technologischen und organisatorischen Tätigkeiten zur Herstellung von Gütern [3]. Dabei werden aus den Produktionsfaktoren, zu denen z. B. Menschen, Maschinen, Material und Kapital zählen, durch Wertschöpfungs- und Transformationsprozesse Güter erzeugt. Somit drehen sich die Problemstellungen der Produktion um den optimalen Einsatz dieser Produktionsfaktoren mit dem Ziel einer möglichst effizienten Herstellung der gewünschten Güter. Dabei gibt es viele Anwendungsgebiete für KI, die alle individuelle Anforderungen an die eingesetzten Methoden stellen. In diesem Beitrag werden die Produktionsplanung und die Automatisierungstechnik als zwei Anwendungsfelder mit sehr unterschiedlichen Anforderungsprofilen beleuchtet.

Aufgabe der Produktionsplanung ist die Gestaltung und Auslegung von Produktionssystemen. Charakteristisch für Planungsprobleme ist dabei, dass sie nicht in Echtzeit gelöst werden müssen. Weiterhin ist die Wiederholungshäufigkeit von Planungsproblemen im Vergleich zu anderen Anwendungsfällen relativ gering. Eine schnelle Laufzeit von computergestützten Systemen ist hierbei folglich nicht die oberste Priorität. Produktionsplanungsprobleme sind zudem häufig durch die Schwere der Auswirkungen der Entscheidungen geprägt. Wird beispielsweise eine Produktionslinie geplant, ist diese typischerweise Jahre bis Jahrzehnte im Betrieb. Akkumuliert über die langen Zeiträume wirken sich selbst kleinste Ineffizienzen in der Linie stark auf die Gesamtrentabilität aus. Aufgrund der geringen Häufigkeit der Planungsdurchführung stehen meist auch nur kleine Datensätze zum Training einer KI zur Verfügung. Stattdessen liegt oftmals viel implizites Wissen von Produktionsplanungsexperten vor. Eine weitere Eigenschaft von Planungsproblemen in der Produktion sind die häufig vielfältig ausgeprägten und teilweise konkurrierenden Ziele. So steht beispielsweise die Forderung nach einem möglichst geringen Kapitalaufwand zur Beschaffung eines Produktionssystems im Konflikt mit einem niedrigen Energieverbrauch, da energieeffizientere Produktionssysteme meist teurer in der Anschaffung sind. Aufgrund dieser teils widersprüchlichen Ziele, welche im Vorfeld nur schlecht gegeneinander abgewogen werden können, sind Methoden zur Generierung mehrerer Lösungsalternativen erforderlich. Diese können dann als Basis für eine finale Entscheidung dienen.

Zusammenfassend sind Anwendungsfälle in der Produktionsplanung häufig dadurch gekennzeichnet, dass wenige jedoch schwerwiegende und komplexe Entscheidungen auf der Basis von kleinen Datensätzen und Expertenwissen getroffen werden müssen. Zudem sollen dabei oft mehrere Lösungsalternativen zum Vergleich generiert werden. Die finale Auswahl aus diesen Alternativen wird aufgrund der schwerwiegenden Auswirkungen von eventuellen Fehlern meist von Menschen getroffen, weshalb eine gute Nachvollziehbarkeit der Lösungsfindung ebenfalls im Fokus steht.

Aus den genannten Gründen werden in der Produktionsplanung häufig Entscheidungsunterstützungssysteme eingesetzt. Da die Akzeptanz solcher Systeme maßgeblich von deren Nachvollziehbarkeit abhängt [4], sind die KI-Methoden, die in solchen Systemen zum Einsatz kommen, häufig White-Box-Modelle. Diese White-Box-Modelle ermöglichen es Menschen die Entscheidungsfindung zu überprüfen und können dadurch auch zum Wissenstransfer oder zum Erkennen neuer Zusammenhänge beitragen.

Als konkrete Beispiele aus der Produktionsplanung werden nachfolgend die Montagereihenfolgeplanung eines Produkts sowie die Layoutplanung einer Produktionslinie näher betrachtet.

Problemstellungen der Automatisierungstechnik haben im Gegensatz zur Produktionsplanung andere Anforderungen. Die Entscheidungen in diesem Anwendungsbereich müssen in Echtzeit oder in kurzen Zeitfenstern getroffen werden, sind meist weniger komplex als bei Planungsaufgaben und wiederholen sich sehr häufig. Zudem stehen durch die zunehmende Vernetzung und Ausstattung der Produktionsmaschinen mit Sensorik große Datenmengen zur Verfügung, die durch KI-Methoden weiterverarbeitet werden können. Diese Voraussetzungen ermöglichen auch den Einsatz von Black-Box-Modellen, wie beispielsweise tiefe neuronale Netze, die selbständig innerhalb von Millisekunden Entscheidungen treffen. Besonders sind dabei allerdings Anwendungsfälle zu betrachten, bei denen KI-Systeme mit Menschen interagieren oder andere sicherheitsrelevante Aspekte beeinflussen. Hierbei muss sichergestellt werden, dass die eingesetzten Methoden robust und nachvollziehbar funktionieren und somit keine Gefahr darstellen.

Zur Veranschaulichung wird eine Methode zur automatisierten, sensorbasierten Qualitätskontrolle innerhalb von Produktionslinien vorgestellt.

8.3 KI in der Montagereihenfolgeplanung

Die Planung der Montagereihenfolge von Baugruppen stellt ein anspruchsvolles Entscheidungsproblem dar, wobei im Allgemeinen der Lösungsraum annähernd exponentiell mit der Anzahl der Komponenten wächst. Die Lösung der Problemstellung wird aktuell noch stark vom Erfahrungswissen der Fachkräfte sowie der Ingenieurinnen und Ingenieure getrieben. Angesichts von Randbedingungen wie steigender Produktvielfalt, komplexerer Baugruppen und Fachkräftemangel sind Unterstützungssysteme oder gar die vollständig automatisierte Herleitung der Montagereihenfolgeplanung unabdingbar.

Zur Identifizierung von geeigneten Montagereihenfolgen ausschließlich anhand von CAD-Modellen sind insbesondere graphentheoretische Ansätze vielversprechend. Die Baugruppe wird dabei als Graph modelliert, in dem jeder Knoten eine Komponente repräsentiert und jede Kante eine Verbindung zwischen entsprechenden Komponenten, die in der Montage realisiert werden müssen. Abbildung 8.1 zeigt beispielhaft einen Graphen für eine Baugruppe, welche aus 15 Komponenten besteht, die durch 17 Verbindungen miteinander verbunden sind. Neben der Konnektivität der Komponenten in der Baugruppe können im Graph auch andere Attribute modelliert werden und diese für die Analyse der Montagereihenfolge an Knoten oder Kanten angeheftet werden. In Abb. 8.1 ist dies exemplarisch für ein Attribut der Kanten durch deren unterschiedliche Strickstärke dargestellt. Beispiele für Attribute auf den Kanten sind die eingesetzte Fügetechnologie oder die geschätzte Zeit für die Umsetzung dieser Fügeoperation. Kno-

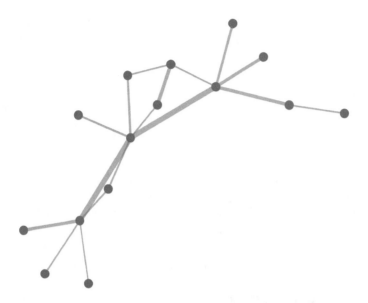

Abb. 8.1: Modellierung einer Baugruppe mit 15 Komponenten, die durch 17 Verbindungsstellen gefügt werden. Die unterschiedlichen Strichstärken auf den Kanten repräsentieren exemplarisch unterschiedliche Werte eines Attributs der Verbindungsstellen. [Eigene Darstellung].

tenattribute einer Komponente sind beispielsweise das Gewicht oder Kennzahlen zur Beschreibung des Handlingaufwands.

Das Graphenmodell der Baugruppe dient als Grundlage für die automatisierte Ableitung von Montagereihenfolgen. Das Vorgehen ist dabei inverser Natur, das heißt, es werden ausgehend vom vollständigen Zusammenbau die Menge an Subgraphen abgeleitet, welche eine Komponente weniger beinhalten. Dieses Vorgehen wird wiederum für sämtliche Subgraphen wiederholt, bis schließlich alle Komponenten vereinzelt sind. Das Ergebnis dieses iterativen Vorgehens ist wiederum ein Graph.

Dieser sogenannte Demontagegraph ist gerichtet und besitzt die gleiche Anzahl an Ebenen wie Komponenten in der Baugruppe vorhanden sind. Betrachtet man den gerichteten Graphen in entgegengesetzter Richtung, führt dies zum sogenannten Montagegraph. Im Startknoten des Montagegraphen sind alle Bauteile vereinzelt. Jeder Pfad durch den Graphen vom Startknoten zum Endknoten, in welchem die komplett montierte Baugruppe vorliegt, repräsentiert dabei eine Montagereihenfolge. Abbildung 8.2 zeigt beispielhaft einen Montagegraph für das Graphenmodell der Baugruppe aus Abb. 8.1.

Entgegen einer vollständigen Kombinatorik aller Einzelkombinationsmöglichkeiten der Montagereihenfolge wurden beim Aufbau des Montagegraphen in Abb. 8.2 bereits gewisse Randbedingungen berücksichtigt. Eine erste Randbedingung ist, dass jeder Knoten im Montagegraph einen einzigartigen Zwischenzustand der Montage repräsentiert, das heißt, dass jede der durch einen Knoten repräsentierten Subbaugruppen nur einmal im Montagegraph vorkommt. Eine zweite Randbedingung ist, dass bereits

Startknoten

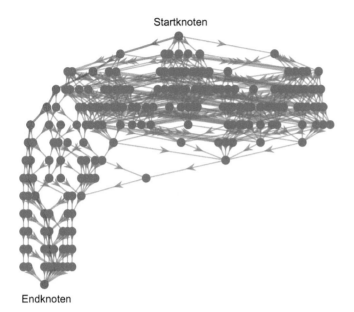

Endknoten

Abb. 8.2: Montagegraph einer Baugruppe mit 15 Komponenten, wobei diese im Startknoten alle vereinzelt vorliegen. Jeder Pfad durch den Graphen repräsentiert eine Montagereihenfolge, die schließlich im Endknoten die komplett montierte Baugruppe generiert. In roter Farbe ist eine exemplarische Montagereihenfolge hervorgehoben. [Eigene Darstellung].

bestehende Verbindungen zwischen Bauteilen nicht wieder aufgelöst werden können. Diese Randbedingungen können unter dem Begriff Konsistenzrandbedingungen zusammengefasst werden.

Neben den Konsistenzrandbedingungen existieren zur Ableitung der Montagereihenfolge weitere Kriterien, die es ermöglichen, aus der Fülle an möglichen Pfaden durch den Montagegraphen auszuwählen. Diese Kriterien lassen sich wiederum gliedern in Randbedingungen, welche die Zulässigkeit der Montagereihenfolge beschreiben und solche, welche die Güte der Montagereihenfolge bewerten. Eine offensichtliche Randbedingung zur Bewertung der Zulässigkeit leitet sich aus den geometrischen Gegebenheiten der Baugruppe ab. Dies bezieht beispielsweise die Kollisionskontrolle zwischen den hinzuzufügenden Komponenten und der bereits vorhandenen Subbaugruppe entlang der unterschiedlichen Montagepfade ein. Die Prüfung der Zulässigkeit der Montagepfade ermöglicht damit eine weitere Reduzierung des Montagegraphen und die Sicherstellung der Umsetzbarkeit der Montagesequenz. Die Bewertung der Güte der verbleibenden Montagepfade erfolgt anhand von weiteren Kriterien, die insbesondere auf die Knoten- und Kantenattribute aus dem Graphmodell der Baugruppe zurückgreifen. Ausgehend davon können beispielsweise Montagesequenzen ausgewählt werden, die ergonomische, zeitliche und technologische Aspekte aufeinander abstimmen und ausbalancieren.

Die derart identifizierten und priorisierten Montagereihenfolgen können schließlich als Eingangsinformation für die Layout- und Linienplanung genutzt werden.

8.4 KI in der Layoutplanung

Eine weitere Problemstellung, bei der KI unterstützend wirken kann, ist die Planung von Layouts. Ziel der Layoutplanung ist die optimale Anordnung von Objekten oder Bereichen zueinander. Im Kontext der Produktion stellt beispielsweise die Anordnung von Maschinen in einer Produktionshalle oder die Platzierung von Hallen auf einem Werksgelände ein Layoutproblem dar. Dabei sind meist eine Vielzahl an Restriktionen einzuhalten und gleichzeitig existieren komplexe Zusammenhänge zwischen den zu optimierenden Zielgrößen. Sowohl die Zielgrößen als auch die Restriktionen können sich je nach Anwendungsgebiet stark unterscheiden. Es gibt jedoch auch Gemeinsamkeiten, die sich in vielen Layoutoptimierungen wiederfinden lassen. Dazu zählen Restriktionen zur Platzierung und den Beziehungen zwischen den anzuordnenden Objekten. Aufgrund der Häufigkeit, mit der Layoutprobleme auftreten, wurde schon früh versucht sie zu formalisieren und computergestützt zu lösen [5]. In der Literatur werden solche Problemstellungen als Facility Layout Problems (FLPs) bezeichnet. Das FLP ist dadurch gekennzeichnet, dass n Bereiche oder Objekte auf einer Fläche ohne Überlappung angeordnet werden sollen. Ziel ist es die Distanzen zwischen den Bereichen unter Einhaltung weiterer Restriktionen, wie beispielsweise das Angrenzen bestimmter Bereiche an die Flächenbegrenzungen, zu minimieren.

8.4.1 Layoutplanung in der Architektur

Ein anschauliches Anwendungsbeispiel für die Lösung eines solchen Layoutproblems findet sich in der Architektur. Sowohl auf städtebaulicher als auch auf Gebäudeebene gibt es eine Vielzahl an komplexen Zusammenhängen und Abhängigkeiten, die es für einen Planer zu lösen gilt. Einflussgrößen wie die steigende Zahl von Akteuren, komplexere Anforderungen an Gebäude und die zunehmende Geschwindigkeit und Flexibilisierung von Planungsprozessen erfordern neue Lösungen.

Eine solche Lösung bietet die computerunterstützte Planung. Eine der ersten Gruppen im DACH-Raum, die sich mit dem programmierten Entwerfen beschäftigten, war die universitäre Einrichtung „Kaisersrot", die 2001 aus der Zusammenarbeit zwischen einer an der Universität Kaiserlautern tätigen Forschungsgruppe und dem Architekturbüro „KCAP" in Rotterdam hervorging. Ziel war es, computerunterstützte rationale Entwurfsmethoden zur Lösung der immer komplexer werdenden Planungsaufgaben zu entwickeln. Durch Iteration werden in einem Lösungsraum unter Bezugnahme festgelegter Kriterien eine Vielzahl an Lösungen generiert, die als Entwurfsvarianten und als

Diskussions- und Entscheidungsgrundlage dienen. Solch ein Prozess kann manuell viele Tage und Wochen in Anspruch nehmen. [6]

Dieses „Generative Design" hält nun 20 Jahre später nach und nach in CAD-Programme und andere Planungswerkzeuge Einzug. Tools wie beispielsweise „binary habitats" [7] oder „Spacemaker" [8] agieren sowohl auf städtebaulicher als auch auf Gebäudeebene und generieren in Minuten oder Sekunden eine Vielzahl an Varianten. Aber auch Plug-ins für etablierte Planungssoftware erstellen bereits in kürzester Zeit Designstudien und machen diese vergleichbar. [9]

Während bei dem manuellen Entwurfsprozess mit Hilfe von Papier und Stift Geometrien zweidimensional dargestellt werden, kann im Computer durch die Repräsentation der Elemente mit z. B. Koordinaten im virtuellen Raum eine Positionsbeschreibung erfolgen. Neben der Positionseigenschaft können Objekten oder auch Innen- und Außenräumen noch weitere Eigenschaften zugewiesen werden. Diese Methode nennt sich Building Information Modelling (BIM) [10]. Dem Modell werden alle wichtigen Daten übergeben, wie beispielsweise die Wetterdaten für den Standort über das Jahr, der Sonnenverlauf oder die Bauteileigenschaften, wie die Rohdichte oder die Wärmeleitfähigkeit der raumumschließenden Bauteile.

Während statische Berechnungen oder Monatsbilanzverfahren nur eine Annäherung an den tatsächlichen Wärme- und Energiebedarf liefern, kann nun auf Basis der eingespielten Daten in einer Simulation eine dynamische Betrachtung des Gebäudes im Verlauf des Jahres erfolgen. Diese Simulationen ermöglichen eine viel genauere Vorhersage von Zielgrößen, wie z. B. dem Heizwärmebedarf oder der Sonnenstunden in einem Raum. Weiter können so bereits in der Planung genaue Aussagen über die Materialmenge, die damit verbundenen Kosten oder die Dimensionierung von Anlagen getroffen werden, was wiederum zu einer besseren Planbarkeit und somit zu Zeit-, Kosten- und Ressourceneinsparungen führt.

Die großen Stellschrauben hinsichtlich der Kosten, der Ökologie und auch im Sozialen sind jedoch in der frühen Entwurfsphase. Die eben beschriebenen Simulationen können bereits für Varianten eingesetzt werden, welche im Nachhinein verglichen und auf deren Basis Rückschlüsse auf Optimierungen gezogen werden können, jedoch ist diese Methode nur begrenzt zur Optimierung des Entwurfs geeignet, da das Verbesserungspotenzial durch die zuvor manuell erstellte Anzahl an Varianten limitiert ist.

Dreht man das Prinzip nun um und definiert anstatt von Positionen und exakten Geometrien der Räume variable Eingangsgrößen, wie beispielsweise einen Raum mit variablen Seitenlängen und einer fixen Grundfläche, mit konkreten Zielgrößen, wie einem Heizwärmebedarf von maximal 15 kWh/m^{2}a und mindestens 6 Stunden direkter Sonneneinstrahlung, können computergestützt auf Basis der eingespielten Daten verschiedene Lösungen für die Position, Raumabmessungen und Bauteilaufbauten generiert werden. Um die optimale Lösung mit dieser Methode zu finden, müssen jedoch alle potentiellen Lösungen simuliert werden, was abhängig von den Grenzen der Simulation für das genannte Beispiel mehrere Wochen dauern kann. Alternativ können mit Hilfe evolutionärer Algorithmen nur ein Teil der Lösungsvarianten evaluiert und eine ausreichend gute Lösung gefunden werden. Priorisiert man verschiedene Zielgrößen und variiert diese Priorisierungen, ergeben sich für den Planer im Idealfall nachvollziehbare Veränderungen. Außerdem lassen sich stärker und weniger stark zu beeinflussende Zielgrößen identifizieren. Dies sind Fähigkeiten, die ein Architekt bisher nur über Erfahrungswerte erreichen konnte. So sind diese Entwurfstools nicht nur eine Chance für eine schnelle und produktive Arbeitsweise, sie vermitteln auch in kurzer Zeit ein Verständnis über Zusammenhänge von Einflussgrößen und Zielgrößen, was nicht nur für den Planer, sondern auch für den Kunden für mehr Transparenz im Entwurfsprozess sorgen kann.

Es können mit Hilfe der computerunterstützten Generierung von Varianten standardisierte Denkmuster durchbrochen werden, ohne dass die Entscheidungshoheit abgegeben werden muss. Algorithmisch entworfene Gebäude können so in manchen Prozessen zunächst zu unerwarteten Ergebnissen führen. Daher sind die Nachvollziehbarkeit und Transparenz der Planungstools sehr wichtig, um Lösungsvorschläge analysieren und bewerten zu können.

Eine weitere Chance ist die soziale Idee, dass jeder Akteur durch die Übersetzung seiner Wünsche in mathematische Abhängigkeiten Einfluss auf die Stadt- und Gebäudeplanung haben kann. So werden aktuell partizipative Prozesse durch Workshops gestaltet, in welchen die Wünsche und Ziele der Projektbeteiligten zusammengetragen und händisch in die Planung implementiert werden. Diese Prozesse sind meist sehr aufwändig und zeitintensiv, wodurch bei einer großen Anzahl an Akteuren eine Berücksichtigung aller Wünsche unmöglich wird. KI-basierte Planungsmethoden können dagegen eine große Menge an Anforderungen und Wünschen auswerten und darauf basierende Vorschläge erstellen. Dies vereinfacht eine partizipative Planung und bringt uns damit einen Schritt näher zu einer demokratisch gestalteten Stadt.

Aber auch auf ökologische und ökonomische Ziele hin können Entwürfe optimiert werden. So kann es ein Ziel sein möglichst wenig und recyclebares Material zu verbrauchen, möglichst wenig Flächen zu versiegeln oder Heiz- und Kühlenergie zu minimieren, um so dem Trend der stetig steigenden CO_2-Emissionen entgegenzuwirken und gleichzeitig die Kosten für die Erstellung, den Betrieb und die Entsorgung zu reduzieren. Auch hier gilt es wieder zu priorisieren und durch Variantenerstellung und die Analyse der Varianten in einem größeren Zeitraum, Zusammenhänge zwischen den Gesamtkosten und den ökologischen Zielen herzustellen. So besteht also die Chance mit der Unterstützung von KI und ihrer sinnvollen Nutzung wirklich intelligent zu bauen.

8.4.2 Produktionslinienplanung

Ein Beispiel für ein Layoutproblem im Produktionskontext ist die Planung einer neuen Produktionslinie. Hierbei spielen neben baulichen Restriktionen, Lichtverhältnissen und anderen Umgebungsparametern vor allem die Materialflüsse bzw. Transportwege, und ihre Intensität eine wichtige Rolle. Zu lange Transportwege zwischen Produktions-schritten erhöhen die Durchlaufzeit und damit das gebundene Kapital. Zugleich wird die Produktion durch lange Wege störanfälliger, energieintensiver und verbraucht un-nötig viel Fläche. Deshalb ist die Minimierung der Transportwege ein zentrales Ziel bei der Auslegung von Produktionslinienlayouts. Bei realen Planungsaufgaben existieren zudem oft zusätzliche Restriktionen, wie bereits existierende Produktionsanlagen, die in eine neue Produktionslinie integriert werden müssen. Auch können schwere Maschi-nen ein verstärktes Fundament, große Betriebsmittel eine ausreichend hohe Halle oder schwere Werkstücke einen Kran zum Transport benötigen und somit nicht beliebig in einer Halle positioniert werden. Die vielfältigen Einschränkungen können das Problem sehr komplex werden lassen. Die manuell durchgeführte Layoutplanung, bei der Be-triebsmittel händisch auf einem Hallenplan platziert werden und durch viele Diskussio-nen und Iterationen ein finales Layout erarbeitet wird, stößt bei solchen komplexen Planungsaufgaben schnell an ihre Grenzen. Zu vielschichtig sind die Interaktionen und die daraus resultierenden Auswirkungen auf die Zielgrößen. Neben suboptimalen Er-gebnissen sind auch der hohe Zeitaufwand und die Abhängigkeit der Qualität der Er-gebnisse von der Erfahrung der Planer Nachteile der manuellen Layoutplanung.

Eine Möglichkeit die Schwächen der manuellen Planung zu umgehen ist der Ein-satz von computergestützten Planungsmethoden. Das Problem der Produktionslinien-planung lässt sich hierfür als FLP modellieren (vgl. Gleichungen (1)–(7)). Gegeben ist hierbei eine Menge N an Maschinen, die auf einer rechteckigen Grundfläche mit den Kantenlängen X und Y ohne Überlappen anzuordnen sind. Die Maschinen werden ebenfalls mit einer rechteckigen Fläche mit den Kantenlängen h und v abgebildet. Die Intensität des Materialflusses zwischen zwei Maschinen i und j wird mit dem Faktor f_{ij} modelliert. Da nicht nur die Materialflussintensität den Transportaufwand be-stimmt, sondern auch zusätzliche Faktoren, wie die Bauteilgröße und -gewicht oder die Losgröße, kann jedem Materialfluss noch ein Kostenfaktor c_{ij} zugeordnet werden. Zusammen mit der Distanz d_{ij} zwischen Maschine i und j, welche durch unterschiedli-che Distanzmetriken, wie beispielsweise der euklidischen oder der Manhattan-Metrik, berechnet werden kann, ergibt sich der Transportaufwand von i zu j somit durch $c_{ij}f_{ij}d_{ij}$. Die Entscheidungsvariablen des Optimierungsproblems, die den Transportauf-wand beeinflussen, sind die Koordinaten der Mittelpunkte der Maschinen x_i und y_i. Mit den aufgeführten Parametern und Entscheidungsvariablen ergibt sich folgendes Optimierungsproblem zur Platzierung von Produktionsmaschinen mit einem mini-malen Gesamtmaterialtransportaufwand:

$$\text{minimiere} \sum_{i \in N} \sum_{j \in N} c_{ij}f_{ij}d_{ij} \qquad (1)$$

unter den Nebenbedingungen
Ausschluss Überlappen:

$$\left| x_i - x_j \right| \geq \tfrac{1}{2}\left(h_i + h_j\right) \text{ oder } \left| y_i - y_j \right| \geq \tfrac{1}{2}\left(v_i + v_j\right) \tag{2}$$
$$\forall i,j \in N,\, j > i$$

Flächenbegrenzung nach links:

$$0 \leq x_i - \frac{1}{2}h_i \quad \forall i \in N \tag{3}$$

Flächenbegrenzung nach rechts:

$$X \geq x_i + \frac{1}{2}h_i \quad \forall i \in N \tag{4}$$

Flächenbegrenzung nach unten:

$$0 \leq y_i - \frac{1}{2}v_i \quad \forall i \in N \tag{5}$$

Flächenbegrenzung nach oben:

$$Y \geq y_i + \frac{1}{2}v_i \quad \forall i \in N \tag{6}$$

Distanz der Maschinen:

$$d_{ij} = \sqrt{\left(x_i - x_j\right)^2 + \left(y_i - y_j\right)^2} \quad \forall i,j \in N,\, i \neq j \tag{7}$$

Die Zielfunktion (1) minimiert die Summe der mit der Materialflussintensität und den Transportkosten gewichteten Distanzen zwischen den Maschinen. Die Bedingungen in (2) verhindern ein Überlappen der Maschinen, indem der Abstand zwischen den Mittelpunkten zweier Maschinen mindestens so groß sein muss, wie die Hälfte der Summe der Kantenlängen beider Maschinen. Je nach Lage der Maschinen muss diese Bedingung horizontal (x-Koordinate) oder vertikal (y-Koordinate) geprüft werden. Die Restriktionen (3)–(6) spiegeln die Flächenbegrenzung wider und ermöglichen eine Platzierung der Maschinen nur innerhalb der vorgesehenen Grundfläche. Abschließend wird in (7) noch die Berechnung der Distanz zwischen zwei Maschinen beschrieben. In diesem Fall wird die euklidische Distanz gewählt. Alternativ kann hier auch die Manhattan-Distanz berechnet werden, die häufig in FLPs zum Einsatz kommt.

Dieses Modell stellt ein sehr vereinfachtes Produktionslinienlayout dar. Um eine reale Produktionslinie zu planen, muss es eventuell für den konkreten Fall angepasst und erweitert werden.

Zur Lösung des FLPs werden unterschiedliche Verfahren eingesetzt. Diese lassen sich in exakte und heuristische Lösungsverfahren einteilen. Erstere finden garantiert ein Optimum, sofern dieses vorhanden ist bzw. das Optimierungsproblem lösbar ist, sind jedoch sehr rechenintensiv. Zu ihnen zählen unter anderem die dynamische Programmierung, Branch-and-Bound- sowie Schnittebenenverfahren. Aufgrund der NP-Schwere des FLPs liefern exakte Lösungsverfahren nur für kleine Probleminstanzen mit wenigen Maschinen eine Lösung innerhalb realistischer Laufzeiten.

Um die in der Realität auftretenden Layoutprobleme effizient lösen zu können, werden heuristische Lösungsverfahren verwendet. Diese fokussieren sich auf das schnelle Finden guter Lösungen zu Lasten der Optimalität. In der Praxis sind die damit erreichbaren Lösungen allerdings meist ausreichend. Die heuristischen Verfahren lassen sich weiter in Konstruktions-, Verbesserungs- und metaheuristische Verfahren unterteilen, wobei letztere aktuell am häufigsten eingesetzt werden [11]. Sehr populäre Metaheuristiken sind dabei die genetischen Algorithmen. Diese lösen Optimierungsprobleme, indem sie, von der Genetik inspiriert, bereits gefundene Lösungen mutieren und miteinander kreuzen, um bessere Lösungen zu generieren.

Das Prinzip eines genetischen Algorithmus ist in Abb. 8.3 dargestellt. Es basiert darauf eine Menge an Lösungen, die sogenannte Population, durch gezielte Selektion und Rekombination der besten Lösungen weiterzuentwickeln, um sich dadurch dem Optimum anzunähern. Zu Beginn müssen hierfür mehrere Lösungen des Problems generiert werden. Diese bilden dann jeweils ein Individuum der Startpopulation. Um spätere Kreuzungen der Individuen zu ermöglichen ist eine einheitliche Repräsentation der Lösungsparameter nötig. Diese Repräsentation wird in Anlehnung an die Genetik Genotyp genannt und besteht meist aus numerischen Zeilenvektoren. Jeder Eintrag dieses Vektors ist damit ein Gen des Individuums. Eine mögliche Repräsentation einer Lösung für das in (1)–(7) beschriebene FLP stellt die Abbildung der x- und y-Koordinaten der einzelnen Maschinen in einem Zeilenvektor dar. Nachdem eine definierte Anzahl an Individuen generiert wurde, erfolgt deren Evaluation, durch die Auswertung der Zielfunktion (1). Anschließend wird eine Teilmenge der Population ausgewählt, um neue Individuen durch Kreuzung und Mutation zu bilden. Bei der Selektion ist darauf zu achten, dass bevorzugt Individuen mit guten Zielfunktionswerten ausgewählt werden. Bei der Kreuzung werden jeweils zwei Lösungen rekombiniert, wodurch zwei neue Lösungen entstehen, die jeweils Gene der beiden ursprünglichen Lösungen besitzen. Anschließend können die neu generierten Individuen noch leicht verändert werden. Diese Mutation soll dabei nur kleine Veränderungen an dem Genotyp vornehmen, wie beispielsweise die Änderung eines einzelnen Gens. Die neuen Individuen werden Teil einer neuen Population, womit eine Iteration, auch Generation genannt, abgeschlossen ist. Mit dieser Population kann nun eine neue Generation durchlaufen werden. Dies wird wiederholt, bis ein vorher bestimmtes Abbruchkriterium, meist eine maximale Anzahl an Generationen, eintritt. Durch die wiederkehrende Selektion, Kreuzung und Mutation von guten Lösungen werden diese schrittweise verbessert und somit eine gute Näherungslösung für das Layoutproblem gefunden.

Bisher nicht berücksichtigt wurden die Nebenbedingungen in (2)–(6). Durch das vorgestellte Vorgehen ist es möglich, Lösungen zu generieren, die die Nebenbedingen nicht erfüllen und somit keine Lösung des Optimierungsproblems darstellen. Um dies zu verhindern, gibt es zwei mögliche Ansätze. Eine Möglichkeit ist es die initiale Populationsbildung sowie die Kreuzung und Mutation von Individuen so zu gestalten, dass eine Entstehung von invaliden Lösungen unmöglich ist oder diese im Anschluss an ihre Entstehung zu reparieren, das heißt zu einer möglichen Lösung zu verändern. Die zweite Möglichkeit ist invalide Lösungen zuzulassen, sie aber bei der Evaluation künstlich schlechter zu bewerten. Dadurch sinkt die Wahrscheinlichkeit, dass sie zur Entwicklung der nächsten Population beitragen. Bei der Entwicklung von genetischen Algorithmen ist es im Allgemeinen entscheidend für die Güte der produzierten Lösungen und die Schnelligkeit der Lösungsfindung die einzelnen Operationen auf das jeweilige Optimierungsproblem zuzuschneiden bzw. passend zu gestalten.

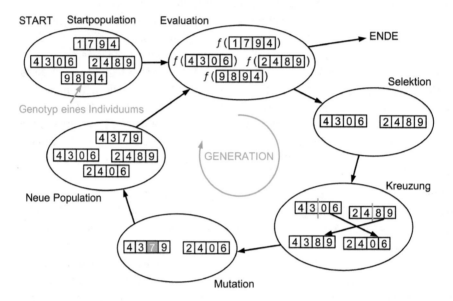

Abb. 8.3: Funktionsprinzip eines genetischen Algorithmus [Eigene Darstellung].

Durch den Einsatz intelligenter Optimierungsmethoden ist es möglich selbst für sehr komplexe Layoutplanungsaufgaben gute Lösungen zu finden. Der Vorteil gegenüber der manuellen Planung besteht hierbei in der ganzheitlichen Betrachtung des Optimierungsproblems. Im Gegensatz dazu werden komplexe Layoutprobleme manuell häufig durch eine sehr zeitaufwändige Aufteilung und iterative Bearbeitung von Teilproblemen gelöst. Die ganzheitliche Betrachtung ermöglicht den KI-basierten Methoden bessere Lösungen zu generieren.

8.4.3 KI-Methoden für die sensorbasierte Inline-Qualitätskontrolle

Die Weiterentwicklung klassischer Automatisierungskomponenten hin zu cyber-physischen Systemen eröffnet weitgehende Möglichkeiten, maschinen- und produktionsrelevante Daten aufzunehmen und weiterzuverarbeiten [12]. Zentrale Voraussetzung für die Anwendung von Big-Data-basierten Analyseverfahren ist der Einsatz geeigneter Sensorik und Datenanalyse. Dies setzt eine konsequente und etablierte Datenakquise und -fusion voraus. Die Sensorik fungiert dabei als Schnittstelle zwischen realer und digitaler Welt. Betrachtet man die Produktionsprozesse einzelner Unternehmen, so kann man feststellen, dass diese oftmals domänenspezifische und branchenindividuelle Anforderungen bzw. Lösungen aufweisen. Semantische Methoden, sowohl zur Modellierung der domänenspezifischen Anwendungsfälle als auch zur Strukturierung der gespeicherten Wissensbasis, stellen einen geeigneten Ansatz dar, datenbasierte Analysen zur Erzielung kontinuierlicher Verbesserungen in Produktionsprozessen, z. B. zur Überwachung und Steigerung der Fertigungsqualität oder der Anlagenverfügbarkeit, in der Praxis einzusetzen. Vorgehensmodelle zur systematischen Erfassung, Integration und semantischen Aufbereitung der Daten können so zu individuellen Datenstrategien weiterentwickelt werden. Retrofitlösungen können dabei unabhängig vom Anlagentyp und -alter, den installierten Sensoriksystemen und den Netzwerkschnittstellen integriert werden.

Dies soll an einem Anwendungsfall aus der Metallbearbeitung veranschaulicht werden. Darin wird ein Umformprozess betrachtet, der bei der Fertigung von Leitern zum Einsatz kommt. Dabei sollen Holm und Sprossen miteinander durch Bördeln verbunden werden. Aufgrund von Materialtoleranzen, Schwankungen der Rohstoffqualität durch wechselnde Umweltbedingungen bei Herstellung und Lagerung oder Einstellfehler kann es zu Qualitätsproblemen beim Umformen kommen, die sich als Risse bemerkbar machen. Anstatt die Qualitätskontrolle manuell durch den Maschinenbediener durchführen zu lassen und damit dem Risiko subjektiver Bewertung auszusetzen, sollen fehlerhafte Bördelungen automatisch erkannt werden. Dazu wurden im Rahmen einer Prozessanalyse zunächst relevante Fertigungsparameter wie der Druck zur Ansteuerung sowie der Fahrweg des Bördelkopfes identifiziert. Im zweiten Schritt wurde ein Sensorikkonzept entwickelt, mit dem die Daten digital aufgenommen, signiert und ausgewertet werden konnten. Für die messtechnische Erfassung des Bördelvorgangs wurden magnetostriktive Positions- und zusätzliche Drucksensoren installiert. Die Umformvorgänge wurden durch zwei Kamerasysteme für die linke und rechte Sprossenbördelung als Grauwertbilder dokumentiert und die Verläufe aller Sensoren durch Zeitstempel synchronisiert. Um nicht in die vorhandene Steuerung der Maschine eingreifen zu müssen und dadurch die Garantie des Maschinenherstellers bzw. -umrüsters zu verlieren, wurde für die Signalerfassung und -auswertung eine Retrofit-Lösung umgesetzt, die sicherheitstechnisch nicht mit der Bördelmaschine verkettet ist und damit im Sinne der Maschinenrichtlinie auch keine neue Konformitätserklärung oder Zertifizierung erfordert. [13]

Die kontinuierlich während der Produktion aufgenommenen Sensordaten zeigen exemplarisch die Herausforderungen prozessintegrierter, sensorbasierter Qualitätskontrolle:

1. Variantenvielfalt: Die Maschine wird für die Produktion unterschiedlichster Leitertypen verwendet, deren Geometrien, Materialien, Oberflächeneigenschaften etc. stark unterschiedlich sind.
2. Einfluss von Umgebungsbedingungen: Die Fertigung läuft im Mehrschichtbetrieb in einer fensterverglasten Halle, so dass bildgebende Verfahren unterschiedlicher Beleuchtung, Reflektionen, Streulicht etc. ausgesetzt sind.
3. Unbalancierte Datensätze: Hohe Qualitätsstandards sind inhärentes Ziel aller Produktionsbetriebe. Dies hat jedoch zur Folge, dass Datensätze oftmals deutlich weniger Fehlerfälle aufweisen als Situationen im Normalbetrieb. Für die korrekte Klassifikation sind jedoch möglichst viele Repräsentanten beider Kategorien hilfreich.

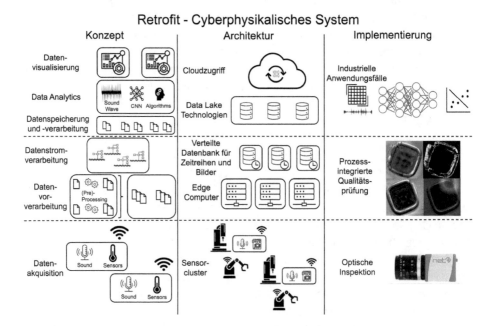

Abb. 8.4: Pipeline für prozessintegrierte, sensorbasierte Qualitätsprüfung [Eigene Darstellung].

Als Konsequenz der Herausforderungen wird deutlich, dass herkömmliche Bildverarbeitungsalgorithmen wie Kantendetektoren, schwellwert- bzw. merkmalsbasierte Verfahren ungeeignet sind, da diese Unterschiede in Lage, Länge und Form der auftretenden Risse meist nicht zuverlässig unterscheiden können. Überwachtes Lernen hingegen bietet Verfahren auf Basis tiefer neuronaler Netze, die klassenspezifische Merkmale durch sukzessives Training erlernen. Datenaugmentierung durch geometrische Transformationen und kontinuierliche Anpassung der Klassifikatoren können die Robustheit und Genauigkeit der Verfahren deutlich verbessern. Metrische Lernverfahren, die durch Projektfunktionen

Daten in niedrig-dimensionale Merkmalsräume abbilden, sind darauf trainiert, die Ähnlichkeit von Datenpunkten zu erkennen und erlauben gute Klassifikationsergebnisse selbst dann, wenn nichtlineare Effekte für die Ausprägung von Merkmalen verantwortlich sind. Für die kontinuierliche Erweiterung des Trainingsdatensatzes können semiüberwachte Verfahren verwendet werden, um Aufwände für das Labeling zu reduzieren. Insgesamt ergibt sich so eine durchgängige Systematik für ein KI-basiertes Qualitätsprüfsystem im industriellen Kontext, die in Abb. 8.4 dargestellt ist.

8.5 Ausblick

Produktion und das produzierende Gewerbe sind und werden auch in Zukunft ein wichtiger Bestandteil unserer Wirtschaft sowie unseres täglichen Lebens sein. KI kann in der Produktion nicht nur zu Effizienzgewinnen und der Sicherung der Wettbewerbsfähigkeit beitragen, sie ist zudem ein wichtiger Innovations- und Fortschrittsfaktor. Vielleicht kann Produktion in Zukunft durch den Einsatz von KI ganz neu gedacht werden. Denkbar sind hochflexible Produktionssysteme, die dank intelligenter Methoden zur Produktionsplanung und -steuerung in der Lage sind verschiedenste Produkte effizient zu fertigen und dadurch ein Angebot von Produktionsressourcen als Dienstleistung möglich machen [14]. Damit lassen sich auch hochindividualisierte Produkte bis hin zu vom Kunden selbst entworfenen Unikaten wirtschaftlich herstellen.

Zusammenfassend lässt sich feststellen, dass KI bereits heute in der Produktion angekommen ist und unabhängig davon, welche Entwicklungen und Trends sich in der Produktion zukünftig etablieren, dort auch weiterhin ihren Platz haben wird.

Literatur

[1]   Statistisches Bundesamt. „Basistabelle Bruttowertschöpfung: Produzierendes Gewerbe." https://www.destatis.de/DE/Themen/Laender-Regionen/Internationales/Thema/Tabellen/Basistabelle_Ind Wertschoepfung.html (Zugriff am: 31. Oktober 2022).

[2]   L. Bank et al., „Comparison of Simulation-based and Optimization-based Energy Flexible Production Planning," *Procedia CIRP*, Jg. 81, S. 294–299, 2019, doi: 10.1016/j.procir.2019.03.051.

[3]   W. Eversheim, *Organisation in der Produktionstechnik: Band 1: Grundlagen*. Berlin, Heidelberg: Springer Berlin Heidelberg, 1996.

[4]   J. Kletti, Hg. *MES – Manufacturing Execution System: Moderne Informationstechnologie unterstützt die Wertschöpfung*, 2. Aufl. Berlin, Heidelberg: Springer Berlin Heidelberg, 2015.

[5]   G. C. Armour und E. S. Buffa, „A heuristic algorithm and simulation approach to relative location of facilities," *Management science*, Jg. 9, Nr. 1, S. 294–309, 1963, doi: 10.1287/mnsc.9.2.294.

[6]   O. Fritz, „Programmiertes Entwerfen," *Arch+*, Nr. 189, 2008.

[7]   S. Ip. „Binary Habitats." https://binaryhabitats.com/generative-design/ (Zugriff am: 31. Oktober 2022).

[8]   R. Zelles. „Spacemaker." https://www.autodesk.de/products/spacemaker/free-trial?gclid=CjwKCAjw5
      P2aBhAlEiwAAdY7dFWSP4j4Sny_8cSFnTIMSHXTrkpH3PFcW74OesK3dnE5gqTd4W8r6xoCB1sQAvD_
      BwE (Zugriff am: 31. Oktober 2022).

[9]   R. Zelles. „Generatives Design für Architektur, Ingenieur- und Bauwesen." https://www.autodesk.de
      /solutions/generative-design/architecture-engineering-construction (Zugriff am: 31. Oktober 2022).

[10] A. Borrmann, M. König, C. Koch und J. Beetz, *Building Information Modeling*. Cham: Springer
      International Publishing, 2018.

[11] H. Hosseini-Nasab, S. Fereidouni, S. M. T. Fatemi Ghomi und M. B. Fakhrzad, „Classification of facility
      layout problems: a review study," *Int J Adv Manuf Technol*, Jg. 94, 1-4, S. 957–977, 2018, doi: 10.1007/
      s00170-017-0895-8.

[12] M. Broy, Hg. *Cyber-physical systems: Innovation durch softwareintensive eingebettete Systeme*. Berlin,
      Heidelberg: Springer, 2010.

[13] D. Mittel und F. Kerber, „Vision-Based Crack Detection using Transfer Learning in Metal Forming
      Processes," in *2019 24th IEEE International Conference on Emerging Technologies and Factory
      Automation (ETFA)*, Zaragoza, Spain, 2019, S. 544–551, doi: 10.1109/ETFA.2019.8869084.

[14] G. Hoellthaler *et al.*, „Reconfiguration of production systems using optimization and material flow
      simulation," *Procedia CIRP*, Jg. 81, S. 133–138, 2019, doi: 10.1016/j.procir.2019.03.024.

10 Consumer Health Search und die Authentizität von Informationen – Eine multidimensionale Betrachtung

Marco Viviani, Elisabeth Mess

Abstrakt: In der heutigen Gesellschaft greifen immer mehr Menschen auf online Informationen zurück, um ihren Informationsbedarf zu decken. Dieses Phänomen hat in verschiedenen Bereichen zugenommen, so auch im Bereich der Gesundheitsinformationen. Einerseits könnte sich das positiv auf die Gesundheitskompetenz der Menschen auswirken, was der Gesundheit des Einzelnen und der Gemeinschaft zugutekäme. Andererseits könnten Einzelpersonen und die Gesellschaft mit schwerwiegenden Folgen konfrontiert werden, wenn eine beträchtliche Menge an falschen Gesundheitsinformationen online kursiert. In diesem Zusammenhang verfolgt dieser Artikel zwei Ziele: (i) einen globalen Überblick über die oben genannten Probleme zu geben und (ii) aus technischer Sicht einige der aktuellen Forschungsrichtungen und Lösungen im Bereich Information Retrieval vorzustellen. Diese Technologien können Online-Nutzer:innen dabei helfen Gesundheitsinformationen zu finden die sowohl vertrauenswürdig sind, als auch ihrem Informationsbedürfniss gerecht werden.

Schlüsselwörter: Gesundheitssuche für Verbraucher, Consumer Health Search Gesundheitsfehlinformation, Authentizität von Informationen, Information Retrieval, Suchaufgabe, Mehrdimensionale Relevanz, Gesundheitskompetenz

10.1 Einleitung

In den letzten Jahren hat sich deutlich gezeigt, dass Menschen immer häufiger auf die Informationen von Online-Suchanfragen zurückgreifen [1]. Man kann Nachrichten über bestimmte Ereignisse suchen, die Meinung anderer über bestimmte Produkte oder Dienstleistungen einholen (Rezensionen) und Informationen über Krankheiten, Symptome, Behandlungen usw. suchen. Im letztgenannten Bereich beziehen wir uns speziell auf den Bereich der *Consumer Health Search* (CHS), d.h. die Suche nach Gesundheitsratschlägen im Internet, welche durch Laien durchgeführt wird [2]. Bereits 2013 wies das Pew Research Center[1], darauf hin, dass ein großer Teil der US-Bevölkerung Gesundheitsinformationen online sucht und konsultiert. Das geht sogar so weit, dass Ärzte aus dem Entscheidungsprozess ausgeschlossen werden [3]. Gesundheitsbezogene

---

1 Das Pew Research Center ist ein „unparteiischer Fact Tank", der die Öffentlichkeit über Themen, Einstellungen und Trends informiert, welche die Welt prägen.

Suchanfragen bei Google sind mittlerweile so populär, dass sich der Begriff „Dr. Google" etabliert hat [4].

Bei einer Eurostat Erhebung [5] zeigte sich, dass insgesamt 52 Prozent der EU-Bürger nach gesundheitsbezogenen Informationen suchen (Bsp.: Verletzungen, Krankheiten, Ernährung etc.). Zu den Spitzenreitern zählen beispielsweise Finnland mit 81 Prozent, die Niederlande mit 78 Prozent und Dänemark mit 71 Prozent. In Deutschland sind es hingegen nur 37 Prozent. Für weitere Informationen siehe Abb. 10.1.

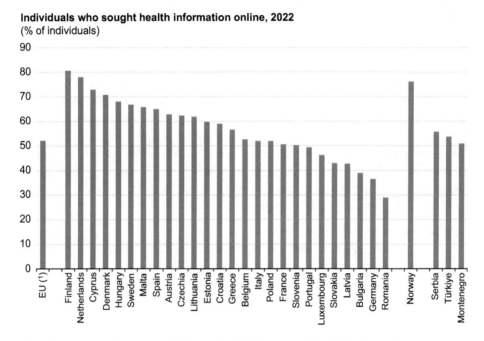

Individuals who sought health information online, 2022
(% of individuals)

Abb. 10.1: Auszug aus der Eurostat-Erhebung wie viele Personen im Jahr 2022 online nach Gesundheitsinformationen gesucht haben [nach 5].

In der arabischen Welt nutzten rund 86 Prozent der Befragten Gesundheitsinformationen aus dem Internet. Die Recherchen reichten dabei von der Ernährung bis hin zu den Nebenwirkungen des Rauchens [6]. Ähnliche Studien zeigten eine Nutzung von 87 Prozent in China [7] und 92 Prozent in Indien [8]. In Australien sind etwa 17 Millionen Australier:innen aktiv online. Davon haben fast 80 Prozent nach Gesundheitsinformationen im Internet gesucht [9].

Diese Entwicklung bringt jedoch nicht nur positive Aspekte mit sich. Ein großer Teil der online verbreiteten Informationen erweist sich als falsch oder irreführend [10]. Gerade in einem so sensiblen Bereich wie dem Gesundheitswesen kann das schwerwiegende Folgen haben. Gurus, die „Wunderheilungen" von Krebs oder anderen Krankheiten versprechen, oder die Menge an *Fake News*[2] die in den letzten Jahren im Zusammenhang mit COVID-19 aufgetaucht sind. Zwei von vielen Beispielen die mit schwerwiegenden Folgen für den Einzelnen und die Gesellschaft einhergehen können [11, 12]. Hinzu kommt, dass Laien aufgrund ihrer mangelnden Gesundheitskompetenz – im Englischen als *health literacy* [13, 14] bezeichnet – in den meisten Fällen nicht in der Lage sind, richtige von falschen Gesundheitsinformationen zu unterscheiden. Der Begriff *health literacy* wurde 1988 in das Glossar der Weltgesundheitsorganisation (WHO) aufgenommen und bezeichnet „*[...] the ability of a citizen to obtain, process, and understand basic health information in order to make informed choices [...]*“ [15]. Zu Deutsch: die Fähigkeit eines Bürgers, grundlegende Gesundheitsinformationen zu recherchieren, zu verarbeiten und zu verstehen, um fundierte Entscheidungen treffen zu können.

Eine mögliche Lösung könnte beispielsweise sein, dass klinische Expert:innen die verfügbaren Informationen im Internet überprüfen. Aufgrund der großen Menge (Volume) an verfügbaren Informationen und der Geschwindigkeit (Velocity) in welcher diese generiert werden, ist es für klinische Expert:innen unmöglich jede einzelne Information zu überprüfen und zu bewerten. Deshalb ist es notwendig, automatisierte Lösungen oder Werkzeuge zu entwickeln, die es auch Laien ermöglichen, richtige von falschen Informationen zu unterscheiden. Nur so können möglicherweise gesundheitsgefährdende Verhaltensweisen vermieden werden [10]. In diesem Beitrag sollen besonders auf gesundheitsbezogene Fehlinformationen fokussiert werden, die aufgrund fehlender wissenschaftlicher Evidenz als Tatsachenbehauptungen im Internet verbreitet werden und derzeit als falsch gelten [16]. In diesem Zusammenhang konzentrieren wir uns auf das Forschungsgebiet des *Information Retrieval (IR),* zu Deutsch: Informationsbeschaffung, und insbesondere auf den Bereich der *Consumer Health Search (CHS).* Durch die Betrachtung beider Bereiche ist es möglich, Lösungen für die Beschaffung von Gesundheitsinformationen zu entwickeln, die sowohl die aktuelle Relevanz gesundheitsbezogener Inhalte als auch die Authentizität der Informationen selbst berücksichtigen.

10.2 Hintergrund

Es gibt mehrere Forschungsbereiche, welche sich mit der Entwicklung von automatisierten Lösungen für den Zugang und Abruf von Informationen beschäftigen. Derartige Systeme werden in den Bereichen Datenbanken [17], Information Retrieval [18] und Informationsfilterung [19] entwickelt. Da sich dieser Artikel auf Information Retrieval-Lösungen konzentriert, die den Zugang, die Suche und auch die Glaubwürdigkeit von Gesundheitsinformationen umfassen, geben wir in Abschnitt 2.1 eine kurze Einführung in diese Disziplin. Ebenfalls geben wir eine Übersicht über den Ablauf einer gesundheitsbe-

---

2 Zu Fake News zählen falsche oder irreführende Informationen, welche mit böswilliger Absicht in sozialen Netzwerken veröffentlicht und verbreitet werden.

zogenen Suchanfrage. In Abschnitt 2.2 beleuchten wir, was unter der Glaubwürdigkeit von Informationen zu verstehen ist, wobei auch hier der Schwerpunkt auf dem Gesundheitsbereich liegt. In Kapitel 10.3 und 10.4 werden Nicht-IR-Lösungen und IR-Lösungen vorgestellt.

10.2.1 Information Retrieval

Information Retrieval (IR) ist ein Konzept, welches auf die 1950er Jahre zurückgeht. Die Disziplin etablierte sich jedoch erst in den 1970er Jahren. Im Laufe der Jahre wurden mehrere Definitionen von IR festgelegt. Nach [20] umfasst IR das Untersuchen, Organisieren, Speichern und die Suche nach Daten und Informationen; oder, wie es in [18] heißt: „*[...] IR is finding material (usually documents) of an unstructured nature (usually text) that satisfies an information need within large collections (usually stored on computers) of data and information used to search and develop tasks [...].*" Das bedeutet, dass IR sich vor allem auf unstrukturierte Informationen konzentriert, die ein bestimmtes Informationsbedürfnis erfüllen sollen. Das Ziel von IR ist daher die Entwicklung von *Information-Retrieval-Systemen* (IRS), oder einfacher – Suchmaschinen. Diese sollen den Nutzern dabei helfen, *zuverlässige* und *wertvolle* Informationen zu finden. Das bedeutet wiederum, dass die Informationen für die Bedürfnisse der Nutzer *relevant* sind [21]. Der Aufbau bzw. die Struktur solcher Systeme basiert auf der Lösung eines Entscheidungsproblems: *Wie können Informationen identifiziert werden, die den Präferenzen des Nutzers entsprechen?*

Um diese Frage zu beantworten, ist es notwendig, sowohl den Inhalt der Informationen (z. B. Texte, Bilder, Videos, Audios), als auch die Bedürfnisse des Nutzers zu interpretieren, die in der Regel durch eine *Suchanfrage* ausgedrückt werden. Die Struktur einer einfachen Suchanfrage *(query)* ist in Abb. 10.2 dargestellt. Hier werden zwei Sammlungen verglichen. Es gibt eine Sammlung von Dokumenten, welche in einer Indexierungsphase identifiziert wurde (*Indexing*) und eine weitere Sammlung, die nach einer Suchanfrage verarbeitet wird (*Query Processing*). Diese beiden Sammlungen werden miteinander verglichen (*Matching*) und basierend auf ihrer Relevanz und der Suchanfrage eingestuft.

Der Begriff *Relevanz* wurde ursprünglich mit dem Wort *Aktualität* gleichgesetzt. Aktualität meint die Beurteilung, ob ein Dokument mit dem Themenbereich des Informationsbedarfs des Nutzers zusammenhängt. Diese Aufgabe wird in der Matching-Phase berechnet (siehe Abb. 10.2) und hierfür können verschiedene mathematische IR-Modelle genutzt werden [18]. Obwohl der Begriff Aktualität noch immer ein Relevanzkriterium darstellt, kann er heute als einer von vielen Facetten der Relevanz betrachtet werden. Man spricht hierbei von einem mehrdimensionalen Konzept der Informationsbewertung [23]. Mehrere Relevanzdimensionen (oder -kriterien) können als Merkmale betrachtet werden, die sich auf verschiedene Informationselemente beziehen. Diese Merkmale spielen bei der Bewertung der Nützlichkeit der Information für den Nutzer eine wichtige Rolle.

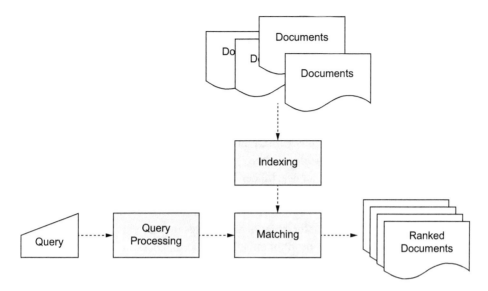

Abb. 10.2: Übersicht einer Architektur einer einfachen Suchanfrage basierend auf [modifiziert nach 22].

Mit Informationselement ist die kleinste abrufbare Informationseinheit (d. h. im Allgemeinen ein Dokument) gemeint. Diese kann im Falle einer Websuche eine Webseite, bei einer Suche in sozialen Medien (Social Media Information Search) ein Post oder bei einer akademischen Suche ein wissenschaftlicher Artikel sein.

Die Relevanzdimension Aktualität, im Englischen auch *topicality* genannt, bezeichnet eine Suchanfrage abhängig von der Eigenschaft eines Artikels. Es drückt aus, wie sehr der Inhalt einer Information thematisch der Suchanfrage ähnelt. Beispiele für weitere Relevanzdimensionen sind *recency* (Bsp.: Wie aktuell ist eine Nachricht?), *popularity* (Bsp.: Wie oft wurde ein Beitrag geteilt?) und *understandability* (Bsp.: Wie gut ist ein Zeitschriftenartikel für einen Laien lesbar?). Recency und popularity sind hierbei nicht von der Suchanfrage abhängig, während understandability vom Nutzer abhängig ist.

Die globale Relevanz einer Information für einen Nutzer kann also auf der Grundlage einer Teilmenge verschiedener Relevanzdimensionen bewertet werden, die je nach Suchanfrage ausgewählt werden können.

Es gibt verschiedene Arten von Suchaufgaben: von einfachen Navigations- oder Faktenfindungsaufgaben bis hin zu komplexeren oder domänenabhängigen Suchaufgaben, wie z. B. die Suche nach Produktrezensionen, die Suche von Nachrichten, die Literatursuche und die Suche nach Gesundheitsinformationen für Verbraucher (Consumer Health Search, CHS). In Bezug auf die letztgenannte Suchaufgabe (CHS), die wir in diesem Aritkel untersuchen, sind weitere Dimensionen der Relevanz laut [24, 25] von Bedeutung. Hierzu zählen beispielsweise *supportiveness* (z. B.: Hilft mir die Information Entscheidungen zu treffen?), die *credibility* (Bsp.: Wie glaubwürdig ist die Information?), wie auch die *usefulness* (z.B.: Wie nützlich ist die Information für mich?).

10.2.2 Die Echtheit von Informationen

In den letzten Jahren wurde der Wunsch immer größer, die Verbreitung von falschen Informationen in ihren unterschiedlichen Formen im Internet (Fake News, Gerüchte, Scherze etc.) einzudämmen. Ein Begriff, der hierbei in der englischen Auseinandersetzung mit dem Thema häufig auftaucht, ist *information disorder* [26]. Damit ist die Überflutung des Internets mit Fehlinformationen gemeint.

Bisher wurden bereits unterschiedliche Lösungsansätze entwickelt, welche die Echtheit von Informationen bestimmen sollen. In einigen aktuellen Arbeiten wird unter anderem auf die Dimensionen *reliability* (Zuverlässigkeit), *truthfulness* (Wahrhaftigkeit), *trustworthiness* (Vertrauenswürdigkeit), *credibility* (Glaubwürdigkeit) und *veracity* (Datenqualität) verwiesen. Diese Begriffe können jedoch unterschiedlich interpretiert werden – je nachdem ob sie sich auf die Informationsquelle, die Information selbst, das Kommunikationsmedium oder andere theoretische Aspekte beziehen.

Darüber hinaus gibt es beispielsweise auch unterschiedliche Interpretationen von falschen Informationen. So wird im Englischen beispielsweise unterschieden zwischen *Desinformation, Misinformation* und *Malinformation*. Der Begriff *Desinformation* beschreibt falsche Informationen, die mit einer böswilligen Absicht verbreitet werden. Mit der *Misinformation* werden falsche Informationen kategorisiert, die ohne böswillige Absicht verbreitet wurden. Als *Malinformation* werden die Informationen bezeichnet, die zwar richtig bzw. korrekt sind, jedoch weitergegeben werden, um Schaden anzurichten. Mit letzterem sind die Informationen gemeint, die privat bleiben sollten, aber dennoch an die Öffentlichkeit gelangen (im Englischen *Doxing* genannt) [26].

In diesem Artikel konzentrieren wir uns auf den Begriff der *Misinformation* – also falsche Informationen, die ohne böswillige Absicht verbreitet werden. In den folgenden Kapiteln 3 und 4 werden einige Projekte vorgestellt, welche für das Problem der *Misinformation* Lösungen entwickelt haben oder vorschlagen.

10.3 Nicht-IR-Lösungen

Ein großer Teil der Nicht-IR-Lösungen geht auf Arbeiten zurück, die sich mit dem Problem der Erkennung von *Misinformation* im Allgemeinen befasst und ihre Lösungen dann auf den Gesundheitsbereich übertragen. Dabei handelt es sich hauptsächlich um Arbeiten, welche die Erkennung von *Misinformation* als eine binäre Klassifizierungsaufgabe (*binary classification*) behandeln [10]. Sprich, die Informationen werden nach richtig oder falsch kategorisiert.

Andere Arbeiten konzentrieren sich mehr auf die Besonderheiten des Gesundheitsbereichs und entwickelten Ad-hoc-Lösungen. Zu den Besonderheiten zählen beispielsweise das gleichzeitige Vorhandensein von Informationen mit sehr guter oder sehr schlechter Qualität, die Verwendung einer spezifischen und von der Fachdisziplin abhängigen Sprache wie auch die Möglichkeit sich auf Expertenwissen zu stützen. Diese Lösungen basieren auf dem Input von gesundheitsbezogenen Inhalten in Form von Webseiten [27, 28] und Posts aus den sozialen Medien [29–31].

Da Gesundheitsinformationen durch Expert:innen überprüft werden können, wird derzeit untersucht, wie wissenschaftliche Beweise im Zusammenhang mit der Erkennung von Fehlinformationen im Gesundheitswesen automatisch genutzt werden können. In diesem Zusammenhang haben einige Studien bereits Expert:innen und Laien in die Bewertung der Echtheit von Gesundheitsinformationen einbezogen.

DISCERN [32] ist zum Beispiel ein kurzer Fragebogen, der im Rahmen des DISCERN-Projekts entwickelt wurde. Dieser soll den Nutzern eine mögliche, zuverlässige Methode zur Bewertung der Qualität schriftlicher Informationen über Behandlungsmöglichkeiten für ein bestimmtes Gesundheitsproblem anbieten. Die Bewertung der Informationen erfolgt mithilfe einer Bewertungsskala von 1–5. Ein Auszug des Fragebogens ist in Abb. 10.3 zu sehen.

Die Stiftung *Health on the Net Foundation* (HON) [34] hat einen Verhaltenskodex und ein Qualitätssiegel für medizinische Websites herausgegeben. Der Kodex arbeitet mit verschiedenen Attributen, wie Offenlegung der Autorenschaft, Quellennachweis, Aktualisierung der Informationen, Offenlegung der Redaktions- und Veröffentlichungsrichtlinien sowie Vertraulichkeit und Datenschutz.

Der als HC-COVID [35] bekannte Ansatz konzentriert sich auf die Erkennung von COVID-bezogenen Fehlinformationen im Gesundheitsbereich, wobei ein auf Crowdsourcing basierendes Wissensnetz als Grundlage genutzt wurde. Dieses Wissensnetz wird durch Expert:innen und Nicht-Expert:innen erstellt und überprüft.

Alle drei Ansätze (DISCERN, HON, HC-COVID) haben den Nachteil, dass sie auf ein hohes Maß an menschlicher Intervention angewiesen sind. Dazu gehört beispielsweise die manuelle Zuweisung von Qualitätsindikatoren zu jedem neuen Inhalt (Annotation), die Rekrutierung von Expert:innen und Nicht-Expert:innen und die Gewährleistung der Qualität der Kommentare.

Andere Studien definierten evidenzbasierte, gesundheitsbezogene Konzepte durch die Verwendung von Ontologien (geordnete Darstellung einer Menge von Begriffen) oder *knowledge graphs* (Deutsch: Systematik, nach der Informationen gesucht und miteinander verknüpft werden, auch Wissensnetz genannt) und führten diese in Wissensdatenbanken zusammen. Ein einfaches Beispiel für ein Wissensnetz ist in Abb. 10.4 zu sehen.

In dem Projekt MedFact [30] entwickelten die Autoren einen Algorithmus, zur Überprüfung von Beiträgen aus den sozialen Medien auf der Grundlage der evidenz-

Abschnitt I
Ist die Publikation zuverlässig?

1 Sind die Ziele der Publikation klar?	Anleitung zur Bewertung			
	Nein		Teilweise		Ja
1	2	3	4	5

Hinweis: Suchen Sie am Anfang der Publikation nach klaren Angaben:

– worum es in der Publikation geht,
– welche Themen behandelt werden (und welche nicht behandelt werden),
– wer die Publikation hilfreich finden könnte.

Wenn Sie Frage 1 mit "Nein" beantwortet haben, gehen Sie gleich zu Frage 3.

2 Erreicht die Publikation ihre selbstgesteckten Ziele?	Anleitung zur Bewertung			
	Nein		Teilweise		Ja
1	2	3	4	5

Hinweis: Bedenken Sie, ob die Publikation die Informationen enthält, die
den in Frage 1 dargestellten Zielen entsprechen.

3 Ist die Publikation für Sie bedeutsam?	Anleitung zur Bewertung			
	Nein		Teilweise		Ja
1	2	3	4	5

Hinweis: Bedenken Sie, ob:

– die Publikation die Fragen anspricht, die die Leser stellen könnten,
– Empfehlungen und Vorschläge, die die Behandlungsalternativen betreffen,
  realistisch oder angemessen sind.

Abb. 10.3: Auszug des DISCERN Fragebogens [vgl. 3].

basierten Medizin [37]. Das bedeutet die Integration von individueller klinischer Expertise mit der besten verfügbaren externen klinischen Evidenz aus systematischer Forschung und vertrauenswürdigen medizinischen Informationsquellen wie der Datenbank *Turning Research Into Practice* (Trip).[3]

In einem anderen, recht aktuellen Modell namens DE-TERRENT [38], konzentrieren sich die Autoren auf die Identifizierung erklärbarer Fehlinformationen im Gesundheitswesen. Hierfür wird ein medizinischer Wissensgraph namens *Know-*

---

3 Trip ist eine klinische Suchmaschine, die es den Nutzern ermöglichen soll, schnell und einfach hochwertige Forschungsergebnisse zu finden und diese für ihre Praxis zu nutzen. URL: https://www.tripdatabase.com/Home.

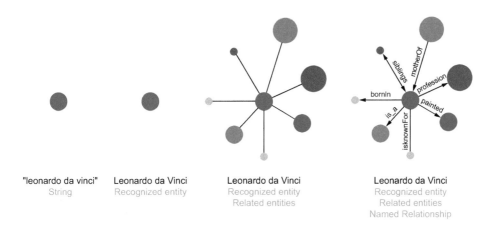

Abb 10.4: Ein einfaches Beispiel wie ein Wissensnetz aufgebaut ist [vgl. 36].

life [39] genutzt. Dieser greift auf medizinische Inhalte aus PubMed[4], und anderen Gesundheitsportalen wie Mayo Clinic,[5] RxList,[6] dem Wikipedia-Medizinportal,[7] und MedlinePlus[8] zurück.

Die potenziellen Nachteile der letztgenannten Ansätze (MedFact, DETERRENT) vor allem in der sehr komplexen Formalisierung der Datenbank (Beschreibung und Darstellung der Informationen). Ein automatischer Aufbau einer solchen Datenbank, inklusive ständiger Aktualisierung der Inhalte, wäre wünschenswert, stellt jedoch aktuell eine zu große Herausforderung dar.

10.4 IR-Lösungen

Die bisher dargestellten Lösungen in Kapitel 3 zeigen auf, wie komplex das Problem der Informationsbeschaffung im Gesundheitswesen ist. Bisher hat jedoch keine der genannten Arbeiten eine befriedigende Lösung gefunden, welche die Relevanz von Informationen bewerten und darauf aufbauend z. B. eine Priorisierung vornehmen kann. Hinzu kommt, dass sich erst seit kurzem mehr und mehr Arbeiten auch mit der

---

4 PubMed ist eine Datenbank der National Library of Medicine und umfasst biomedizinische Literatur, biowissenschaftliche Fachzeitschriften und Online-Bücher. URL: https://pubmed.ncbi.nlm.nih.gov/.
5 Mayo Clinic ist ein englischsprachiges Onlineportal durch welches Arzttermine gebucht und auch Informationen zu Krankheiten gesucht werden kann. URL: https://www.mayoclinic.org/.
6 RXList ist eine Suchmaschine mit welchen Informationen zu Medikamenten und Nahrungsergänzungsmitteln erhalten werden können. URL: https://www.rxlist.com/.
7 Portal:Medizin ist eine Wissensdatenbank der freien Enzyklopädie Wikipedia. URL: https://de.wikipedia.org/wiki/Portal:Medizin.
8 MedlinePlus ist eine online Gesundheitsdatenbank und Teil der National Library of Medicine. URL: https://medlineplus.gov/.

Authentizität von Informationen beschäftigen. Eine Reihe von Beispielen wird im Folgenden aufgezeigt.

(1) Vera [40] – eine Softwarelösung, die hilfreiche und womöglich schädliche Informationen identifiziert, indem sie eine mehrstufige Rankingstruktur durchläuft. Hier werden Dokumente, die aufgrund ihres Contents mit dem BM25Model [41] als hoch relevant eingestuft werden, mit den Modellen mono-T5 und duo-T5 [42] nochmals klassifiziert. Dabei werden innerhalb der Dokumente die Passagen mit der höchsten Relevanzwahrscheinlichkeit herausgesucht. Anschließend wird ein *Label-Prediction-Model* zur Kategorisierung trainiert. Hierfür werden die Track Daten der Evaluierungsinitiative *TREC 2019 Medical Misinformation* [43] verwendet, um die Glaubwürdigkeit der Dokumente zu überprüfen und sie anhand dieses Kriteriums neu zu klassifizieren.

(2) In [44] berücksichtigen die Autoren neben der mit BM25 berechneten Relevanz eine weitere Dimension – die Informationsqualität. In dieser Arbeit wird die Qualitätsschätzung durch Training eines Multi-Label-Klassifikators durchgeführt, der einen probabilistischen Score für zehn Qualitätskriterien liefert (z. B. „Wird der Nutzen der Intervention in der Darstellung angemessen quantifiziert?", „Wird über die Verfügbarkeit der Behandlung/des Tests/des Produkts/des Verfahrens aufgeklärt?", usw.) [45].

(3) Speziell das RoBERTabase Model [46] wird auf den in [47] vorgestellten *Health News Review*-Datensatz trainiert, das nach bestimmten Qualitätskriterien gekennzeichnet ist. Sobald eine eindeutige Rangfolge auf der Grundlage von Bewertungen der thematischen Relevanz und der Informationsqualität vorhanden ist, werden diese mithilfe von *Reciprocal Rank Fusion* [48] zusammengeführt.

(4) Die in [49] beschriebene Arbeit zu Suchanfragen in socialen Medien verwendet das *Query-Likelihood-Model* [50] zur Berechnung der thematischen Relevanz, einen *Multi Criteria Decision* Making (MCDM)-Ansatz zur Berechnung der Authentizität von Informationen [51] und eine einfache lineare Kombination, um den endgültigen Relevanzwert zu erhalten.

Leider haben auch diese Arbeiten (1–4) wesentliche Schwächen: (i) Datensätze müssen initial gelabelt werden, um den Authentizitätswert der Informationen berechnen zu können [42, 44]. Diese Datensätze sind jedoch nicht immer verfügbar oder beinhalten bestimmte Vorurteile (*biases*) bzw. Verzerrungen die abhängig von der jeweiligen Domäne und auch der subjektiven Einschätzung der menschlichen Gutachter sind. (ii) Die menschliche Intervention hat somit einen starken Einfluss auf das Berechnungsmodell und damit folglich auch auf die Authentizität der Informationen [49]. Ein möglicher Lösungsansatz für diese Probleme könnte der Vergleich von Gesundheitsinformationen aus verschiedenen Gesundheitsdokumenten und medizinischen Zeitschriftenartikeln sein. In einem IR-Modell könnte dann, basierend darauf, die Authentizität der Information berechnet werden [52]. Diese Informationen müssen jedoch aus zuverlässigen Quellen mit wissenschaftlichen Beweisen für eine bestimmte Suchanfrage stammen. Durch diesen Vergleich können zwei anfrageabhängige Relevanzwerte (Aktualität und Echtheit der Information) durch eine geeignete Gruppierung zusammengeführt und ein allgemeiner Relevanz-Score ermittelt werden. Hierfür sind jedoch wieder menschliche Intervention, komplexere Wissensdatenbanken oder gelabelte Datensätze notwendig.

10.5 Experimentelle IR-Evaluierungsinitiativen

Zur Bewertung von IR-Modellen oder -Konzepten gibt es allgemeine Bewertungskriterien die bei der Evaluation berücksichtigt werden können. Hierzu zählen beispielsweise,

- *Retrieval effectiveness* (Standard-IR-Evaluation), bezogen auf die Relevanz der Suchergebnisse,
- *System quality*, bezogen auf die Indizierungsgeschwindigkeit (z. B.: Wie viel Zeit für das Sammeln, Parsen und Speichern von Daten erforderlich ist),
- *Search speed* (die Suchgeschwindigkeit),
- *Coverage* (Umfang und Vielfalt der Dokumentensammlung),
- *Expressiveness* (Ausführlichkeit der Sprache über welche die Suchanfrage gemacht wurde),
- *User utility* (Nutzen für den Benutzer), erfasst durch die *Zufriedenheit* der Benutzer auf der Grundlage von *Relevanz*, *Geschwindigkeit*, und *Benutzeroberfläche*, *Benutzerrücklaufquote* und *A/B-Testings* (geringfügige Änderungen an einem System sind für einen bestimmten Teil der Nutzer sichtbar).

Da eine benutzerbasierte Evaluierung aufwendig und teuer ist, wird am häufigsten die Effektivität anhand der Relevanz der abgerufenen Dokumente bewertet. Relevanz ist jedoch ein Konzept, das eine *fließende* und nicht binäre Funktion ist. Sie ist *subjektiv* und hängt damit von der Perspektive des Benutzers ab; sie ist *kontextabhängig* und hängt von den Anforderungen des Benutzers ab; sie ist *kognitiv* und wird vom Benutzer wahrgenommen und erlebt; und sie ist *dynamisch* und verändert sich im Laufe der Zeit.

Um diese Komplexität zu minimieren, wurde das *Cranfield Evaluierungsparadigma* für IR-Systeme entwickelt [53]. Das Konzept basiert auf der Definition einer IR-Testsammlung für eine bestimmte Suchaufgabe, die sich zusammensetzt aus einer *Dokumentensammlung*, einer Menge von *Informationsbedürfnissen* (Themen) und einer Menge von *Relevanzbeurteilungen* für jedes Themen-Dokumenten-Paar, die durch menschliche Gutachter abgegeben wird. Insgesamt wird von drei Hauptannahmen ausgegangen: (i) an die Relevanz kann sich angenähert werden; (ii) eine Beurteilung durch eine einzelne menschliche Intervention kann repräsentativ für eine ganze Nutzergruppe stehen; (iii) die Listen der relevanten Dokumente sind für jedes Thema vollständig (alle relevanten Dokumente sind bekannt). Basierend auf diesen Annahmen erstellt jede durch eine IRS durchgeführte Suchstrategie eine Rankingliste für jedes Themengebiet. Diese Listen sind nach der Wahrscheinlichkeit sortiert, wie die Dokumente abgerufen werden. Hierfür gibt es mehrere Bewertungsmaßstäbe [54].

Im Kontext der *Consumer Health Search* wurden erst in jüngster Zeit einige Bewertungsinitiativen, die auf Grundlage des Cranfield-Paradigmas basieren, gegründet. Hierzu zählen die Text *REtrieval Conference* (TREC), die *Conference and Labs of the Evaluation Forum* (CLEF) und ein paar jüngere wissenschaftliche Forschungsgruppen. Erst diese Initiativen ermöglichen es den Forscher:innen die Authentizität von Informationen bei der Relevanzbewertung zu berücksichtigen. Herkömmliche Bewertungsinitiativen wie das *Forum for Information Retrieval Evaluation* (FIRE) und die *NII Testbeds and Community for Information Access Research* (NTCIR) berücksichtigen nur die Authentizität von Informationen (insbesondere in den Labors UrduFake [55] und Lab-PoliInfo [56]). Im Folgenden wird auf die Initiativen TREC und CLEF eingegangen.

10.5.1 TREC

Die Evaluierungsinitiative TREC hat erstmals den *Health Misinformation Track* im Jahr 2019 integriert. Die Teilnehmer an diesem Track mussten u.a. Systeme entwickeln, die „relevante und glaubwürdige Informationen im Gesundheitsbereich bereitstellen, welche den Nutzern dann dabei helfen, richtige Entscheidungen zu treffen". Je nach Track-Ausgabe wurden über die Authentizität der Informationen hinaus weitere Kriterien berücksichtigt, die in den folgenden Abschnitten kurz erläutert werden.

Datenerhebung: Der *Health Misinformation Track* 2019 verwendete den ClueWeb12-B13 Datensatz als Grundlage [57]. Dieser Datensatz besteht aus englischen Webseiten, welche im Jahr 2012 zu verschiedenen Gesundheitsthemen gesammelt wurden und sowohl richtige als auch falsche Informationen mit unterschiedlicher Glaubwürdigkeit und Qualität enthalten. Der Track 2020 verwendete einen von Common Crawl bereitgestellten Datensatz, der sich insbesondere auf verschiedene Nachrichten fokussiert, die in den ersten vier Monaten des Jahres gesammelt wurden. Aus diesem Datensatz wurden 74 COVID-19-bezogene Themen ausgewählt und entsprechend gefiltert. In der aktuellen Ausgabe 2021 wurde die „noclean"-Version des von Google genutzten C4-Datensatzes verwendet [58].

Menschliche Intervention: In den verschiedenen Ausgaben des *Health Misinformation Track* wurden die Dokumente von menschlichen Gutachtern in Bezug zu verschiedenen Kriterien bewertet: *Relevanz, Wirksamkeit und Glaubwürdigkeit* (in 2019), *Nützlichkeit, Korrektheit und Glaubwürdigkeit* (in 2020), und *Nützlichkeit, Glaubwürdigkeit und Unterstützungswirkung* (in 2021). Wirksamkeit bezieht sich auf das Vorhandensein „richtiger" Informationen in dem Dokument in Bezug zur Behandlung des Themas. Dieses Kriterium ist dem Kriterium der Korrektheit ähnlich, das 2020 benutzt wurde.

Sowohl die Wirksamkeit als auch die Korrektheit wurden auf einer Drei-Punkte-Skala bewertet – einschließlich eines „nicht bewertet" Labels. Mit der Unterstützungswirkung ist gemeint, dass das Dokument eine bestimmte Behandlung im Kontext der

Suchanfrage empfehlen oder davon abraten kann. Dieses Kriterium wurde auf einer dreistufigen Skala bewertet, die auch einen neutralen Wert enthielt. Dokumente, die als nicht relevant (oder als nicht nützlich) eingestuft wurden in Bezug auf zusätzliche Kriterien nicht weiter bewertet.

Die Glaubwürdigkeit wurde auf einer dreistufigen Skala dargestellt (einschließlich der Kennzeichnung „nicht bewertet") und in den beiden letzten Ausgaben auf einer binären Skala bewertet. Die menschlichen Gutachter/Bewerter wurden gebeten, ein Glaubwürdigkeitslabel zu vergeben, das unter anderem auf folgenden Aspekten basiert: Umfang des Fachwissens, Autorität und Vertrauenswürdigkeit des Dokuments, die Angabe eines Autors oder eines Instituts, welcher/welches das Webdokument veröffentlicht hat, das Vorhandensein von Zitaten zu vertrauenswürdigen/glaubwürdigen Quellen, der Schreibstil (gut oder schlecht geschrieben) und der Zweck für welchen das Dokument verfasst wurde (zur Information oder zu Werbezwecken). In jeder Ausgabe wurden etwa 20.000 gekennzeichnete Dokumente mit über 50 Themen zur Verfügung gestellt.

Basisdaten und Evaluationsmethoden: Sowohl für den Health Misinformation Track 2019 als auch für den Health Misinformation Track 2020 wurden die Basisdaten des BM25-Retrievalmodells unter Verwendung des Anserini-Toolkits[9] mit Standardparametern implementiert. Sowohl die Basisdaten als auch die durchgeführten Durchläufe/Runden wurden in Bezug auf folgende Kriterien bewertet [59]:

- (1) *Normalized Local Rank Error* (NLRE): die Rangpositionen der Dokumente werden paarweise verglichen und auf „Fehler" geprüft, die als Fehlplatzierung von Dokumenten gelten, d. h. relevante oder glaubwürdige Dokumente, die als nicht-relevante oder nicht-glaubwürdige Dokumente erfasst werden;
- (2) *Normalized Weighted Cumulative Score* (nWCS): aus den verschiedenen Kriterien wird ein einziges Label generiert, und der *Standard Normalized Discounted Cumulative Gain* (NDCG)-Maß wird berechnet [60];
- (3) *Convex Aggregating Measure* (CAM): jedes Kriterium wird separat betrachtet und eine Rangfolge berechnet.
- (4) Schließlich wird die *Mean Average Precision* (MAP) oder der NDCG Wert errechnet.

10.5.2 CLEF

Diese Bewertungsinitiative umfasst seit 2018 Aufgaben im Zusammenhang mit der automatischen Identifizierung und Überprüfung von Behauptungen in sozialen Medien, mit dem *CheckThat! Lab* [61]. Allerdings wird erst seit 2020 das Konzept der Authentizität von Informationen im Kontext von CHS im eHealth Lab berücksichtigt. Hierbei

---

9 Das Aserini-Toolkit ist eine Open Source Projekt für reproduzierbare Informationen in IR- Forschung. URL: https://github.com/castorini/anserini.

wird bewertet inwiefern Systeme relevante, lesbare und echte Informationen abrufen können. Zusätzlich gibt es eine Unteraufgabe, die sich speziell auf die Vorhersage der Authentizität von Informationen konzentriert.

Datenerhebung: Für die E-Health-Ausgaben 2020 und 2021 wurden wochenlang Webseiten durch wiederholte Übermittlung von CLEF eHealth 2018-Abfragen an Microsoft Bing APIs gesammelt. Die Liste der erhaltenen Webdokumente wurde um weitere glaubwürdige und unglaubwürdige Websites erweitert. Die Erweiterung basierte auf Websites, die zuvor von Gesundheitseinrichtungen und -agenturen zusammengestellt wurden. Darüber hinaus wurden in der Ausgabe 2021 auch Social Media Inhalte von Reddit und Twitter berücksichtigt. Diese Inhalte wurden zu 150 gesundheitsbezogenen Themen gesammelt. Aus diesen Themen wurden manuell Abfragen erstellt, mit denen Beiträge und Tweets von Reddit bzw. Twitter gefiltert wurden.

Ein Reddit-Dokument besteht aus einem sogenannten „Beitrag". Das bedeutet einem Beitrag mit einem Titel und einer Beschreibung, in dem im Allgemeinen eine Frage gestellt wird, und einem „Kommentar", d. h. einer „Antwort" auf den Beitrag. Im Vergleich dazu besteht ein Beitrag bei Twitter lediglich aus einem einzelnen Tweet und den zugehörigen Metadaten.

Menschliche Intervention: Im CLEF eHealth wurden die Dokumente nach drei Kriterien gekennzeichnet, nämlich nach (thematischer) Relevanz, Lesbarkeit (oder Verständlichkeit) und Glaubwürdigkeit. Relevanz und Lesbarkeit wurden auf einer dreistufigen Skala bewertet, d. h. nicht relevant/lesbar, teilweise relevant/lesbar, relevant/lesbar. Im Hinblick auf die Glaubwürdigkeit wurde es für sinnvoll erachtet, ein viertes Label einzuführen, nämlich „nicht beurteilbar". Bei der Bewertung der Glaubwürdigkeit von Websites und sozialen Inhalten mussten die menschlichen Gutachter/Bewerter insbesondere fünf Aspekte berücksichtigen.

1. Die Verfügbarkeit von Indikatoren für die Vertrauenswürdigkeit der Quelle (z. B. Fachwissen, Webreputation usw.),
2. Die syntaktischen und semantischen Merkmale des Inhalts (z. B. der Schreibstil),
3. Die Emotionen, die der Text hervorrufen soll,
4. Das Vorhandensein von überprüfbaren Fakten und Behauptungen (z. B. durch das Vorhandensein von Zitaten oder externen Links) und
5. Die Analyse der sozialen Beziehungen des Verfassers eines Beitrags (im Falle von sozialen Inhalten) beurteilen.

Basisdaten und Evaluationsmethoden: Im Rahmen des CLEF eHealth 2020 haben die Organisatoren Basisdaten und Methoden entwickelt, die basierend auf dem BM25-Retrievalmodell und einer durch Reinforcement Learning optimierten Anfrageerweiterung *(query expansion)* funktionieren. Das *query expansion model* wurde mit den TREC-CAR-, Jeopardy- und Microsoft Academic-Datensätzen aus [62] trainiert und die erweiterten Abfragen wurden als Input für das BM25-Modell verwendet.

Im CLEF eHealth 2021 wurden sechs Basissysteme basierend auf den Retrievalmodellen BM25, des *Dirichlet Language Model* (DirichletLM) und *Term Frequency-Inverse Document Frequency* (TF-IDF) mit Standardparametern bereitgestellt. Weitere Einzelheiten sind in [25] zu finden. Die folgenden Bewertungsmaßstäbe wurden zur Beurteilung der Basisdaten und der eingereichten Läufe verwendet um die Genauigkeit der (binären) Klassifizierung der Dokumente nur in Bezug auf die Glaubwürdigkeit zu bewerten: *MAP; NDCG; BPref* [63]; *uRBP* und *cRBP*. Diese Systeme bewerteten die Dokumente unter Berücksichtigung von fünf Kriterien: *accuracy* (Genauigkeit), *F1-Score* und die AUC (Area Under the ROC Curve) *uRBP* (understandability Rank Biased Precision) und *cRBP* (credibility Rank Biased Precision). *uRPB* wurde in [64] eingeführt, während *cRPB* zum ersten Mal (basierend auf uRBP) in der 2020er Ausgabe des CLEF eHealth [2] auftaucht.

10.6 Schlussfolgerungen

In diesem Artikel wollten wir einen allgemeinen Überblick über die Problemstellung von Gesundheitsfehlinformationen geben. Hierbei fokussierten wir die zunehmende Internetrecherche von Gesundheitsinformationen durch Laien.

Im Besonderen wurden die Herausforderungen und möglichen Lösungen im Bereich Information Retrieval und der Recherche von Gesundheitsinformationen zusammen mit automatisierten Lösungen skizziert. Diese automatisierten Lösungen sollen einen Zugang zu echten Gesundheitsinformationen gewährleisten, wobei wir die Besonderheiten und kritischen Aspekte dieses Bereichs berücksichtigt haben. Wir haben zum Beispiel gesehen, dass die Benutzung von rein manuellen Werkzeugen oder die intensive Hinzuziehung von Expert:innen keine praktikablen Lösungen sind. Jedoch stellen insbesondere neuere Ansätze, basierend auf algorithmischen Lösungen, die das von den Expert:innen selbst bereitgestellte Fachwissen oder zumindest deren wissenschaftliche Arbeiten beinhalten, einen möglichen Lösungsansatz dar.

Bitte ohne Absatz direkt nach dem vorherigen Satz. Entwicklung neuer technologischer Lösungen erfordert jedoch gleichzeitig die Entwicklung und Verbesserung von Bewertungsstrategien, von welchen wir die wichtigsten beschrieben haben. Bei diesem Fokus handelt es sich jedoch um einen Forschungsbereich, der angesichts zahlreicher offener Probleme noch vorrangig untersucht werden muss. Hierzu gehören Fragestellungen zu den Themen Subjektivität, Datenschutz, Nichtdiskriminierung, Voreingenommenheit bei vorgeschlagenen Modellen und Forschungsergebnissen sowie die Berücksichtigung zahlreicher kontextbezogener Aspekte bei der Entwicklung wirksamer Lösungen.

Danksagung

Dieser Artikel ist das Ergebnis der Forschungsarbeit, die im Rahmen des Lehrstuhls für *Information and Knowledge Representation, Retrieval, and Reasoning* (IKR3) Laboratory, zusammen mit Gabriella Pasi [0000-0002-6080-8170] und Rishabh Upadhyay [0000-0001-9937-6494], im Rahmen des EU Horizon 2020 ITN/ETN DoSSIER-Projekts zu domänenspezifischen Systemen für Information Extraction and Retrieval (H2020-EU.1.3.1., ID: 860721) durchgeführt wurde. Die in diesem Artikel behandelten Fragestellungen und Lösungen wurden auf folgendem Workshop vorgestellt: Personalisierte Services für ältere Menschen. Interdisziplinäre und interkulturelle Diskussion von Gestaltungsmöglichkeiten. Villa Vigoni, Deutsch-Italienisches Zentrum für den Europäischen Dialog. Loveno di Menaggio (Como), Italien. 28. November 2022 – 02. Dezember 2022 [65].

Der Beitrag der Autoren wird nach der CRedit-Taxonomie aufgeschlüsselt: Marco Viviani [0000-0002-2274-9050] trug zur Konzeptualisierung, formalen Analyse, Untersuchung und zum Verfassen des ursprünglichen Artikelentwurfs bei. Elisabeth Mess [0000-0003-1205-9141] trug zur Konzeptionalisierung, zum Schreiben des ursprünglichen Entwurfs und zur Überprüfung wie auch Redaktion des vorliegenden Artikels bei. Ein weiterer Schwerpunkt war die Visualisierung.

Literatur

[1] Metzger, Miriam J, und Andrew J Flanagin. 2015. „Psychological Approaches to Credibility Assessment Online". *The Handbook of the Psychology of Communication Technology*, 445–66. https://doi.org/10.1002/9781118426456.ch20.

[2] Suominen, Hanna, Lorraine Goeuriot, Liadh Kelly, Laura Alonso Alemany, Elias Bassani, Nicola Brew-Sam, Viviana Cotik, u. a. 2021. „Overview of the CLEF eHealth Evaluation Lab 2021". *Lecture Notes in Computer Science*, 308–23. https://doi.org/10.1007/978-3-030-85251-1_21.

[3] Fox, Susannah, und Maeve Duggan. 2013. „Health Online 2013". 2013. https://www.pewresearch.org/internet/2013/01/15/health-online-2013/.

[4] Millenson, Michael L., Jessica L. Baldwin, Lorri Zipperer, und Hardeep Singh. 2018. „Beyond Dr. Google: the evidence on consumer-facing digital tools for diagnosis". *Diagnosis* 5 (3): 95–105. https://doi.org/10.1515/dx-2018-0009.

[5] Eurostat. 2022. „Digital economy and society statistics – households and individuals". 2022. https://ec.europa.eu/eurostat/statistics-explained/index.php?title=Digital_economy_and_society_statistics_-_households_and_individuals#Purpose_of_the_use_of_internet.

[6] Bahkali, Salwa, Reem Almaiman, Mamoun El-Awad, Huda Almohanna, Khaled Al-Surimi, und Mowafa Househ. 2016. „Exploring the Impact of Information Seeking Behaviors of Online Health Consumers in the Arab World". *Studies in Health Technology and Informatics* 226: 279–82. https://pubmed.ncbi.nlm.nih.gov/27350525/.

[7] Wong, David Ka-Ki, und Man-Kuen Cheung. 2019. „Online Health Information Seeking and eHealth Literacy Among Patients Attending a Primary Care Clinic in Hong Kong: A Cross-Sectional Survey". *Journal of Medical Internet Research* 21 (3): e10831. https://doi.org/10.2196/10831.

[8]   Akerkar, S.M., M. Kanitkar, und L.S. Bichile. 2005. „Use of the Internet as a resource of health information by patients: a clinic-based study in the Indian population". *Journal of Postgraduate Medicine* 51 (2): 116–18.

[9]   Chen, Yimin, Niall J Conroy, und Victoria L Rubin. 2015. „Misleading Online Content: Recognizing Click- bait as ‚False News'". *Proceedings of the 2015 ACM on Workshop on Multimodal Deception Detection – WMDD '15.* https://doi.org/10.1145/2823465.2823467.

[10] Viviani, Marco, und Gabriella Pasi, 2017b „Credibility in social media: opinions, news, and health information-a survey". *Wiley Interdisciplinary Reviews: Data Mining and Knowledge Discovery* 7 (5): e1209. https://doi.org/10.1002/widm.1209.

[11] Barua, Zapan, Sajib Barua, Salma Aktar, Najma Kabir, und Mingze Li. 2020. „Effects of misinformation on COVID-19 individual responses and recommendations for resilience of disastrous consequences of misinformation". *Progress in Disaster Science* 8: 100119. https://doi.org/10.1016/j.pdi sas.2020.100119.

[12] Enders, Adam M, Joseph E Uscinski, Casey Klofstad, und Justin Stoler. 2020. „The different forms of COVID-19 misinformation and their consequences". *Harvard Kennedy School Misinformation Review* 1 (8). https://doi.org/10.37016/mr-2020-48.

[13] Chang, Yung-Sheng, Yan Zhang, und Jacek Gwizdka. 2021. „The effects of information source and eHealth literacy on consumer health information credibility evaluation behavior". *Computers in Human Behavior* 115: 106629. https://doi.org/10.1016/j.chb.2020.106629.

[14] Schulz, Peter J, und Kent Nakamoto. 2022. „The perils of misinformation: when health literacy goes awry". *Nature Reviews Nephrology*, 1–2. https://doi.org/10.1038/s41581-021-00534-z.

[15] Kickbusch, I S. 2001. „Health literacy: addressing the health and education divide". *Health Promotion International* 16 (3): 289–97. https://doi.org/10.1093/heapro/16.3.289.

[16] Chou, Wen-Ying Sylvia, April Oh, und William M P Klein. 2018. „Addressing Health-Related Misinformation on Social Media". *JAMA* 320 (23): 2417. https://doi.org/10.1001/jama.2018.16865.

[17] Coronel, Carlos, und Steven Morris. 2018. *Database systems : design, implementation, and management.* 13. Aufl. Cengage Learning.

[18] Manning, Christopher D., Prabhakar Raghavan, und Hinrich Schütze. 2008. *Introduction to Information Retrieval.* Higher Education from Cambridge University Press.

[19] Aggarwal, Charu C. 2016. *Recommender Systems.* Cham: Springer International Publishing. https://doi.org/10.1007/978-3-319-29659-3.

[20] Salton, Gerard, und Donna Harman. 2003. *Information retrieval.* https://dl.acm.org/doi/10.5555/1074100.1074478.

[21] Onwuchekwa, Edeama O. 2012. „Organisation of Information and the Information Retrieval System". In *Library and Information Science in Developing Countries*, 275–92. IGI Global. https://doi.org/10.4018/978-1-61350-335-5.ch020.

[22] Jurafsky, Daniel,und James H. Martin. 2006. *Speech and Language Processing: An introduction to natural language processing, computational linguistics, and speech recognition. Section 23.1.* https://pages.ucsd.edu/~bakovic/compphon/Jurafsky,%20Martin.-Speech%20and%20Language%20Processing_%20An%20Introduction%20to%20Natural%20Lan guage%20Processing%20(2007).pdf.

[23] Xu, Yunjie (Calvin), und Zhiwei Chen. 2006. „Relevance judgment: What do information users consider beyond topicality?" *Journal of the American Society for Information Science and Technology* 57 (7): 961–73. https://doi.org/10.1002/asi.20361.

[24] Clarke, Charles, Maria Maistro, Saira Rizvi, Mark Smucker, und Guido Zuccon. 2020. „Overview of the TREC 2020 Health Misinformation Track". https://trec.nist.gov/pubs/trec29/papers/OVERVIEW.HM.pdf.

[25] Goeuriot, Lorraine, Hanna Suominen, Gabriella Pasi, Elias Bassani, Nicola Brew-Sam, Gabriela González-Sáez, Liadh Kelly, u. a. 2021. „Consumer Health Search at CLEF eHealth 2021 CLEF 2021 - Conference and Labs of the Evaluation Forum". https://ceur-ws.org/Vol-2936/paper-62.pdf.

[26] Wardle, Claire, Grace Greason, Joe Kerwin, und Nic Dias. 2018. „Information Disorder: The Essential Glossary".

[27] Kinkead, Laura, Ahmed Allam, und Michael Krauthammer. 2020. „AutoDiscern: rating the quality of online health information with hierarchical encoder attention-based neural networks". *BMC Medical Informatics and Decision Making* 20 (1). https://doi.org/10.1186/s12911-020-01131-z.

[28] Upadhyay, Rishabh, Gabriella Pasi, und Marco Viviani. 2021. „Health Misinformation Detection in Web Content: A Structural-, Content-based, and Context-aware Approach based on Web2Vec". *Proceedings of the Conference on Information Technology for Social Good*. https://doi.org/10.1145/3462203.3475898.

[29] Bal, Rakesh, Sayan Sinha, Swastika Dutta, Rishabh Joshi, Sayan Ghosh, und Ritam Dutt. 2020. „Analysing the Extent of Misinformation in Cancer Related Tweets". *Proceedings of the International AAAI Conference on Web and Social Media* 14: 924–28. https://doi.org/10.1609/icwsm.v14i1.7359.

[30] Samuel, Hamman, und Osmar Zaïane. 2018. „MedFact: Towards Improving Veracity of Medical Information in Social Media Using Applied Machine Learning". *Advances in Artificial Intelligence*, 108–20. https://doi.org/10.1007/978-3-319-89656-4_9.

[31] Zhao, Yuehua, Jingwei Da, und Jiaqi Yan. 2021. „Detecting health misinformation in online health communities: Incorporating behavioral features into machine learning based approaches". *Information Processing & Management* 58 (1): 102390. https://doi.org/10.1016/j.ipm.2020.102390.

[32] Charnock, D, S Shepperd, G Needham, und R Gann. 1999. „DISCERN: an instrument for judging the quality of written consumer health information on treatment choices". *Journal of Epidemiology and Community Health* 53 (2): 105–11. https://www.ncbi.nlm.nih.gov/pmc/articles/PMC1756830/.

[33] Lerch, Magnus, Günter Ollenschläger, und Sylvia Sänger. 2000. „Das DISCERN-Instrument". 2000. http://www.discern.de/instrument.htm.

[34] Boyer, C, M Selby, J.-R Scherrer, und R D Appel. 1998. „The Health On the Net Code of Conduct for medical and health Websites". *Computers in Biology and Medicine* 28 (5): 603–10. https://doi.org/10.1016/s0010-4825(98)00037-7.

[35] Kou, Ziyi, Lanyu Shang, Yang Zhang, und Dong Wang. 2022. „HC-COVID". *Proceedings of the ACM on Human-Computer Interaction* 6 (GROUP): 1–25. https://doi.org/10.1145/3492855.

[36] Dery, Sebastian. 2016. „Challenges of Knowledge Graphs From Strings to Things – An Introduction". 2016. https://medium.com/@sderymail/challenges-of-knowledge-graph-part-1-d9ffe9e35214.

[37] Sackett, David L. 1997. „Evidence-based medicine". *Seminars in Perinatology* 21 (1): 3–5. https://doi.org/10.1016/s0146-0005(97)80013-4.

[38] Cui, Limeng, Haeseung Seo, Maryam Tabar, Fenglong Ma, Suhang Wang, und Dongwon Lee. 2020. „DETERRENT: Knowledge Guided Graph Attention Network for Detecting Healthcare Misinformation". *Proceedings of the 26th ACM SIGKDD International Conference on Knowledge Discovery & Data Mining*, 492–502. https://doi.org/10.1145/3394486.3403092.

[39] Ernst, Patrick, Cynthia Meng, Amy Siu, und Gerhard Weikum. 2014. „KnowLife: A knowledge graph for health and life sciences". In *2014 IEEE 30th International Conference on Data Engineering*, 1254–57. IEEE. https://doi.org/10.1109/ICDE.2014.6816754.

[40] Pradeep, Ronak, Xueguang Ma, Rodrigo Nogueira, und Jimmy Lin. 2021. „Vera: Prediction Techniques for Reducing Harmful Misinformation in Consumer Health Search". *Proceedings of the 44th International ACM SIGIR Conference on Research and Development in Information Retrieval*, 2066–70. https://doi.org/10.1145/3404835.3463120.

[41] Robertson, Stephen. 2010. „The Probabilistic Relevance Framework: BM25 and Beyond". *Foundations and Trends® in Information Retrieval* 3 (4): 333–89. https://doi.org/10.1561/1500000019.

[42] Pradeep, Ronak, Rodrigo Nogueira, und Jimmy Lin. 2021. „The Expando-Mono-Duo Design Pattern for Text Ranking with Pretrained Sequence-to-Sequence Models". *arxiv.org*. https://doi.org/10.48550/arXiv.2101.05667.

[43] Abualsaud, Mustafa, Christina Lioma, Maria Maistro, Mark D Smucker, und Guido Zuccon. o. J. „Overview of the TREC 2019 Decision Track". https://lemurproject.org/clueweb12/.

[44] Schlicht, Ipek Baris, Angel Felipe Magnossão de Paula, und Paolo Rosso. 2021. „UPV at TREC Health Misinformation Track 2021 Ranking with SBERT and Quality Estimators". *arXiv:2112.06080 [cs]*. https://arxiv.org/abs/2112.06080.

[45] Schwitzer, Gary. 2007. „Medicine and society HealthNewsReview.org: criteria for excellence in health and medical journalism". *American Medical Association Journal of Ethics*. Bd. 9. www.virtualmentor.org.

[46] Liu, Yinhan, Myle Ott, Naman Goyal, Jingfei Du, Mandar Joshi, Danqi Chen, Omer Levy, Mike Lewis, Luke Zettlemoyer, und Veselin Stoyanov. 2019. „RoBERTa: A Robustly Optimized BERT Pretraining Approach", Juli.

[47] Zuo, Chaoyuan, Qi Zhang, und Ritwik Banerjee. 2021. „An Empirical Assessment of the Qualitative Aspects of Misinformation in Health News". In Proceedings of the Fourth Workshop on NLP for Internet Freedom: Censorship, Disinformation, and Propaganda, 76–81. Stroudsburg, PA, USA: Association for Computational Linguistics. https://doi.org/10.18653/v1/2021.nlp4if-1.11.

[48] Cormack, Gordon v, Charles L A Clarke, und Stefan Buettcher. 2009. „Reciprocal rank fusion outperforms condorcet and individual rank learning methods". *Proceedings of the 32nd international ACM SIGIR conference on Research and development in information retrieval*, 758–59. https://doi.org/10.1145/1571941.1572114.

[49] Putri, Divi Galih Prasetyo, Marco Viviani, und Gabriella Pasi. 2020. „Social Search and Task-Related Relevance Dimensions in Microblogging Sites". *Lecture Notes in Computer Science*, 297–311. https://doi.org/10.1007/978-3-030-60975-7_22.

[50] Croft, Bruce, Donald Metzler, und Trevor Strohman. 2010. „Search Engines Information Retrieval in Practice".

[51] Viviani, Marco, und Gabriella Pasi, 2017a „A Multi-criteria Decision Making Approach for the Assessment of Information Credibility in Social Media". *Fuzzy Logic and Soft Computing Applications*, 197–207. https://doi.org/10.1007/978-3-319-52962-2_17.

[52] Upadhyay, Rishabh, Gabriella Pasi, und Marco Viviani. 2022. „An Unsupervised Approach to Genuine Health Information Retrieval Based on Scientific Evidence". *Web Information Systems Engineering – WISE 2022*, 119–35. https://doi.org/10.1007/978-3-031-20891-1_10.

[53] Voorhees, Ellen M. 2002. „The Philosophy of Information Retrieval Evaluation". *Lecture Notes in Computer Science*, 355–70. https://doi.org/10.1007/3-540-45691-0_34.

[54] Bama, SSathya, und MSIrfan Ahmed. 2015. „A SURVEY ON PERFORMANCE EVALUATION MEASURES FOR INFORMATION RETRIEVAL SYSTEM". *International Research Journal of Engineering and Technology*. www.irjet.net.

[55] Amjad, Maaz, Grigori Sidorov, Alisa Zhila, Alexander Gelbukh, und Paolo Rosso. 2022. „UrduFake@FIRE2020: Shared Track on Fake News Identification in Urdu". *arXiv:2207.12406 [cs]*, 3 7–40. https://arxiv.org/abs/2207.12406.

[56] Kimura, Yasutomo, Hideyuki Shibuki, Hokuto Ototake, Yuzu Uchida, Keiichi Takamaru, Kotaro Sakamoto, Madoka Ishioroshi, u. a. 2019. „Final Report of the NTCIR-14 QA Lab-PoliInfo Task". *NII Testbeds and Community for Information Access Research*, 122–35. https://doi.org/10.1007/978-3-030-36805-0_10.

[57] Lioma, Christina, Mark Smucker, und Guido Zuccon. 2019. „TREC Decision Track (2019)". 2019. https://trec-health-misinfo.github.io/2019.html.

[58] Clarke, Charles, Maria Maistro, und Mark Smucker. 2021. „TREC Health Misinformation Track (2021)". 2021. https://trec-health-misinfo.github.io/2021.html.

[59] Lioma, Christina, Jakob Grue Simonsen, und Birger Larsen. 2017. „Evaluation Measures for Relevance and Credibility in Ranked Lists". *arXiv:1708.07157 [cs]*. https://arxiv.org/abs/1708.07157.

[60] Wang, Yining, Liwei Wang, Yuanzhi Li, Di He, Tie-Yan Liu, und Wei Chen. 2013. „A Theoretical Analysis of NDCG Type Ranking Measures". *arXiv:1304.6480 [cs, stat]*. https://arxiv.org/abs/1304. 6480.

[61] Barron-Cedeno, Alberto, Tamer Elsayed, Preslav Nakov, Giovanni Da San Martino, Maram Hasanain, Reem Suwaileh, Fatima Haouari, u. a. 2020. „Overview of CheckThat! 2020: Automatic Identification and Verification of Claims in Social Media". *arXiv:2007.07997 [cs]*. https://arxiv.org/abs/2007.07997.

[62] Nogueira, Rodrigo, und Kyunghyun Cho. 2017. „Task-Oriented Query Reformulation with Reinforcement Learning". *arXiv:1704.04572 [cs]*. https://arxiv.org/abs/1704.04572.

[63] Lui, Ling, und Tamer M. Özsu. 2020. *Encyclopedia of Database Sys- tems*. Herausgegeben von Ling Lui und Tamer M. Özsu. Springer.

[64] Zuccon, Guido. 2016. „Understandability Biased Evaluation for Information Retrieval". *Lecture Notes in Computer Science*, 280–92. https://doi.org/10.1007/978-3-319-30671-1_21.

[65] Viviani, Marco. 2022. „Consumer Health Search in the Social Web". https://doi.org/10.13140/RG.2.2. 32670.00323.

11 Künstliche Intelligenz im Kontext Fremdsprachenlernen und -lehren: Herausforderungen und Möglichkeiten

Alice Gruber

11.1 Einleitung

Künstliche Intelligenz (KI) wird vermehrt im Bereich Fremdsprachenlehren und -lernen eingesetzt. KI kann Fremdsprachenlerner:innen bei der Entwicklung ihrer Fremdsprachenkenntnisse, kritischen Denkfähigkeit, Problemlösungskompetenzen und bei Gruppendiskussionen unterstützen [1]. Dabei ist es wichtig, dass die KI Lehrkräfte und Lerner:innen in ihrem Bestreben, zu lehren und zu lernen, unterstützt und nicht ersetzt [2], d. h., die Augmentationsperspektive im Gegensatz zur Ersatzperspektive ist notwendig [3].

KI bietet im Fremdsprachenbereich neue Möglichkeiten im Lernprozess, beispielsweise hinsichtlich des Feedbacks an die Lerner:innen. Personalisierte adaptive Lernsysteme passen sich gezielt an den Lernstand der Lerner:innen an und ermöglichen es ihnen, ihre Sprachfertigkeiten individuell und autonom zu üben (siehe *Feedbook* für den englischen Fremdsprachunterricht [4] und *e-Tutor* für Deutsch als Fremdsprache [5]). Die Entwicklung von speziell für den Fremdsprachenunterricht konzipierten Systemen, die das individualisierte Lernen ermöglichen, steckt aber noch in den Kinderschuhen und erfordert die interdisziplinäre Zusammenarbeit zwischen (Computer-)Linguist:innen, Unterrichtsexpert:innen, Erziehungswissenschaftler:innen, Psycholog:innen, Informatiker:innen und Interface-Designer:innen [6].

Zu den KI-gestützten Programmen im Bereich Fremdsprachen, die sich als Hilfsmittel bei vielen Lerner:innen etabliert haben, zählen Übersetzungsmaschinen wie *DeepL* und *Google Translate (GT)*. Sie bieten eine scheinbar schnelle, alternative Möglichkeit, in der Zielsprache zu kommunizieren. Sie bergen aber auch Nachteile für Sprachlerner:innen, beispielsweise wenn Lerner:innen im Umgang mit Übersetzungsmaschinen kein Verständnis dafür entwickeln, dass die Kommunikation in der Zielsprache mehr erfordert als die bloße Übersetzung von Wörtern oder Sätzen in die Zielsprache und wenn Lerner:innen Texte ohne kognitive Auseinandersetzung übernehmen [7].

Insgesamt zeigen Studien zur Nutzung und Wahrnehmung von Übersetzungsmaschinen, dass Lerner:innen unterschiedliche Ansichten bezüglich der Eignung, der Zuverlässigkeit und der ethischen Vertretbarkeit von Übersetzungsmaschinen haben [8]. Viele Sprachlehrkräfte stehen dem Einsatz der Übersetzungsmaschinen skeptisch gegenüber [8] und befürchten, durch Übersetzungsmaschinen und andere KI-Tools ersetzt und folglich überflüssig zu werden [7]. Sprachlehrkräfte schließen Übersetzungsmaschinen als Hilfsmittel im Unterricht und bei Klausuren oft aus, weil die Verwendung von

Übersetzungsmaschinen für sie eine Form des akademischen Betrugs darstellt [7]. Viele Bildungsforscher:innen fordern aber die strategische und gezielte Integration von Online-Übersetzungsmaschinen in die Lernumgebungen [9, 10].

Die Forschungsergebnisse hinsichtlich der Vorteile von Übersetzungsmaschinen für die Entwicklung der verschiedenen Fertigkeiten (Schreiben, Lesen, Sprechen, Hören) in der Fremdsprache sind nicht eindeutig. Eine aktuelle Studie zeigt, dass der Nutzen von Online-Übersetzungsmaschinen im Bereich Schreibfertigkeit je nach Sprachniveau variiert [11]. Online-Übersetzungsdienste können das metasprachliche Wissen der Lerner: innen verbessern und ihnen helfen, bei Übersetzungs- und Schreibaufgaben in der Zielsprache besser abzuschneiden [8]. Des Weiteren hat beispielsweise *GT* das Potenzial, als Werkzeug zum selbstgesteuerten Sprachenlernen eingesetzt zu werden, indem man seine Übersetzungs-, text-to-speech (TTS)- und automatische Spracherkennung (ASR)-Fähigkeiten kombiniert [12], d. h. Lerner:innen können sich von *GT* einen Text im Original oder in der Übersetzung laut vorlesen lassen. Außerdem können sie auf das Mikrofonsymbol drücken und den Text laut lesen, der dann dank der automatischen Spracherkennung in der Textbox erscheint und übersetzt wird. Verschiedene Studien haben einen positiven Effekt hinsichtlich des Ausspracheübens und der Wortschatzarbeit in verschiedenen Zielsprachen festgestellt [12–14].

Exemplarisch wurde hier eingangs auf Übersetzungsdienste wie *GT* eingegangen, die bis zu einem gewissen Grad auch als Schreib- und Sprachassistenztools eingesetzt werden können. In diesem Beitrag werden die Möglichkeiten der KI mit besonderer Berücksichtigung von Schreib- und Sprachassistenztools für den Fremdsprachenunterricht und -erwerb dargestellt. Die Potenziale und Herausforderungen solcher Tools für Fremdsprachenlerner:innen werden skizziert und die Nutzung von KI-Tools im Fremdsprachenbereich wird aus fachdidaktischer und ethischer Perspektive reflektiert.

11.2 Schreibassistenztools

Schreibassistenztools wie *DeepL Write* haben den Vorteil, dass sie Fremdsprachenlerner:innen sofortige und automatisierte Rückmeldung zur Textproduktion geben und Vorschläge und Satzvervollständigungen bieten. Sie ermöglichen es Lerner:innen also, bei der Textproduktion Korrekturen oder Verbesserungen vorzunehmen (*Grammarly, HyperWrite.ai*) und unterstützen sie bei kreativem Schreiben (*Novelai.net*).

Manche Lehrkräfte begrüßen den Einsatz von Schreibassistenztools im Rahmen des Fremdsprachenunterrichts und erhoffen sich dadurch, dass Lerner:innen mithilfe der Schreibassistenz u. a. aus deren Schwächen und Fehlern lernen. Tools wie *Grammarly* könnten Fremdsprachenlerner:innen dabei helfen, ein Bewusstsein für die Vielfältigkeit einer Sprache zu entwickeln [6]. Empirische Untersuchungen dazu stehen noch aus.

Das Feedback bei *Grammarly* gibt vor allem Hinweise auf sprachliche Schwierigkeiten bezüglich der Grammatik und Rechtschreibung. Basierend auf einem Korpus und Algorithmen bietet *Grammarly* auch linguistische Empfehlungen und Anpassungen für einen Text auf der Grundlage bestimmter Parameter in Bezug auf Register und Ausdruck [6]. Die kontextabhängigen Vorschläge des Systems beruhen auf Wissen und Vorhersagen über die Zielgruppe, den Grad der Formalität (informell, neutral, formell), den Wirkungsbereich (z. B. akademisch, geschäftlich), das Register (z. B. neutral, zuversichtlich, analytisch, respektvoll) und die Absicht (beispielsweise informieren, beschreiben) [6]. Lerner:innen erhalten eine gewisse Autonomie im Prozess, denn *Grammarly* erlaubt es ihnen, Vorschläge zu filtern und fundierte Entscheidungen zu treffen [15]. Solche Schreibassistenztools können aber keine hunderprozentige sprachliche Genauigkeit garantieren, da pragmatisch kohärente Texte stark kontextabhängig sind [6], was mit Lerner:innen reflektiert und geübt werden muss.

In Hinblick auf Schreibassistenztools haben Studien gezeigt, dass Lerner:innen das automatisierte Feedback weniger berücksichtigen als das Feedback ihrer Dozierenden [16, 17]. Mögliche Gründe dafür sind, dass Lerner:innen ihre Dozent:innen als Fachpersonen ansehen und sie es für wichtiger erachten, sich mit dem Feedback ihrer Lehrkräften auseinanderzusetzen, da sie von ihnen eine Bewertung erhalten [16]. Ob und wie sich die Akzeptanz des Feedbacks von Schreibassistenztools unter Lerner:innen in der Zukunft ändert, wenn die Tools etwa fester Bestandteil des Fremdsprachenunterrichts werden, muss empirisch untersucht werden.

Eine weitere Art von Schreibassistenz bieten Tools, die für Benutzer:innen Texte paraphrasieren. Beispielsweise ist *QuillBot* ein Paraphrasiertool, mit dem Texte automatisch mithilfe der KI abgeändert und zusammengefasst werden. Dabei können Benutzer:innen dem Tool vorgeben, ob der Text beispielsweise formell oder einfach gehalten werden soll und ob er gekürzt werden soll. Grundsätzlich beschränkt sich das Tool auf Englisch, es gibt aber die Möglichkeit, Texte mithilfe eines Browser-Übersetzungs-Add-Ons in deutscher Sprache auszugeben (https://alltag-0815.de/quillbot-text-umschreiben-deutsch/software/12224/). Auch das Sprachmodell *ChatGPT*, das seit November 2022 (noch) kostenlos zur Verfügung steht, kann als Paraphrasiertool eingesetzt werden. *Quillbot* macht es aber einfacher, die vorgeschlagenen Änderungen mit dem Ausgangstext zu vergleichen und sie zu übernehmen oder abzulehnen.

Es stellt sich die Frage, ob und wie Lerner:innen und Lehrkräfte im Fremdsprachenunterricht und in der Selbstlernphase mit einem Paraphrasiertool umgehen sollen und inwiefern solche Tools für den Lernprozess förderlich sein können. Die Paraphrase ist eine Art der Sprachmittlung (Mediation), die auch im Gemeinsamen Europäischen Referenzrahmen für Sprachen und in Fremdsprachenprüfungen einen wichtigen Stellenwert einnimmt [17]. Durch den Einsatz von Paraphrasiertools besteht die Gefahr, dass Fremdsprachenlerner:innen die Fertigkeit der Mediation nicht mehr üben, weil sie es nicht für notwendig erachten, diese Fertigkeit zu entwickeln. Außerdem könnten Lerner:innen Aufsätze in der Fremdsprache aus Texten verschiedener Autor:innen zusammenstellen und mit Paraphrasiertools einen neuen Text entstehen lassen.

Die Texterstellung ohne eigenes Zutun ist nun mit *ChatGPT* möglich, das neue Texte basierend auf einem Korpus von Textdaten bis 2021 generieren kann. Der Output von *ChatGPT* weist aber zurzeit noch teilweise Defizite auf, weil das Tool nicht aktuelle Antworten, Fehlinformationen und Stereotype enthalten kann [18, 19].

Für Plagiatssoftware und für Lehrkräfte ist es zurzeit unmöglich, Texte, die beispielsweise mithilfe von *ChatGPT* generiert wurden, als Plagiat zu identifizieren. Dies stellt besonders dann eine Schwierigkeit dar, wenn Lernende sich für ihre Hausaufgaben, etwa bei ihren E-Portfolios in der Fremdsprache, auf KI-Tools verlassen. Außerdem kann der unreflektierte und übermäßige Einsatz bei Lerner:innen dazu führen, dass ihr Lernprozess nicht unterstützt wird und sie (handschriftliche) schriftliche Prüfungen ohne Hilfsmittel nicht mehr bewältigen können. In diesem Zusammenhang schließt sich aber die Frage an, ob traditionelle Prüfungen (nicht nur) aufgrund der neuen Möglichkeiten mit KI überholt sind und neue Formen der Leistungsmessungen vonnöten sind, um Prüfungsbedingungen zu schaffen, die die lebensnahen Bedingungen, die KI-Tools einschließen, widerspiegeln. Beispielsweise könnte von Studierenden erwartet werden, dass sie bei ihrer Prüfungsleistung mit Hilfsmittel benennen, wie und in welchem Umfang KI bei der Erstellung ihrer Arbeiten eingesetzt wurden; die Prüfungsanforderungen können auch Formate wie Lerntagebücher mit Selbstreflexion und Aufgabenstellungen mit Bezug auf realen Gegenständen oder Situationen beinhalten, da *ChatGPT* dabei nur begrenzt eingesetzt werden kann [19].

Im Kontext Fremdsprachenstudium- und unterricht erfordern die neuen Möglichkeiten, die *ChatGTP* und andere KI-Tools bieten, folglich eine Diskussion zum angemessenen Gebrauch zwischen Lerner:innen und Lehrkräften. Dabei sollte u. a. praxisnah geübt werden, wie bestimmte KI-Tools eingesetzt werden können, um den Lernprozess zu unterstützen. Eine mögliche Herangehensweise an die Diskussion mit Studierenden ist beispielsweise, *ChatGPT* Texte in der Fremdsprache erstellen zu lassen und sie als Grundlage und Ausgangspunkt für Diskussionen einzusetzen. Darauf basierend können die Möglichkeiten und Einschränkungen von KI-Schreibassistenztools gemeinsam untersucht und besprochen werden. Dabei kann es vor allem bei fortgeschrittenen Lerner:innen um die semantische und pragmatische Ebene gehen, und weniger um die linguistische Ebene, beispielsweise bezüglich Syntax und Morphologie. Außerdem sollten ethische Aspekte Eingang in die Diskussion finden, wie etwa zu den Themen Urheberrecht, Plagiat, Voreingenommenheit des Tools und Autorenschaft.

11.3 Sprachassistenztools

KI Spracherkennungstools oder conversational AI agents, d. h. dialogorientierte Assistenz-Tools oder Chatbots, wie *Alexa, Siri, Amazon Echo* oder *Google Home* haben in vielen Haushalten Einzug gehalten. Obwohl sie nicht speziell für das Fremdsprachenlernen konzipiert wurden, sind sie auch im Fremdsprachenunterricht und im Selbststudium einsetzbar [20]. Diese Tools ermöglichen es Lerner:innen beispielsweise zu überprüfen, ob das Tool ihre Äußerungen in der Fremdsprache versteht. Empirische Studien haben gezeigt, dass Spracherkennungstools und TTS-Tools Lernende darin unterstützen können, an ihrer Aussprache in einer Fremdsprache zu arbeiten ([21] für Englisch; [22] für Französisch).

Manchmal werden Sprecher:innen aber von den Tools nicht verstanden, obwohl menschliche Zuhörer:innen wie beispielsweise Bewerter:innen von Sprachtests die Äußerung verstehen würden. Es ist folglich problematisch, dass bestimmte Tools beispielsweise Akzente mancher ethnischen Gruppen besser erkennen als andere [23] bzw. dass die Spracherkennung mit Dialekten überfordert ist (https://summalinguae.com/lan guage-technology/future-of-voice-recognition-in-ai/, 2022). Dies kann zur Folge haben, dass Lerner:innen demotiviert sind und glauben, dass ihr Akzent nicht legitim ist.

Der conversational AI agent *The English Language Speech Assistant (ELSA,* https:// elsaspeak.com/en/ für Englischlernende), der speziell für das Fremdsprachenlernen konzipiert ist, kann nach eigenen Angaben mit nicht-muttersprachlichem Akzent umgehen, was aus soziolinguistischer Perspektive wünschenswert ist. Studien zu Chatbots im Bereich Fremdsprachenlernen haben gezeigt, dass Chatbots die soziale Präsenz der Student:innen durch affektive, offene und kohärente Kommunikation fördern können; zu den Herausforderungen gehören technologische Beschränkungen (beispielweise eine unnatürliche Stimme des Chatbots), der Neuheitseffekt und die kognitive Belastung durch Chatbots [24]. Bezüglich des Neuheitseffekt hat sich gezeigt, dass Studierende Chatbots eher als eine Neuheit denn als dauerhaften Partner in der täglichen Sprachpraxis sehen [26]. Kognitive Belastung bezieht sich auf die zusätzliche Aufmerksamkeit oder geistige Anstrengung, die die Lerner:innen während des Lernprozesses für eine Lernaufgabe aufbringen müssen. Das didaktische Design von chatbotgestützten Aktivitäten bestimmt, wie viel geistige Anstrengung von den Lerner:innen abverlangt wird, die über eine begrenzte kognitive Verarbeitungskapazität verfügen. Die Gestaltung von chatbotgestützten Lernaktivitäten mit komplexen Elementen (z. B. Sprache und Animationen) kann die Lerner:innen verwirren, wenn es darum geht, ihre Aufmerksamkeit zuzuordnen und Aufgabeninformationen zu verarbeiten [24].

Zu den Vorteilen von dialogorientierten Assistenztools gehört, dass Lernende Sprachhypothesen testen können, d. h. sie können beispielsweise neue Strukturen und Lexik verwenden und überprüfen, ob sie von dem Assistenztools verstanden werden. Außerdem können authentische Situationen geübt werden, die Lernende auf Gespräche in der Zielsprache vorbereiten können. Bisher gaben dialogorientierte Assistenztools in der Regel kein qualitatives Feedback mit inhaltlichen Korrekturen von Äußerungen oder Hilfestellung bezüglich der kontextuellen Angemessenheit von Äußerungen der Lerner:innen. Bei *ChatGPT* sind inhaltliche Korrekturen jedoch möglich, allerdings nur, wenn man explizit die entsprechende Anweisung gibt. Der Umgang mit soziokulturellen und pragmatischen Aspekten (beispielsweise sprachliche Höflichkeit, du vs. Sie) im Dialog mit dialogorientierten Assistenztools sollte im Unterricht thematisiert werden.

Anders als bei zwischenmenschlicher Interaktion sind paralinguistische und körpersprachliche Signale bei der Interaktion mit dialogorientierten Assistenztools noch nicht vorhanden [25], was es vor allem Anfänger:innen schwerer macht, Aussagen in einer Fremdsprache zu verstehen und zu deuten.

Ein Vorteil von dialogorientierten Assistenztools ist, dass Lerner:innen im Dialog mit ihnen potentiell weniger gestresst sind und weniger fremdsprachenspezifische Angst empfinden [26] als im Gespräch mit anderen, möglicherweise kompetenteren Sprecher:innen. Lerner:innen wissen, dass es sich um programmierte Assistenztools und keine realen Personen handelt, weshalb die Bereitschaft zu sprechen (*willingness to communicate*) steigen kann [27] und die Sprechzeit somit erhöht wird, die etwa im Fremdsprachenunterricht im deutschen Schulkontext oft sehr beschränkt ist [28].

Untersuchungen zur Einstellung von Fremdsprachenlerner:innen und –lehrkräften zu den neuesten dialogorientierten Assistenztools und deren Auswirkungen auf den Fremdsprachenerwerb sind notwendig.

11.4 Zusammenfassung

KI-Tools bieten für Fremdsprachenlehrkräfte und Fremdsprachenlerner:innen neue Möglichkeiten, ihren Unterricht bzw. ihren Lernprozess zu gestalten und zu steuern. Schreibassistenztools geben beispielsweise Rückmeldung zur Textproduktion, Vorschläge und Satzvervollständigungen, was den Lerner:innen autonomes Üben von Schreibprozessen in der Zielsprache ermöglicht. Dialogische Assistenztools können dazu beitragen, die Sprechzeit von Lerner:innen zu erhöhen und angstfreie Dialoge für authentische Interaktionen in der Zukunft zu üben. Sprach- und Schreibassistenztools können folglich Lerner:innen im Lernprozess unterstützen, wenn Lerner:innen die Tools so einsetzen, dass der Lernprozess unterstützt und nicht umgangen wird.

Für Lehrkräfte und Lernende ist es wichtig, den strategischen und lernförderlichen Einsatz der Tools zu thematisieren und zu üben. Bis zu einem gewissen Grad müssen Lehrkräfte auf die Eigenverantwortung der Lerner:innen setzen. Das Argument, dass Lerner:innen auch in der Zukunft mit KI arbeiten werden und die Fertigkeiten wie etwa das Zusammenfassen von Texten deshalb nicht mehr gebraucht werden, weil die KI solche Aufgaben abnehmen wird, kann zwar nicht völlig widerlegt werden. Es ist aber unbestritten, dass analytisches Denken beispielsweise mit Zusammenfassungen von Texten trainiert wird und zu einer wichtigen Fähigkeit im Alltag und Berufsleben zählen und deshalb geübt werden sollte.

Aus Lehrkräftesicht ist es sinnvoll, mit KI-gestützten Tools zu experimentieren, indem Lehrkräfte gegebenenfalls KI-Tools für ihre eigene Arbeit verwenden oder mithilfe von KI Aufgaben für Fremdsprachenlernende erstellen [29]. Dabei können Lehrkräfte die Schwächen und Vorteile für ihren Unterricht und ihre Fremdsprachenlerner:innen herausarbeiten.

Die Erfahrungen der Lehrkräfte und der Lerner:innen mit KI-Tools sollten in Unterrichtseinheiten zur Diskussion gestellt werden. Dabei kann auf die Vorteile und Unzulänglichkeiten lerner:innengerecht eingegangen werden. Je nach Niveau der Lerner:

innen kann der Umgang mit den Tools und rechtliche und ethische Fragen in der Zielsprache diskutiert werden. Es steht außer Zweifel, dass KI langfristig im Fremdsprachenerwerb von vielen Lerner:innen ein fester Bestandteil sein wird. Lehrkräfte können aber nicht davon ausgehen, dass internationale Lerner:innen im Fremdsprachenunterricht an Hochschulen gleich versiert mit KI-Tools umgehen können, beispielsweise aufgrund der technischen Gegebenheiten, etwa in Teilen des Globalen Südens.

Vorteile und Herausforderungen von KI im Allgemeinen, vor allem aus ethischer Perspektive, können auch im Rahmen eines Content and Language Integrated Learning (CLIL)-Ansatzes, d. h. Sachfachunterricht in der Zielsprache, erarbeitet werden. Hierfür gibt es didaktisch aufbereitetes Material, das als Open Educational Resources (OER) zur Verfügung steht, beispielsweise das MINT hoch 3 Projekt (https://mint-hoch3.de/english/module3/3-1-why-ai-and-ethics/) oder Kurse mit Fokus auf gesellschaftliche Fragestellungen zu KI (https://ki-campus.org/). Ein solcher Fokus ist im Sinne einer ethischen Weltbürger:innenbildung (Ethical Global citizenship education), die ethische Grundsätze (z. B. Fairness, Gleichheit, und Integrität) und Wissen fördert [30] und im Fremdsprachenunterricht eine wichtige Rolle spielt.

Ein interdisziplinärer Dialog zwischen den Akteur:innen, d. h. Interessenvertreter:innen, Forscher:innen, Bildungsexpert:innen, Unternehmer:innen und politischen Entscheidungsträger:innen ist notwendig, um die sinnvolle Anwendung von KI für das Lernen und Lehren zu gewährleisten [2]. Die rasanten Entwicklungen im Bereich KI bedeuten auch für den Fremdsprachenunterricht, dass es für Lerner:innen und Lehrkräfte Möglichkeiten geben wird, die sich Akteur:innen noch gar nicht vorstellen können. Im Bereich Fremdsprachenerwerb und -didaktik sind Studien von Interesse, die die Strategienutzung von Lerner:innen auf verschiedenen Sprachniveaus untersuchen und Richtlinien für Lehrkräfte und Lerner:innen herausarbeiten, wie der Einsatz von KI für den Fremdsprachenerwerb effektiv und ethisch vertretbar gesteuert werden kann. Lernende profitieren von Strategietraining, das auf Grundlage der Forschungsergebnisse entwickelt werden sollte. Aufgrund der schnellen Veränderungen im Bereich KI müssen solche Richtlinien regelmäßig aktualisiert werden.

Literatur

[1] Kasneci, E, Seßler, K, Küchemann, S, Bannert, M, Dementieva, D, Fischer, F., ... Kasneci, G (2023, January 30). *ChatGPT for Good? On Opportunities and Challenges of Large Language Models for Education.* https://doi.org/10.35542/osf.io/5er8f

[2] Molenaar, I. Towards hybrid human-AI learning technologies. European Journal of Education. 2022. https://doi.org/10.1111/ejed.12527.

[3] Cukurova M, Kent C, Luckin R. Artificial intelligence and multimodal data in the service of human decision-making: A case study in debate tutoring. *British Journal of Educational Technology.* 2019. 50(6):3032–46. https://doi.org/10.1111/bjet.12829.

[4] Meurers, D, De Kuthy K, Nuxoll F, Rudzewitz B, Ziai, R. "KI zur Lösung realer Schulherausforderungen: Interaktive und adaptive Materialien im Fach Englisch." Schulmanagement-Handbuch. Ed. Thomas Rieke- Baulcke. Berlin, Cornelsen, 2019. 65–84.

[5] Heift, T. Developing an Intelligent Language Tutor. *CALICO*, 2010. 27(3), 443–459. https://doi.org/10.11139/cj.27.3.443-459.

[6] Schmidt, T., Strasser, T. Artificial intelligence in foreign language learning and teaching: a CALL for intelligent practice. *Anglistik: International Journal of English Studies* 2022. *33*(1), 165–184.

[7] Klekovkina, V, Denié-Higney, L. Machine translation: Friend or foe in the language classroom?. *L2 Journal*, 2022. 14(1), 105–135. https://doi.org/10.5070/l214151723

[8] Jolley, JR, Maimone, L. Thirty years of machine translation in language teaching and learning: A review of the literature. *L2 Journal*. 2022.14(1), 26–44. https://doi.org/10.5070/l214151760

[9] Pym, A. Where Translation Studies lost the plot: Relations with language teaching. Translation and Translanguaging in Multilingual Contexts. 2017. 4(2) Trans. Hironori Matsumoto in Kayoko Takeda (ed.) https://usuaris.tinet.cat/apym/on-line/research_methods/2017_TS_lost.pdf.

[10] Urlaub, P., & Dessein, E. (2022). From disrupted classrooms to human-machine collaboration? The pocket calculator, Google translate, and the future of language education. *L2 Journal*, *14*(1). https://doi.org/10.5070/L214151790

[11] Lee, S-M. Different effects of machine translation on L2 revisions across students' L2 writing proficiency levels. *Language Learning & Technology*, 2022. 26(1), 1–21. https://hdl.handle.net/10125/73490.

[12] van Lieshout, C, Cardoso, W. Google Translate as a tool for self-directed language learning. *Language Learning & Technology*, 2022, 26(1), 1–19. http://hdl.handle.net/10125/73460.

[13] He, Y, Cardoso, W. Can online translators and their speech capabilities help English learners improve their pronunciation? In N. Zoghlamu, C. Brudermann, S. Carré, M. Grosbois, L. Bradley & S. Thouësny (Eds.), *Short papers from EUROCALL 2021* (127–131) Research-Publishing.net. https://doi.org/10.14705/rpnet.2021.54.9782490057979

[14] Papin, K., Cardoso, W. Pronunciation practice in Google Translate: focus on French liaison. In B. Arnbjörnsdóttir, B. Bédi, L. Bradley, et al. (eds.). *Intelligent CALL, granular systems, and learner data: short papers from EUROCALL 2022*, (p. 322–327). Research-publishing.net. http://dx.doi.org/10.14705/rpnet.2022.61.1478.

[15] Kham, Nang T, Nikolov, M, Simon K. Higher-proficiency students' engagement with and uptake of teacher and Grammarly feedback in an EFL writing course, *Innovation in Language Learning and Teaching*, 2022. 1–16. https://doi.org/10.1080/17501229.2022.2122476.

[16] Tian, L, Zhou Y. "Learner Engagement with Automated Feedback, Peer Feedback and Teacher Feedback in an Online EFL Writing Context." *System*, 2020, 91: 102247. https://doi.org/10.1016/j.system.2020.102247.

[17] Council of Europe. *Common European Framework of Reference for Languages: Learning, teaching, assessment -Companion volume with new descriptors. Council of Europe Publishing*. 2020. Abgerufen 28. September 2022 von https://www.coe.int/en/web/common-european-framework-reference-languages.)

[18] Braun-Speck, S. ChatGPT in Schulen – Freud oder Leid?. 2023. Abgerufen 15. Februar 2023 von https://media4schools.de/chatgtp-schule/

[19] Mohr, G., Reinmann, G., Blüthmann, N., Lübcke, E. und Kreinsen, M. Übersicht zu ChatGPT im Kontext Hochschullehre. 2023. Abgerufen am 15. Februar 2023 von https://www.hul.uni-hamburg.de/selbstlernmaterialien/3-lehr-lernraeume.html#chatgpt)

[20] Dizon, G. Affordances and Constraints of Intelligent Personal Assistants for Second-Language Learning. *RELC Journal*, 1–8. 2021. https://doi.org/10.1177/00336882211020548.

[21] Cardoso, W. (2018). Learning L2 pronunciation with a text-to-speech synthesizer. In P. Taalas,J. Jalkanen, L. Bradley & S. Thouësny (Eds), Future-proof CALL: language learning as exploration and

encounters – short papers from EUROCALL 2018 (pp. 16–21). Research-publishing.net. https://doi.org/10.14705/rpnet.2018.26.806

[22] Liakin, D, Cardoso, W, Liakina, N. The pedagogical use of mobile speech synthesis: Focus on French liaison. *Computer Assisted Language Learning*, 2017. *30*(3–4), 325–342. https://doi.org/10.1080/09588221.2017.1312463

[23] Eidsheim, NS. Rewriting Algorithms for Just Recognition: From Digital Aural Redlining to Accent Activism. 2023. In: Rangan, P., Saxena, A., Tharoor Srinivasan, R., Pavitra Sundar, P., John Baugh, J. (Eds). *Thinking with an accent: Toward a New Object, Method, and Practice 3, 134*. Luminos, University of California Press, 2023, 133–150.

[24] Huang, W, Hew, K. F, Fryer, L. K. Chatbots for language learning – Are they really useful? A systematic review of chatbot-supported language learning. *Journal of Computer Assisted Learning*. 2022. 38(1), 237–257. https://doi.org/10.1111/jcal.12610.

[25] Gallacher, A, Thompson, A, & Howarth, M. "My robot is an idiot!" – Students' perceptions of AI in the L2 classroom. In P. Taalas, J. Jalkanen, L. Bradley & S. Thouësny (Eds), *Future-proof CALL: language learning as exploration and encounters – short papers from EUROCALL 2018*. 70–76. Research-publishing.net. https://doi.org/10.14705/rpnet.2018.26.815

[26] Bibauw, S, François, T, Desmet, P. Discussing with a computer to practice a foreign language: research synthesis and conceptual framework of dialogue-based CALL, *Computer Assisted Language Learning*, 2019, 32:8, 827–877. https://doi.org/10.1080/09588221.2018.1535508

[27] Ayedoun, E, Hayashi, Y, Seta, K. A Conversational Agent to Encourage Willingness to Communicate in the Context of English as a Foreign Language. *Procedia Computer Science*, 2015. 1433–1442. https://doi.org/10.1016/j.procs.2015.08.219

[28] Helmke, T; Helmke, A; Schrader, F.-W.; Wagner, W; Nold, G;Schröder, K: Die Videostudie des Englischunterrichts – In: *DESI-Konsortium [Hrsg.]: Unterricht und Kompetenzerwerb in Deutsch und Englisch. Ergebnisse der DESI-Studie.* Weinheim u. a.: Beltz 2008, 345–363. https://doi.org/10.25656/01:3521.

[29] Nuxoll, Florian [@Herr_Nuxoll] 19 October 22). Hey #twlz! Habe der KI heute die Aufgabe gestellt einen Lückentext über "past progressive" vs "simple past" zu erstellen. Inhaltlich sollte das Thema Halloween behandelt werden. Nach 5 Sekunden hatte ich die Aufgabe. Ich war schon wieder baff! #Englischunterricht #KI #Schule. Twitter. Abgerufen 20. Oktober 2022 von https://twitter.com/Herr_Nuxoll/status/1582720320682676225?s=20&t=NT1cgIvq7WXRTZHqyd_2kQ

[30] Bosio, E, Schattle, H. Ethical global citizenship education:From neoliberalism to a values-based pedagogy. *Prospects*. 2021. https://doi.org/10.1007/s11125-021-09571-9

12 Moderne Sprachassistenten zwischen Datenhunger und Datenschutz

Alessandra Zarcone, Anna Leschanowsky

12.1 Einleitung

Innerhalb der letzten Jahrzehnte konnte die Forschung an großen Sprachmodellen die maschinelle Sprachverarbeitung signifikant verbessern und frühere Techniken und Anwendungen damit in den Schatten stellen. Diese Fortschritte werden vor allem im täglichen Leben sichtbar: beispielsweise bei der Nutzung von Sprachassistenten, die auf Basis von riesigen Datenmengen lernen, unsere Alltagssprache zu verstehen, und uns bei verschiedensten Tätigkeiten unterstützen. Die Sammlung großer Mengen von Sprachdaten ist allerdings mit Risiken für Privatsphäre und Datensicherheit verbunden. Wir werden in diesem Artikel die Entwicklung kommerzieller Sprachassistenz beleuchten und sowohl erörtern, woher die große Menge an Sprachdaten kommt, als auch die damit einhergehenden Risiken der Datensammlung und die Auswirkungen auf den Datenschutz. Abbildung 12.1 zeigt die historische Entwicklung von Sprachassistenztechnologie und Datenschutzregulierungen.

Moderne Sprachassistenten bestehen typischerweise aus einer modularen Struktur [1] (siehe Abb. 12.2). Das akustische Signal eines Sprachbefehls (z. B. *Wie ist das Wetter heute*?) wird erst in Text umgewandelt (ASR, Automatic Speech Recognition). Danach wird der Text einer Intent-Kategorie (Absicht der Nutzer:innen, z. B. *get_weather*) zugeordnet und die relevanten Entities (die wichtigsten Informationen für die Erfüllung der Absicht, z. B. *location*) werden extrahiert. Beide Module sind Teil des NLU (Natural Language Understanding). Basierend auf Intent und Entities muss der Dialogmanager (DM) die nächste Aktion bestimmen (z. B. eine Aktion und / oder eine Antwort). Ist die nächste Aktion eine Antwort oder eine Folgefrage, wird diese von der NLG (Natural Language Generation) in natürlicher Sprache formuliert und von der Sprachsynthese (TTS, Text-to-Speech) in ein Sprachsignal umgewandelt. Jedes der beschriebenen Module kann entweder regelbasiert oder datenbasiert sein. Datenbasierte Modelle entstehen dabei mit Hilfe von maschinellem Lernen, welches statistische Muster aus Daten extrahiert. Da hierfür entsprechend viele Daten benötigt werden, ist der Datenhunger von datenbasierten Modulen bei Sprachassistenten besonders groß.

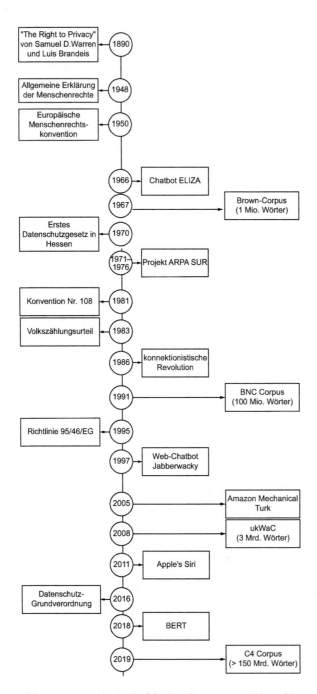

Abb. 12.1: Historischer Verlauf der Regulierungen von Privatsphäre und Datenschutz, Text- und Sprachassistenzsysteme sowie Trainingskorpora.

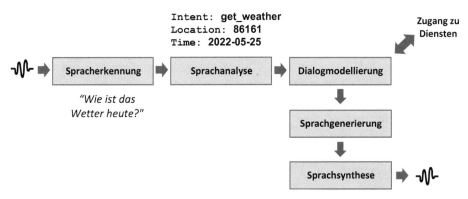

Abb. 12.2: Modulare Struktur moderner Sprachassistenten.

12.2 Das Aufkommen probabilistischer Modelle der Sprachverarbeitung und der wachsende Datenhunger

Regelbasierte Assistenten: ELIZA, der allererste Chatbot (1966 von Joseph Weizenbaum am MIT entwickelt [2]) konnte mittels Regeln bestimmte Schlüsselphrasen erkennen und einfache Antworten formulieren. Auch die aufgabenorientierten Assistenten der 70er Jahre wie SHRDLU (Winograd, MIT [3]) und GUS (Xerox [4]), die komplexerer Textbefehle verarbeiten konnten, basierten auf Regeln.

Datenbasierte Systeme und das Web-as-Corpus: Die Idee, dass man die menschliche Sprache probabilistisch modellieren könnte, kam ursprünglich aus der Spracherkennung. Im Besonderen ermöglichte das fünfjährige Projekt ARPA SUR (1971–1976, z. B. HARPY, CMU [5]) große Fortschritte in der Spracherkennungstechnologie. Das Projekt hatte das Ziel, die Machbarkeit von Computersystemen zu demonstrieren und ein System zu bauen, welches gesprochene Befehle verstehen konnte. Um probabilistische Sprachmodelle aus Daten konstruieren zu können, braucht man jedoch große Mengen an Sprachdaten. Allerdings waren die damals vorhandenen Ressourcen für heutige Standards sehr klein: 1967 bestand der umfangreichste Korpus der englischen Sprache, der Brown Corpus, aus nur 1 Mio. Wörter [6]. Mit den ersten neuronalen Modellen (die sogenannte *konnektionistische Revolution* [7]) wurden probabilistische Modelle zum Standard der maschinellen Sprachverarbeitung. Um den wachsenden Datenhunger zu stillen, wurden sprachliche Datenressourcen in elektronischen Formaten schnell immer wichtiger und größer (z. B. BNC Corpus, 1991, 100 Mio. Wörter [8]). Das Web bot dafür eine noch nie dagewesene Möglichkeit Daten zu sammeln und wurde seit den späten 1990ern für Zwecke der linguistischen Analyse genutzt [9]. Web-Korpora wie ukWaC [10] zählen bis zu drei Milliarden Wörter. Abrufbasierte Web Chatbots wie A.L.I.C.E. [11] oder Jabberwacky [12] konnten sich auf Webdaten stützen, um ihre Fähigkeiten zur Beantwortung von Fragen zu erweitern. Trotz der größeren Verfügbarkeit von Daten war die Spracherkennung jedoch noch nicht in der Lage, mit dem Rauschen der Telefonleitung und der unterschiedlichen Aussprache der Sprecher umzugehen [1]. Die Sprachassistenztechnologie hinkte also etwas hinterher – in den neunziger Jahren waren daher schlüsselwortbasierte Systeme wie das Voice Recognition Call Processing System von AT&T [13] der Standard.

Sprachassistenten als Alltagsbegleiter: Nur mit dem Durchbruch im maschinellen Lernen (Reinforcement Learning [14] und Deep Learning [15, 16] vgl. auch Kipp in diesem Band) und dessen Integration in die Sprachassistenztechnologie war es möglich, den heutigen Stand der Technik zu erreichen. Mit der Einführung von Siri, Apple's sprachgesteuerten Assistenten, im Jahr 2011 konnten Sprachassistenten erstmals täglich verwendet werden und wurden zu Begleitern unseres täglichen Lebens. Moderne Sprachtechnologie kann sich hierbei (zumindest für die englische Sprache) auf Modelle wie word2vec [17], BERT [18] oder GPT-3 [19] stützen, die mit Daten von noch nie dagewesenen Umfang trainiert wurden, z. B. das Web 1 T Corpus [20] oder das C4 Corpus (> 150 Mrd. Wörter [21]).

„Künstliche" Künstliche Intelligenz: Parallel wurden auch neue Methoden für die Datenerhebung wie Wizard-of-Oz [22] und Crowdsourcing – insbesondere mit Amazon Mechanical Turk [23]– eingeführt. Beide Methoden beruhen auf der gleichen Idee: Wo die künstliche Intelligenz nicht hinkommt, muss der Mensch eingreifen. Wo also kein bisheriges funktionierendes System vorhanden ist, ermöglichen diese Methoden die Datenerhebung für KI-Systeme oder die Erforschung von Mensch-Maschine-Interaktionen. In Wizard-of-Oz Studien interagiert ein Mensch (*Nutzer:in*) mit einer Maschine (KI) und während dieser Interaktion werden Daten zum Trainieren der Modelle gesammelt. Allerdings steckt hinter der Maschine (wie der Zauber im Kinderbuch *The Wonderful Wizard of Oz*) ein Mensch, der *Wizard*, der die Funktionalität des Systems ohne Wissen der Nutzer:innen realistisch simuliert. Da ein:e Nutzer:in glaubt, mit einem funktionstüchtigen System zu interagieren, wird diese Methodik für die Sammlung realistischer Mensch-Maschine Interaktionsdaten verwendet, wenn kein funktionsfähiger Prototyp vorhanden ist. Crowdsourcing-Platformen werden sowohl zur Datenerhebung als auch zur Annotation verwendet. Die bekannteste Plattform für Crowdsourcing, *Amazon Mechanical Turk*, wurde inspiriert von der *Schachtürke* (1769 von Wolfgang von Kempelen gebaut [24]): dabei handelte es sich um einen „Roboter", der von einem versteckten Schachspieler gelenkt wurde. Die Amazon-Entwickler:innen benutzten die Idee des Schachtürken, um eine Plattform für Crowd-Arbeit zu beschreiben. Hier können Entwickler:innen kleine Aufträge einstellen und Crowd-Arbeiter:innen (die „künstliche künstliche Intelligenzen") die Aufgaben erledigen, zu denen eine künstliche Intelligenz nicht in der Lage ist. Typischerweise handelt es sich dabei um die Annotation von Daten, die für das überwachte Training einer künstlichen Intelligenz benötigt werden.

12.3 Steigender Datenhunger, steigender Bedarf für Datenschutz

Das Recht auf Privatsphäre: Unser heutiges Verständnis von Privatsphäre und Datenschutz hat seine Anfänge in verschiedenen Disziplinen wie Philosophie, Recht, Psychologie und Soziologie sowie der Informatik. Eine der einflussreichsten Definitionen von Privatsphäre stammt von den beiden US-Juristen Samuel D. Warren und Louis Brandeis. In ihrem Artikel „The Right to Privacy" aus dem Jahr 1890 beschreiben sie Privatsphäre als das Recht auf Alleinsein [25]. Im Jahr 1948 wird das Recht auf Privatsphäre und auf ein Privatleben in Artikel 12 der Allgemeinen Erklärung der Menschenrechte fest verankert [26]. Zwei Jahre später fand das Recht auch Einzug in die Europäische Menschenrechtskonvention [27].

Datenschutzgesetze in Deutschland und Europa: Mit Aufkommen der ersten Großrechner und der damit möglichen Datenverarbeitung trat 1970 das weltweit erste Datenschutzgesetz in Hessen in Kraft [28].Nachdem weitere Bundesländer folgten, wurde acht Jahre später die erste Fassung des Bundesdatenschutzgesetzes erlassen [28]. Im Jahr 1981 vereinbarte der Europarat dann den ersten international bindenden Vertrag zum Datenschutz – „Das Übereinkommen zum Schutz des Menschen bei der automatischen Verarbeitung personenbezogener Daten (Konvention Nr. 108)" [29]. Das Übereinkommen ist von besonderer Wichtigkeit, da es erstmals den Schutz personenbezogener Daten als eigenständiges Recht anerkennt und die Grundlage für den modernen Datenschutz legt. Einen weiteren Meilenstein des Datenschutzes in Deutschland bildet das Volkszählungsurteil des Bundesverfassungsgerichts aus dem Jahr 1983, welches zur Anerkennung des Rechts auf informationelle Selbstbestimmung als Grundrecht führte [30]. Unter anderem war die erstmalige Nutzung von Computern zur Auswertung und Speicherung der Daten, Grund für den massiven Widerstand in der Bevölkerung und zahlreichen Verfassungsbeschwerden. Nach der Wiedervereinigung Deutschlands, dem Bekanntwerden der umfassenden Informationssammlung in der DDR sowie der auseinandergehenden Datenschutzgesetzgebung innerhalb Europas, beschloss das europäische Parlament 1995 die Richtlinie 95/46/EG zum Schutz natürlicher Personen bei der Verarbeitung personenbezogener Daten und zum freien Datenverkehr [31]. Sie wurde 2016 nach langjähriger Diskussion von der Datenschutz-Grundverordnung (DSGVO) abgelöst, die seit 2018 in allen europäischen Mitgliedsstaaten gilt [32].

DSGVO und Sprachassistenzsysteme: Die DSGVO betrifft auch die Entwicklung und Bereitstellung von Sprachassistenzsystemen sowie die damit einhergehende Forschung, da hierfür personenbezogene Daten, z. B. Stimm- und Textdaten, verarbeitet und gespeichert werden. Im Besonderen ist die Erhebung dieser Daten nicht zulässig, solange keine gesetzliche Regelung diese erlaubt oder die Einwilligung der entsprechenden Person vorliegt.

Die DSGVO definiert darüber hinaus „spezielle Kategorien personenbezogener Daten, aus denen die rassische und ethnische Herkunft, politische Meinungen, religiöse oder weltanschauliche Überzeugungen oder die Gewerkschaftszugehörigkeit hervorgehen, sowie die Verarbeitung von genetischen Daten, biometrischen Daten zur eindeutigen Identifizierung einer natürlichen Person, Gesundheitsdaten oder Daten zum Sexualleben oder der sexuellen Orientierung einer natürlichen Person" [32]. Die Verarbeitung der Daten ist untersagt, solange keine der in der DSGVO beschriebenen Ausnahmen vorliegen.

Stimmdaten unter der DSGVO: Stimmdaten können in diese spezielle Kategorie personenbezogener Daten fallen, da sie biologische Charakteristika und Verhaltensmerkmale einer Person preisgeben können. Bei der Verarbeitung unterscheidet man im Allgemeinen zwischen verbaler sowie nonverbaler Information und im Besonderen zwischen sprachlichen Inhalt, paralinguistischer Informationen, und extralinguistischer Informationen [33]. Während paralinguistische Informationen sich auf nonverbale aber sprachbegleitende Aspekte wie Sprecheremotion beziehen, versteht man unter extralinguistischen Informationen sprecherspezifische Merkmale wie Alter, Geschlecht oder Gesundheitszustand [34]. Eine Vielzahl von Applikationen und Studien macht sich dies zu eigen und nutzt Stimmsignale zur Erkennung demographischer Merkmale wie Alter, Geschlecht und Herkunft, Emotionserkennung oder medizinischer Diagnostik [35, 36].

Darüber hinaus ermöglichen Sprachassistenzsysteme häufig Personalisierung, um Nutzenden eine auf ihre Bedürfnisse angepasste Erfahrung bieten zu können. Hierfür wird zunächst das Stimmprofil der Person erlernt und gespeichert, welches in zukünftigen Interaktionen zur Sprechererkennung oder Verifizierung genutzt wird.

Unter der DSGVO fallen Stimmdaten, welche zur Sprechererkennung genutzt werden, in die Kategorie der biometrischen Daten, da sie personenbezogene Daten darstellen, welche „mit speziellen technischen Verfahren die eindeutige Identifizierung einer Person ermöglichen oder bestätigen" [32]. Jedoch genügt es bei der Verarbeitung den Standardanforderungen der DSGVO zu entsprechen, da nur Stimmdaten, welche zur eindeutigen Identifizierung genutzt werden, als risikoreicher und sensibler eingestuft werden. Sie fallen in die oben beschriebene spezielle Kategorie personenbezogener Daten und ihre Verarbeitung unterliegt daher strengeren Richtlinien. Dies ist jedoch aus technischer Sicht kritisch zu betrachten, da in beiden Fällen biometrische Identifikatoren gespeichert werden und die eindeutige Unterscheidung zwischen Identifizierung und Verifizierung nicht immer möglich ist, beispielsweise wenn Personalisierung von mehreren Personen eines Haushalts genutzt wird.

Textdaten unter der DSGVO: Wie oben beschrieben sind Textdaten essenziell, um die Funktionalität von Sprachassistenzsystemen und Chatbots sicherzustellen. Allerdings können Textdaten, welche zum Trainieren der Systeme genutzt werden, sowie die, die während der Interaktion mit dem System anfallen, personenbezogene Informationen enthalten und deren Verarbeitung somit unter die DSGVO fallen. Zum einen können Nutzer:innen persönliche Daten direkt als Text teilen, zum anderen können aber wie auch bei Stimmdaten persönliche Attribute aus Textdaten abgeleitet werden. Beispielsweise kann die Nutzung bestimmter Wörter auf Alter oder Geschlecht der Person hinweisen [37].

12.4 Die andere Seite der Datenerhebung: Risiken und Herausforderungen

12.4.1 Die Risiken und Rechte der Probanden

Mit der Einführung von Amazon Mechanical Turk, der großen Anzahl verfügbarer Crowd-Arbeiter:innen und deren relativ niedrigen Löhnen, wurde ein Traum für Entwickler:innen aus aller Welt wahr. Es kam zu einer Art „Goldrausch" [38], weil man schnell und günstig riesige Mengen von annotierten Daten in kurzer Zeit erhalten konnte [23]. Die geringe Bezahlung führte schnell zu einer Unterschätzung der Crowd-Arbeit, einer Versachlichung der Arbeiter:innen und ihrer Entfremdung durch monotone oder sogar zerstörende Inhalte, wie z. B. die Moderierung von Inhalten aus sozialen Netzwerken [39, 40].

Methoden zur Datenerhebung wie Wizard-of-Oz Studien und Crowdsourcing stellen spezielle Herausforderungen für den Schutz der Privatsphäre dar. Ohne zu ahnen, dass sie mit einem Menschen interagieren, können Teilnehmende in Wizard-of-Oz Studien dazu neigen, sensiblere Informationen mit dem System zu teilen, als sie das bei einem realen Menschen tun würden. Dies ist besonders prekär, wenn Kinder mit den Systemen interagieren, da sie diese leicht als Freund:in wahrnehmen und entsprechende Geheimnisse teilen [41]. Nichtsdestotrotz kann bei Laborstudien davon ausgegangen werden, dass Teilnehmende sich dem Teilen der Informationen bewusst sind und deren Nutzung zu Forschungszwecken explizit zugestimmt haben. Weitreichendere Privatsphäre-Risiken ergeben sich für Crowd-Arbeiter:innen und für Teilnehmende von Feldstudien. Obwohl Arbeiter:innen und Auftraggeber:innen bei Amazon Mechanical Turk anonym sind, kann es mit Hilfe von Datentriangulation zur Re-Identifizierung der Arbeiter:innen kommen [42]. Experimente, welche Zugriff auf Stimmdaten der Arbeiter:innen fordern, stellen hierbei eine erhebliche Gefahr dar, da Stimmdaten zur Identifizierung genutzt und eine vollständige Anonymisierung dieser nur eingeschränkt möglich ist [43].

Crowd-Arbeiter:innen können zudem dazu neigen, ihre Privatsphäre gegen unmittelbare Belohnungen wie z. B. finanziellen Gewinn, einzutauschen und sensible Informationen preiszugeben [42]. Besonders im Bereich von Stimm-, Sprach- und Textdaten kann das Teilen sensibler Information nicht offensichtlich sein und die Privatsphäre der Arbeiter:innen stark beeinträchtigen. Aktuelle Studien zeigen, dass sich ein Großteil der allgemeinen Öffentlichkeit nicht bewusst ist, dass sensible Informationen wie Emotionen, Gesundheitszustände oder Persönlichkeitsmerkmale aus Stimmaufnahmen extrahiert werden können [44]. Es ist daher notwendig, dass Crowd-Arbeiter:innen ausreichend informiert und die Experimentdaten nur zweckgebunden verarbeitet werden. Diese Zweckbindung kann auch der unautorisierten Weitergabe von Daten entgegenwirken, welcher Crowd-Arbeiter:innen ausgesetzt sind [42].

Auf der anderen Seite nutzen Crowd-Arbeiter:innen verschiedene Privatsphäreschützende Strategien wie beispielsweise das Teilen von Falschinformationen oder die Nutzung von Rating-Plattformen für Auftraggeber:innen [45]. Außerdem vertrauen Arbeiter:innen akademischen Auftraggeber:innen oftmals häufiger, da sie Einwilligungserklärungen bereitstellen und Kontaktinformationen sowie Informationen zur Datensammlung, -verarbeitung und -speicherung teilen [45]. Crowdsourcing Plattformen sollten daher sicherstellen, dass forschungsethische Standards und Praktiken bei allen Aufträgen eingehalten werden. Zudem sollte die Einhaltung von Datenschutzprinzipien wie Datenminimierung, Zweckbindung und Transparenz gewährleistet werden, um das Vertrauen in die Plattform und Auftraggeber:innen zu stärken und qualitativ hochwertige Datenerhebung zu ermöglichen.

Die DSGVO stärkt im Besonderen die Rechte betroffener Personen, wie beispielsweise das Recht auf Auskunft oder das Recht auf Berichtigung und Löschung von Daten [32]. Es muss daher garantiert werden, dass Crowd-Arbeiter:innen sich ihrer Rechte bewusst sind und diese ausüben können.

12.4.2 Stochastische Papageien und die (mangelnde) Kontrollierbarkeit von Webdaten

Linguist:innen waren begeistert, als sich das Internet rasant vergrößerte, und sie es als Datenquelle nutzen konnten („ein sagenhafter Sandkasten für Linguisten" [9]). Aber die Webdaten spiegeln die Gesellschaft wider, die die Daten generiert: es ist naiv zu erwarten, dass ein mit Webdaten trainiertes Sprachmodell keinen Hass, Rassismus und Sexismus, der in den Daten enthalten ist, reflektieren würde [46, 47]. Heutzutage lernen riesige Sprachmodelle Muster aus großen Datenmengen, die durch Vektoren dargestellt werden. Mit Hilfe von Operationen zwischen diesen Vektordarstellungen können die Sprachmodelle sogar bestimmen, dass sich *König* zu *Mann* wie *Königin* zu *Frau* verhält [48]. Wegen der in den Daten enthaltenen Verzerrungen, errechnen die Sprachmodelle jedoch auch, dass die weibliche Version von *Chirurg Krankenschwester* ist [49], oder dass, es sich bei einer Person, die zu Hause kocht, mit großer Wahrscheinlichkeit um *eine Frau* handelt [50]. Microsoft musste auf eigene Kosten lernen, welche Folgen es hat, wenn man die Trainingsdaten eines Modells nicht kuratiert: der Chatbot Tay, der 2016 entwickelt wurde, um aus Interaktionen mit Twitter-Nutzenden zu lernen, wurde sehr schnell – innerhalb von nur 24 Stunden – rassistisch [51]. Und 2021, als ein Kind Alexa nach einer Challenge fragte, antwortete Alexa mit einem aus dem Internet abgerufenen Vorschlag, eine Münze in eine Steckdose zu stecken[1].

Die heutigen Sprachmodelle lernen aus riesigen Mengen von Daten nicht nur abstrakte Repräsentationen der Sprachverwendung. Mit den richtigen Angriffsstrategien können diese sogenannte „stochastische Papageien" [47], die für die Generierung wahrscheinlicher Wortfolgen optimiert wurden, personenbezogene Daten „nachplappern", welche in den Trainingsdaten vorkommen [52, 53].

Mit über zwei Milliarden monatlich aktiven Nutzenden weltweit und mehr als 500 Stunden hochgeladener Videos pro Minute, ist YouTube eine attraktive Datenquelle für Forschung und Entwicklung von Sprachassistenzsystemen [54]. Der VoxCeleb Datensatz ist einer der bekanntesten von YouTube extrahierten audiovisuellen Datensätze und enthält Interviewausschnitte von mehr als 7000 Prominenten [55]. VoxCeleb findet vielfältigen Einsatz im Bereich der Sprecher Identifizierung, Verifizierung, Separierung und Emotionserkennung [55]. URDU – ein Sprachdatenset bestehend aus Urdu Talk Shows – ist ein weiterer von YouTube extrahierter Datensatz, welcher zur Emotionserkennung genutzt wird [56].

Die Nutzung dieser Datensätze kommt jedoch mit erheblichen ethischen und Privatsphäre-relevanten Fragestellungen und ist Gegenstand anhaltender Debatten [57]. Im Besonderen, das Erlangen von Einwilligungen, deren Widerruf sowie das Recht auf Vergessenwerden stellen Forschende und Entwickler:innen vor Herausforderungen [58]. So machen die Anbieter von VoxCeleb klar, dass die Betroffenen aufgrund der genutzten Methoden zur Zusammenstellung des Datensatzes nicht über die Nutzung informiert werden konnten [59]. Stattdessen wird auf eine Befreiung der Informationspflicht nach Artikel 14(5)(b) der DSGVO hingewiesen, falls eine „Erteilung dieser Informationen sich als unmöglich erweist oder einen unverhältnismäßigen Aufwand erfordern würde" [32]. Zusätzlich wird in diesen Fällen das Ergreifen „geeigneter Maßnahmen zum Schutz der Rechte und Freiheiten sowie der berechtigten Interessen der betroffenen Person, einschließlich der Bereitstellung dieser Informationen für die Öffentlichkeit" gefordert [32].

12.4.3 Alexa, was hast du für große Ohren?

Daten direkter Nutzerinteraktion mit einem Sprachassistenzsystem sind besonders wertvoll, um Dialogstrategien uneingeschränkt zu beobachten und analysieren zu kön-

---

1 "Alexa tells 10-year-old girl to touch live plug with penny", BBC News, 28/12/2021 – https://www.bbc.com/news/technology-59810383.

nen [43]. Hierfür nutzen Forschende vermehrt Datenaufzeichnungen in der Öffentlichkeit, wie beispielsweise der Einsatz des Roboters Herme auf der Science Fair in Dublin 2011, der Einsatz von Amazon's Alexa in der Haupthalle des Pratt Institute School of Information oder auf einer wissenschaftlichen Ausstellung in Deutschland und Österreich [43, 60, 61]. Zusätzlich zu den technischen Schwierigkeiten, beschreiben Siegert et al. die besonderen datenschutzrechtlichen Herausforderungen für den Einsatz in öffentlichen Räumen. Um die Datensammlung auf reine Interaktionsdaten zu beschränken und Aufzeichnungen von Hintergrundgeräuschen zu vermeiden, verlassen sich die Forschenden oftmals auf eine durch die Nutzer:innen initiierte Aktivierung. Das nachträgliche Teilen und Bereitstellen der Daten stellt jedoch eine größere Herausforderung dar, da Anonymisierungstechniken für Stimmdaten beschränkt sind und somit die Datenanbieter:innen gezwungen sind, vollständige Kontrolle über die Aufzeichnungen zu behalten. Um dennoch eine Datenteilung zu ermöglichen, sind Forschende entweder auf die Einwilligung der Beteiligten angewiesen, was wiederum negative Auswirkungen auf die Natürlichkeit der Interaktion haben kann, oder sie müssen sich mit strikten Richtlinien zur Weitergabe zufriedengeben.

Auch für Firmen sind reale Interaktionsdaten von großer Bedeutung, da sie zum Training und der Verbesserung bestimmter Module genutzt werden können und Auskunft über ineffektive Dialogstrategien geben. Um die Technologie zu verbessern, transkribieren Mitarbeitende und unabhängige Auftragnehmende händisch die Aufnahmen der Nutzer:innen [62]. Diese Funktionalität sowie die dauerhafte Speicherung von Stimmaufnahmen sind oftmals automatisch aktiviert, z. B. bei Amazon's Alexa, und müssen von den Nutzenden explizit in den Einstellungen deaktiviert bzw. an deren persönliche Bedürfnisse angepasst werden. Jedoch sind sich nur wenige Menschen darüber im Klaren, wofür ihre Stimmaufzeichnungen von den Unternehmen genutzt werden und über die damit einhergehende Privatsphäre-Risiken. Es bedarf daher Default-Einstellungen, die die Privatsphäre der Nutzer:innen sicherstellen [62].

12.5 Schlusswort

Bei der Entwicklung und Nutzung von Sprachassistenzsystemen rücken Privatsphäre und Datenschutz oft in den Hintergrund. Forschende und Entwickler:innen sind begeistert über die Möglichkeiten schnell und günstig an Daten zu gelangen und Nutzer:innen verzichten auf ihre Privatsphäre, um neueste und technisch modernste Geräte nutzen und einen auf ihre Präferenzen zugeschnittenen Service erhalten zu können.

Es ist daher notwendig, beide Seiten für die Risiken und Konsequenzen zu sensibilisieren und auf die Sensitivität von Stimm- und Textdaten aufmerksam zu machen. Während Gesichtserkennung der allgemeinen Bevölkerung bekannt ist und im öffentlichen Raum häufig aus Gründen der Privatsphäre abgelehnt wird, ist der Einsatz von Stimmerkennung weniger geläufig [63, 64]. Dies ist besonders kritisch, da die Erkennung auch aus der Ferne, beispielsweise über ein Telefon, durchgeführt werden kann und eine unbewusste Nutzung möglich macht. Die Aufklärung über die verschiedenen Systeme sowie die Bereitstellung leicht verständlicher Informationen sind daher essenziell. Zudem sollten Nutzende die Kontrolle über die Verwendung ihrer Daten erhalten und einfach ausüben können. Hierfür sind transparente Prozesse unabdingbar. Idealerweise kann das Sprachassistenzsystem selbst dafür genutzt werden. Beispielsweise erlaubt die Entwicklung von Privatsphäre-fördernden Dialogstrategien, dass Nutzer:innen Informationen über die Datenverwendung leicht verständlich erhalten und in natürlicher Sprache Kontrolle ausüben können [65]. Eine realistische Einschätzung der Systeme sowie die Möglichkeit, informierte Entscheidungen zu treffen, können dazu beitragen, das Gleichgewicht zwischen Digital-Hype und Technikfeindlichkeit wiederherzustellen.

Auch Forschende und Entwickler:innen von Sprachassistenzsystemen sollten angehalten werden, ihre Kompetenzen im Bereich Datenschutz und Privatsphäre zu erweitern, die Kuratierung der Daten zu dokumentieren und ethische Folgen der Systeme zu diskutieren und abzuwägen. Im Besonderen sind diverse und interdisziplinäre Teams nötig, um ein gemeinsames Verständnis zu entwickeln und die Systeme aus verschiedenen Perspektiven beurteilen zu können.

Letztendlich kann nur eine Gesellschaft, die ein grundlegendes Verständnis für die zahlreichen Auswirkungen der Datenverarbeitung sowie des datenbasierten Lernens hat und an der Diskussion über die Datennutzung aktiv beteiligt wird (Society-in-the-Loop [66]), als Kontrollinstanz wirken und Grenzen für neue Technologien aufzeigen.

Literatur

[1] Pieraccini R. AI Assistants. MIT Press, 2021.

[2] Weizenbaum J. ELIZA – a computer program for the study of natural language communication between man and machine. *Communications of the ACM* 1966; 26: 23–28.

[3] Winograd T. Understanding Natural Language. 1972.

[4] Bobrow DG, Kaplan RM, Kay M, et al. GUS, a frame-driven dialog system. *Artif Intell* 1977; 8: 155–173.

[5] Lowerre BT. The HARPY speech recognition system. Carnegie Mellon University, 1976.

[6] Kučera H, Francis WN. *Computational analysis of present-day American English*. Brown University Press, 1967.

[7] Rumelhart DE, McClelland JL, PDP Research Group. Parallel Distributed Processing. The MIT Press, 1986.

[8] Leech GN. 100 million words of English: the British National Corpus (BNC). *Language Research* 1992; 28: 1–13.

[9] Kilgarriff A, Grefenstette G. Introduction to the special issue on the Web as corpus. Comput Linguist Assoc Comput Linguist 2003; 29: 333–347.

[10] Ferraresi A, Zanchetta E, Baroni M, et al. Introducing and evaluating ukWaC, a very large web-derived corpus of English. In: *Proceedings of the 4th Web as Corpus Workshop (WAC-4) Can we beat Google*. 2008, pp. 47–54.

[11] Wallace R. The elements of AIML style. Alice AI Foundation; 139.

[12] Carpenter R, Freeman J. *Computing machinery and the individual: the personal Turing test*. 2005.

[13]   Wilpon JG, Roe DB. AT&T Telephone Network Applications of Speech Recognition. In: COST 232 WORKSHOP on Speech Recognition Over the Telephone Line. 1992.

[14]   Singh S, Kearns M, Litman D, et al. Reinforcement learning for spoken dialogue systems. *Adv Neural Inf Process Syst*; 12.

[15]   Hinton GE, Osindero S, Teh Y-W. A fast learning algorithm for deep belief nets. Neural Comput 2006; 18: 1527–1554.

[16]   LeCun Y, Bengio Y, Hinton G. Deep Learning. *Nature* 2015; 521: 436–444.

[17]   Mikolov T, Sutskever I, Chen K, et al. Distributed Representations of Words and Phrases and their Compositionality. Advances in Neural Information Processing Systems; 26.

[18]   Devlin J, Chang M-W, Lee K, et al. BERT: Pre-training of Deep Bidirectional Transformers for Language Understanding. *arXiv [cs.CL]*, http://arxiv.org/abs/1810.04805 (2018).

[19]   Brown TB, Mann B, Ryder N, et al. Language Models are Few-Shot Learners. Advances in neural information processing systems 2020; 33: 1877–1901.

[20]   Brants T. Web 1T 5-gram Version 1. http://wwwldcupennedu/Catalog/CatalogEntryjsp?catalogId=LDC2006T13, https://ci.nii.ac.jp/naid/10026761697/ (2006).

[21]   Raffel C, Shazeer N, Roberts A, et al. Exploring the limits of transfer learning with a unified text-to-text transformer. Journal of Machine Learning Research 2020; 21: 1–67.

[22]   Kelley JF. An iterative design methodology for user-friendly natural language office information applications. *ACM Trans Inf Syst Secur* 1984; 2: 26–41.

[23]   Snow R, O'connor B, Jurafsky D, et al. Cheap and fast–but is it good? evaluating non-expert annotations for natural language tasks. In: Proceedings of the 2008 conference on empirical methods in natural language processing. 2008, pp. 254–263.

[24]   Hindenburg CF. *Ueber den Schachspieler des herrn von Kempelen: nebst einer Abbildung und Beschreibung seiner Sprachmaschine*. J.G. Müller, 1784.

[25]   Warren, Samuel D. and Brandeis, Louis D. The right to privacy. Harv Law Rev 1890; 4: 193–220.

[26]   UNESCO. *The universal declaration of human rights: A history of its creation and implementation, 1948–1998*. Paris, France: United Nations Educational Scientific and Cultural, 1998.

[27]   Council of Europe. Convention for the Protection of Human Rights and Fundamental Freedoms. Council of Europe Treaty Series 005.

[28]   Raul AC. *The privacy, data protection and cybersecurity law review*. Law Business Research Limited, 2018.

[29]   Council of Europe. Convention for the Protection of Individuals with regard to Automatic Processing of Personal Data. Council of Europe Treaty Series 108.

[30]   Bundesverfassungsgericht. BVerfGE 65, 1 – Volkszählung. Urteil des Ersten Senats vom 15. Dezember 1983 auf die mündliche Verhandlung vom 18. und 19. Oktober 1983 – 1 BvR 209, 269, 362, 420, 440, 484/83 in den Verfahren über die Verfassungsbeschwerden.

[31]   Parlament E. Richtlinie 95/46/EG des Europäischen Parlaments und des Rates vom 24. Oktober 1995 zum Schutz natürlicher Personen bei der Verarbeitung personenbezogener Daten und zum freien Datenverkehr. Amtsblatt Nr L.

[32]   European Commission. Regulation (EU) 2016/679 of the European Parliament and of the Council of 27 April 2016 on the protection of natural persons with regard to the processing of personal data and on the free movement of such data, and repealing Directive 95/46/EC (General Data Protection Regulation) (Text with EEA relevance).

[33]   Ephratt M. Linguistic, paralinguistic and extralinguistic speech and silence. J Pragmat.

[34]   Laver J, John L. *Principles of Phonetics*. Cambridge University Press, 1994.

[35]   Singh R. Profiling Humans from their Voice. Springer Nature Singapore.

[36]   Nautsch A, Jasserand C, Kindt E, et al. The GDPR and Speech Data: Reflections of the Legal and Technology Communities: First Steps towards a Common Understanding. In: *Interspeech: Crossroads of Speech and Language*. 2019.

[37] HaCohen-Kerner Y. Survey on profiling age and gender of text authors. Expert Syst Appl 2022; 199: 117140.

[38] Fort K, Adda G, Cohen KB. Amazon mechanical Turk: Gold Mine or Coal Mine? *Comput Linguist Assoc Comput Linguist* 2011; 37: 413–420.

[39] Shmueli B, Fell J, Ray S, et al. Beyond fair pay: Ethical implications of NLP crowdsourcing. In: Proceedings of the 2021 Conference of the North American Chapter of the Association for Computational Linguistics: Human Language Technologies. Stroudsburg, PA, USA: Association for Computational Linguistics, 2021, pp. 3758–3769.

[40] Berg J, Furrer M, Harmon E, et al. *Digital labour platforms and the future of work – Towards decent work in the online world*. International Labour Organization, http://wtf.tw/text/digital_labour_plat forms_and_the_future_of_work.pdf (2018).

[41] Westlund JK, Breazeal C, Story A. Deception, secrets, children, and robots: What's acceptable. In: Workshop on The Emerging Policy and Ethics of Human-Robot Interaction, held in conjunction with the 10th ACM/IEEE International Conference on Human-Robot Interaction. 2015.

[42] Xia H, Wang Y, Huang Y, et al. ' Our Privacy Needs to be Protected at All Costs' Crowd Workers' Privacy Experiences on Amazon Mechanical Turk. *Proc ACM Hum Comput Interact*.

[43] Siegert I, Varod VS, Carmi N, et al. Personal data protection and academia: GDPR issues and multi-modal data-collections. Online Journal of Applied Knowledge Management (OJAKM) 2020; 8: 16–31.

[44] Kröger JL, Gellrich L, Pape S, et al. Personal information inference from voice recordings: User awareness and privacy concerns. *Proc Priv Enhancing Technol* 2022; 2022: 6–27.

[45] Sannon S, Cosley D. 'It was a shady HIT': Navigating Work-Related Privacy Concerns on MTurk. In: Extended Abstracts of the 2018 CHI Conference on Human Factors in Computing Systems. Paper LBW507, New York, NY, USA: Association for Computing Machinery, 2018, pp. 1–6.

[46] Birhane A, Prabhu VU. Large image datasets: A pyrrhic win for computer vision? In: *2021 IEEE Winter Conference on Applications of Computer Vision (WACV)*. 2021, pp. 1536–1546.

[47] Bender EM, Gebru T, McMillan-Major A, et al. On the Dangers of Stochastic Parrots: Can Language Models Be Too Big? □. In: Proceedings of the 2021 ACM Conference on Fairness, Accountability, and Transparency. New York, NY, USA: Association for Computing Machinery, 2021, pp. 610–623.

[48] Mikolov T, Chen K, Corrado G, et al. Efficient Estimation of Word Representations in Vector Space. *arXiv [cs.CL]*, http://arxiv.org/abs/1301.3781 (2013).

[49] Bolukbasi T, Chang K-W, Zou J, et al. Man is to Computer Programmer as Woman is to Homemaker? Debiasing Word Embeddings. *arXiv [cs.CL]*. https://proceedings.neurips.cc/paper/2016/hash/ a486cd07e4ac3d270571622f4f316ec5-Abstract.html (2016, accessed 30 October 2022).

[50] Zhao J, Wang T, Yatskar M, et al. Men Also Like Shopping: Reducing Gender Bias Amplification using Corpus-level Constraints. In: *Proceedings of the 2017 Conference on Empirical Methods in Natural Language Processing*. Copenhagen, Denmark: Association for Computational Linguistics, 2017, pp. 2979–2989.

[51] Wolf MJ, Miller KW, Grodzinsky FS. Why we should have seen that coming: comments on microsoft's tay 'experiment,' and wider implications. The ORBIT Journal 2017; 1: 1–12.

[52] Thakkar O, Ramaswamy S, Mathews R, et al. Understanding Unintended Memorization in Federated Learning. *arXiv [cs.LG]*, http://arxiv.org/abs/2006.07490 (2020).

[53] Carlini N, Tramèr F, Wallace E, et al. Extracting training data from large language models. In: 30th USENIX Security Symposium (USENIX Security 21). 2021, pp. 2633–2650.

[54] Blogger GMI. YouTube User Statistics 2022, https://www.globalmediainsight.com/blog/youtube-users-statistics/ (accessed 27 October 2022).

[55] Visual Geometry Group. VoxCeleb, https://www.robots.ox.ac.uk/~vgg/data/voxceleb/ (accessed 27 October 2022).

[56] Latif S, Qayyum A, Usman M, et al. Cross lingual speech emotion recognition: Urdu vs. Western languages. In: *2018 International Conference on Frontiers of Information Technology (FIT)*. IEEE. Epub ahead of print December 2018. DOI: 10.1109/fit.2018.00023.

[57] Boegershausen J, Borah A, Stephen AT. Fields of gold: Web scraping for consumer research. Retrieved February 2021; 22: 2022.

[58] Politou E, Alepis E, Patsakis C. Forgetting personal data and revoking consent under the GDPR: Challenges and proposed solutions. *J cybersecur*.

[59] Visual Geometry Group. Dataset Privacy Notice, https://www.robots.ox.ac.uk/~vgg/terms/url-lists-privacy-notice.html (accessed 27 October 2022).

[60] Han J, Gilmartin E, De Looze C, et al. The Herme database of spontaneous multimodal human-robot dialogues. In: *Proceedings of the Eighth International Conference on Language Resources and Evaluation (LREC'12)*. 2012, pp. 1328–1331.

[61] Lopatovska I, Oropeza H. User interactions with 'Alexa' in public academic space. Proc Assoc Inf Sci Technol.

[62] Chalhoub G, Flechais I. 'Alexa, Are You Spying on Me?': Exploring the Effect of User Experience on the Security and Privacy of Smart Speaker Users. In: *HCI for Cybersecurity, Privacy and Trust*. Springer International Publishing, 2020, pp. 305–325.

[63] Steinacker L, Meckel M, Kostka G, et al. Facial Recognition: A cross-national Survey on Public Acceptance, Privacy, and Discrimination. In: ICML 2020 Workshop on Law and Machine Learning. 2020.

[64] Buckley O, Nurse JRC. The language of biometrics: Analysing public perceptions. *J Inf Secur Appl*.

[65] Harkous H, Fawaz K, Shin KG, et al. Pribots: Conversational privacy with chatbots. In: Workshop on the Future of Privacy Notices and Indicators, at the Twelfth Symposium on Usable Privacy and Security, SOUPS 2016. 2016.

[66] Rahwan I. Society-in-the-loop: programming the algorithmic social contract. *Ethics Inf Technol* 2018; 20: 5–14.

13 Autonomes Fahren und das deutsche Recht – eine Annäherung

Daniela Sprengel

Künstliche Intelligenz und das autonome Fahren[1] sind abstrakte Schlagworte der Gegenwart, die Technik ist noch weit von unserem Alltag entfernt. Doch könnte sie den „Sprung" auf unsere Straßen schaffen? Das hängt von vielen Faktoren ab, unter anderem von rechtlichen Rahmenbedingungen und gesellschaftlicher Akzeptanz. Eine Bestandsaufnahme der Herausforderungen.

Kaum etwas ist in Deutschland so alltäglich wie das Autofahren: trotz vieler Gefahren und Schäden wird es kaum in Frage gestellt und hat sich in den letzten Jahrzehnten nicht grundlegend verändert. Beim autonomen Fahren im engeren Sinne verkörpert das Auto hingegen die künstliche Intelligenz und ersetzt den Fahrer, eine Revolution! Je nach Autonomie-Level würde der menschliche Fahrer immer weiter aktiv unterstützt und letztlich vollkommen vom System ersetzt. Noch ist dies technisch nicht möglich und rechtlich nicht zulässig, doch beides könnte sich ändern.[2] Wollen wir als Gesellschaft das?

Diese Frage ist auch für das Recht relevant, denn unser Rechtssystem soll das gesellschaftlich Gewünschte abbilden. Es soll Wertvolles schützen, aber dabei nicht behindern; ermöglichen, ohne einzuengen. Es soll die Freiheit schützen, unser Eigentum, das Leben und die körperliche Unversehrtheit, um nur einige wichtige Rechtsgüter zu nennen [3]. Was sich eindeutig und richtig anhört, ist schon bei alltäglichen Beispielen eine große Herausforderung: was einige als Freiheit verstehen, belästigt oder schädigt andere. Bei neuen Technologien kann die gesellschaftliche und damit auch die rechtliche Einordnung noch schwieriger sein: was soll erlaubt sein, welche Gefahren sind hinzunehmen?

---

1 Grundsätzlich wird zwischen assistiertem, automatisiertem und autonomem Fahren unterschieden (so etwa auch die deutsche Bundesanstalt für Straßenwesen BASt). Diese Grundlagen wurden im Folgenden in eine differenzierte Klassifizierung mit 6 Stufen überführt (SAE International, der BASt und der VDA in den Stufen 0–5, SAE J3016). Auf diese Klassifizierung beziehen sich die Angaben des Artikels. Vom autonomen Fahren im eigentlichen Sinn spricht man lediglich in den Stufen 4 und 5. Der vorliegende Beitrag behandelt alle Level, um die technische Entwicklung umfassend zu würdigen und rechtlich zu bewerten.

2 Hier ist § 1a Straßenverkehrsgesetz (StVG) zu beachten. Der Gesetzgeber erlaubt hoch- oder vollautomatisierte Fahrzeuge zwar theoretisch, knüpft die Bedingung laut Absatz 3 jedoch an eine entsprechende Zulassung, die derzeit (noch) versagt wird. Zum fehlenden Nachweis der technischen Möglichkeiten schon beim teilautonom fahrenden Fahrzeug siehe [1] mit weiteren Ausführungen und Nachweisen. Soweit überblickt werden kann, hat lediglich Tesla dieses vollmundige Versprechen je zugesichert, ruft aktuell jedoch hunderttausende komplett selbstfahrende Autos zurück, die in der Testphase nicht halten, was der Hersteller verspricht [2].

Das autonome Fahren verspricht mehr Komfort für den Anwender, aber auch gesellschaftsrelevante Aspekte wie ein ressourcenschonendes Fahren, Teilhabe an der Mobilität oder mehr Sicherheit im Straßenverkehr.[3]

Der Artikel nähert sich diesem Problemkomplex, indem zunächst die spezifischen Begrifflichkeiten des autonomen Fahrens erläutert werden. Im Anschluss erfolgt ein allgemeiner Teil zur gesellschaftlichen Akzeptanz eines Risikos und den Möglichkeiten des Einzelnen, individuell Entscheidungen zu treffen. Im Fokus steht der dritte Teil, in dem rechtliche Grundlagen allgemein erläutert und anschließend konkreten Problemen des autonomen Fahrens gegenübergestellt werden. Es wird bewertet, inwieweit die neue Technik mit geltenden deutschen Gesetzen wie dem Bürgerlichen Gesetzbuch (BGB) oder dem Strafgesetzbuch (StGB) in Einklang zu bringen ist. Mögliche Lösungsansätze werden vorgestellt, ihr Potenzial und die konkrete Nützlichkeit zumindest eingeordnet.

13.1 Begriffsklärung

Beim autonomen Fahren im eigentlichen Sinne gibt der Fahrer die Kontrolle über das Auto ab[4], die künstliche Intelligenz übernimmt: wir sitzen in Auto-Robotern.[5] Doch zwischen einem konventionellen Pkw und einem vollautonomen Fahrzeug liegen einige Stufen (auch Level genannt) und technische Grundlagen.

In diesem Teil sollen die Begrifflichkeiten und Grundlagen kurz dargestellt werden.[6]

13.1.1 Technische Grundlagen

Handelt es sich bei einem autonomen Fahrzeug um einen konventionellen Pkw? Diese Einschätzung mag auf den ersten Blick zutreffen, Äußeres und Antrieb, die Mechanik und der Innenraum mögen uns vertraut vorkommen. Darüber hinaus verfügt ein autonomes Fahrzeug über eine Vielzahl spezieller Technik. Im Vergleich zu einem konventionellen Pkw benötigt das autonom fahrende Auto Kameras und Sensoren unterschiedlicher

---

3 Die ständige Kommission des 53. Deutschen Verkehrsgerichtstags ging bereits im Januar 2015 davon aus, dass die Technik einen wesentlichen Beitrag zur Verbesserung der Sicherheit und Leichtigkeit des Straßenverkehrs leisten könne [26]. S. auch [4, S. 57 f.].
4 Stufe 4, Hochautonom, und Stufe 5, Vollautonom.
5 Die künstliche Intelligenz kann grundsätzlich mit jedem technischen Fortbewegungsmittel kombiniert werden. Dieser Artikel beschränkt sich auf das Szenario, dass künstliche Intelligenz in Personenkraftwagen (Pkw) eingesetzt wird.
6 Aus Platzgründen wird in diesem Beitrag sowohl auf eine Historie des Begriffs „autonomes Fahren" verzichtet wie auch auf die detaillierte Darstellung des Standes der Technik.

Art, die viele hochspezifische Daten pro Sekunde erzeugen. Diese Daten erfassen Details des Pkw selbst sowie seine Umgebung. So wird etwa das Fahrzeug fortlaufend vermessen, seine Geschwindigkeit und die Anzahl der Insassen. Darüber hinaus wird die Umgebung erfasst: die Fahrbahn samt Markierungen, Verkehrszeichen und Geschwindigkeitsbeschränkungen, Ampeln sowie andere Verkehrsteilnehmer [5].

Diese Daten werden gespeichert und sofort verarbeitet. So werden Rückschlüsse auf den Verlauf der eigenen Fahrt und das Verhalten anderer Verkehrsteilnehmer gezogen. Letztlich kann es sich hierbei lediglich um eine Prognose der KI handeln. Je nach Automatisierungsgrad wirken sich die errechneten Wahrscheinlichkeiten der KI unterschiedlich aus: sie können passiv als Vorschlag an den Fahrer gerichtet sein[7] oder parallel zu den Entscheidungen des menschlichen Fahrers aktiv in das Fahrverhalten des Pkw eingreifen.[8]

13.1.2 Genauigkeit der errechneten Wahrscheinlichkeit

„Prognosen sind schwierig, besonders wenn sie die Zukunft betreffen." Dieses Zitat[9] trifft auch ohne die Bezugnahme auf KI einen wahren Kern: niemand kann mit absoluter Gewissheit in die Zukunft schauen, sie vorhersagen oder berechnen, weder menschlichen Autofahrer noch eine eine KI. Die Qualität der Prognosen beim autonomen Fahren hängt von mehreren Faktoren ab.

Zunächst basieren die Prognosen auf der Wahrnehmung der konkreten Situation. Je exakter die Rohdaten gemessen werden, desto besser ist die Ausgangslage für eine treffende Prognose. Die Qualität der Daten kann sowohl von der Hardware des autonomen Fahrzeugs abhängen, als auch von der Schnelligkeit und Vollständigkeit der Datenübermittlung. Zudem spielen äußere Einflüsse eine Rolle: die Witterung oder die Wartung der Hardware sind Einflussfaktoren für die Qualität der gemessenen Daten.[10] Bei schlechten Wetterbedingungen wie Nebel können bereits die Ausgangsdaten stark von der tatsächlichen Situation abweichen. Dies ist auch möglich, wenn Sensoren verschmutzt bzw. beschädigt sind.

---

7 Bekannt ist etwa das „Pause"-Symbol im Display. Hier wird eine unaufmerksame Fahrweise des Fahrers registriert, beispielsweise wenn Fahrbahnmarkierungen häufig überfahren werden. Dem Fahrer wird durch das Aufleuchten des Symbols im Display vorgeschlagen, eine Pause einzulegen. Es drohen keine Konsequenzen, sollte die Aufforderung missachtet werden.

8 Dies hängt auch vom Level des autonomen Fahrens ab.

9 Die Herkunft des Zitats ist ungeklärt und wird unter anderem Mark Twain oder Karl Valentin zugeschrieben.

10 Hier sind unterschiedliche Faktoren ausschlaggebend, je nach eingesetzter Technik etwa Kameras, Radar oder LiDAR. Zum Wartungsaufwand und der vorbeugenden Wartung siehe [5].

Weiter kann die konkrete Situation ausschlaggebend sein, wie zuverlässig die Prognose einer KI ausfällt. Bei einer übersichtlichen Verkehrssituation mag die KI den Verkehrsfluss gut und zuverlässig einschätzen. Wenn die Umgebung reizarm und übersichtlich ist, es nur wenige Verkehrsteilnehmer gibt, die sich zudem regelkonform verhalten, sind die Voraussetzungen für eine zutreffende Prognose günstig. Je mehr Verkehrsteilnehmer hinzukommen und/oder sich nicht regelkonform verhalten, fällt eine Einschätzung des Verkehrsgeschehens schwerer.[11] Zudem ist es möglich, dass für den menschlichen Fahrer eindeutige Situationen von der KI zwar erfasst, aber grundlegend falsch interpretiert werden.[12]

Unabhängig von diesen Konstellationen des Einzelfalls (die sowohl den menschlichen Fahrer als auch eine KI vor Herausforderungen stellen), hängt der Erfolg der KI-Prognose von einem der Technik immanenten Faktor ab: die Qualität der Datenverarbeitung [9]. Die künstliche Intelligenz zeichnet aus, dass sie die Daten des Einzelfalls mit bereits vorhandenen Daten abgleicht.[13] Je größer, aber auch qualitativ hochwertiger dieser Datensatz ist, desto genauer können die Prognosen des Einzelfalls sein; im Umkehrschluss lässt sich folgern, dass ein Datensatz mit falschen Grundannahmen zwingend eine falsche Prognose zur Folge haben wird. Ein unausgewogen zusammengestellter Datensatz könnte sowohl ein richtiges als auch ein falsches Ergebnis produzieren. Sobald die KI von Menschen mit Trainingsdaten „gefüttert" wird, sind Verzerrungen der Wirklichkeit möglich; die Daten können verfestigte Denkmuster der Trainer abbilden, etwa Vorurteile.[14] Dementsprechend verfälschte Trainingsdaten bergen die Gefahr, dass auch Prognosen der KI grundlegend verfälscht werden.

Darüber hinaus kann es der KI eigen sein, dass sie ihre Grundsätze und Maßstäbe fortwährend weiterentwickelt. Durch jeden Einsatz entstehen neue Daten, auf ihnen basieren neue Prognosen, die anschließend mit den tatsächlich eingetretenen Situationen abgeglichen werden. Dementsprechend wird der Begriff „Black Box" verwendet. Es ist einem menschlichen Fahrer während der Fahrt nicht transparent, auf welcher

---

11 Beispiel 1: Ein tödlicher Verlauf ereignete sich 2016 in Florida und wurde von der US-Verkehrsaufsichtsbehörde (NTSB) bestätigt: die KI erkennt einen abbiegenden und daher quer auf der Fahrbahn befindlichen Lkw nicht als Gefahr, obwohl er unmittelbar die Fahrspur versperrt. Der Fahrer hatte die Kontrolle vorab an den Autopiloten übergeben, damit lässt sich der Pkw nach der Aktivierung teilautonom steuern. Der Fahrer wendet sich vollkommen vom Verkehrsgeschehen ab und verstirbt. Es stellt sich heraus, dass der abbiegende Lkw dem teilautonomen Pkw die Vorfahrt genommen hat [6] [7].

12 Beispiel 2: Ein weit sichtbarer quer auf der linken Spur liegender Lastkraftwagen (Lkw) kann auf der Autobahn von allen menschlichen Fahrern gut umfahren werden. Erkennt die KI dies fälschlich als freie Spur, Himmel oder als Horizont, so rast das autonome Fahrzeug ungebremst hinein. So geschehen ohne Personenschaden in Taiwan [8].

13 Beim autonomen Fahren könnte z. B. Deep Learning in künstlichen neuronalen Netzen eingesetzt werden [10].

14 Ein allgemeines Problem der KI ist etwa die (beabsichtigte oder unbeabsichtigte) Diskriminierung bestimmter Personengruppen durch die Auswahl der Trainingsdaten. Siehe [11] mit Bezügen zur rassistischen Diskriminierung und weiteren Beispielen mit unterschiedlichen Ursachen.

Grundlage die KI eine Entscheidung trifft. Er kann ebenso wenig überprüfen, ob die technisch erfassten Daten mit seiner Wahrnehmung der Realität übereinstimmen. Angesichts der Lebendigkeit des Straßenverkehrs muss der Fahrer eine Entscheidung der KI blind hinnehmen- eine Überprüfung im Nachhinein ist möglich, jedoch ohne konkreten Nutzen für die bereits vergangene Situation. Eine Alternative wäre es, die Entscheidung der KI bewusst abzulehnen. Im Bruchteil von Sekunden lässt sich nicht pauschal sagen, ob der menschliche Fahrer oder die KI die „bessere" Entscheidung treffen. Es fällt bereits schwer abstrakte Maßstäbe für Entscheidungen festzulegen.[15]

13.1.3 Automatisierungsgrade

Die Automatisierungsgrade eines Autos werden Level oder Stufen genannt. Beim autonomen Fahren nimmt das Auto dem Fahrer in mehreren Stufen Handlungen ab. Je niedriger die Stufe oder das Level, desto mehr hat der menschliche Fahrer das Fahrgeschehen in den Händen.

Auf der niedrigsten Stufe („Driver only") sind keinerlei Hilfen an Board, es handelt sich um einen konventionellen Pkw ohne jegliche Assistenz.

Auf den Stufen 1 und 2[16] können gewisse unterstützende Systeme den Fahrer entlasten, etwa das heutzutage weit verbreitete Antiblockiersystem (ABS). Es unterstützt den Fahrer technisch, ohne in seine Handlungen oder Entscheidungen einzugreifen. Eine Vielzahl der Pkw auf deutschen Straßen lassen sich diesem assistierten Modus zuordnen, Spurhalteassistenten oder die Nutzung eines Tempomats sind längst keine Seltenheit mehr.

Grundlegend anders funktioniert das autonome Fahren auf Level 4 und 5, dem autonomen Fahren im eigentlichen Sinn. Auf der höchsten Stufe 5 bedarf es keines menschlichen Fahrers mehr, das Auto fährt vollautomatisiert. Je nach Ausstattung des Autos fehlen herkömmliche Vorrichtungen wie Lenkrad oder Pedale vollständig. Das autonome Fahrzeug kann vielfältig genutzt werden, etwa um Passagiere oder Güter zu befördern. Bei Stufe 4 kann das hochautomatisierte System ebenfalls das gesamte Fahrgeschehen übernehmen; ein menschlicher Fahrer muss jedoch anwesend sein und kann vom System aufgefordert werden, die Kontrolle über das Fahrgeschehen zu übernehmen.

---

15 Aus der Sicht des Fahrers könnte sein eigenes Wohlergehen im Vordergrund stehen. Eine KI könnte die Schäden des eigenen Käufers deshalb besonders schützen und nicht objektiv abwiegen; alternativ könnte sie auch die Gesamtschäden der Umgebung berechnen.
16 Assistiertes Fahren, kein autonomes Fahren im eigentlichen Sinne.

13.1.4 Besonders hervorgehoben: Stufe 3

Zwischen den Extremen an beiden Enden der Skala befindet sich die Stufe 3, der soge-nannte automatisierte Modus. Er ist technisch bereits umsetzbar und wird im realen Straßenverkehr genutzt, darf aber grundsätzlich (noch) nicht auf deutschen Straßen eingesetzt werden. In Autos der Stufe 3 ist die Automatisierung bereits weit fortgeschrit-ten[17]. Der menschliche Fahrer muss anwesend sein, darf sich jedoch ausdrücklich vom Fahrgeschehen abwenden und seine Konzentration etwa auf die Tageszeitung richten. Bei einer Warnung des Systems muss er kurzfristig wieder ins Geschehen eingreifen können.

Dieser Modus kann auch von deutschen Herstellern bereits in Serienreife angebo-ten werden. Von Science-Fiction ist Level 3 daher mittlerweile weit entfernt.

Ein wesentlicher Kritikpunkt an Level 3 ist die Tatsache, dass der menschliche Fahrer binnen Sekunden die Verantwortung zurück übertragen bekommt, nachdem er das Fahrtgeschehen vollständig aus den Händen geben durfte. In tatsächlicher Hin-sicht könnte das Eingreifen die Situation sogar noch verschärfen und Gefahren verursa-chen. Rechtlich ist die menschliche Verantwortung mit bisherigen Maßstäben eindeutig dem Fahrer zuzuordnen. Gesellschaftlich und rechtlich könnte es unbillig sein, einem Fahrer Verantwortung zuzuschreiben, obwohl das menschliche Gehirn die Situation binnen Sekunden nicht erfassen und adäquat reagieren kann.[18]

In technischer Hinsicht wird das Problem teilweise dadurch gelöst, dass Herstel-ler bestimmte Techniken in Stufe 3-Fahrzeugen an eine bestimmte Höchstgeschwin-digkeit koppeln. Dies mag die konkrete Gefährdung verringern, löst grundlegende Differenzen jedoch nicht auf.

13.2 Sicherheit der Technologie

An die Frage nach der Genauigkeit der Prognosen schließt sich die Frage der Sicherheit an. Wie sicher ist es für den Fahrer, einen Passagier oder den unbeteiligten Fußgänger, wenn ein Pkw nicht mehr allein von einem menschlichen Fahrer gesteuert wird? Ist dies davon abhängig, ob die KI-Entscheidungen mit dem menschlich gesteuerten Pkw in einem Fahrzeug kombiniert werden (zu Stufe 3-Fahrzeugen unten mehr)? Wird der Straßenverkehr sicherer, wenn menschliche Fahrer verboten werden?

---

17 Es können viele Funktionen selbstständig ausgeführt werden, etwa ein Spurwechsel samt Blinken und anschließendem Spurhalten.
18 Human-in-the-Loop, etwa wenn die KI erkennt, dass die errechneten Wahrscheinlichkeiten in einer gewissen Situation einen Schwellenwert unterschreiten, s. [12] [13].

All dies ist gegenwärtig ungeklärt. Im Zusammenhang mit dem autonomen Fahren sind bislang weder konkrete Zahlen vorhanden noch eine Tendenz erkennbar.[19] Es ist trotz neu geschaffener Risiken denkbar, dass der Straßenverkehr ohne den Faktor Mensch deutlich sicherer wird [14, S. 33–57].

Manche Experten schätzen, dass bis zu 90 % aller Verkehrsunfälle auf menschliches Versagen zurückzuführen sind [4, S. 57 mit weiteren Nachweisen]. Hieraus schließen nicht wenige, dass der Straßenverkehr im Umkehrschluss durch das autonome Fahren sicherer würde. Dies mag sich jedoch als Trugschluss erweisen, denn neben Materialversagen und höherer Gewalt bleibt im konventionellen Straßenverkehr kaum ein anderer Grund als der menschliche Fahrer.

13.3 Gesellschaftliche Akzeptanz eines Risikos

Wie bereits skizziert, soll das Recht abbilden, was gesellschaftlicher Konsens ist.[20] Doch je neuer und unbekannter eine Technik ist, desto schwieriger ist die Umsetzung dieser einfach anmutenden Grundlage. Ein gesellschaftlicher Konsens bildet sich aus Erfahrungen, allerdings fehlen gerade diese bei grundlegend neuen Technologien wie der Robotik. Die Technik schreitet schneller voran als die Erfahrungen Einzelner und der Gesetzgebungsprozess.

Das gesellschaftlich Gewollte wird neben allgemeinen Entwicklungen auch von dem Faktor „Risiko" beeinflusst. So werden Groß- und Risikotechnologien generell anders bewertet, weil deren Risiken etwa aufgezwungen, ungleich verteilt und nur unangemessen wenig kontrollierbar wirken [16]. Innovative Technik ist oft so spezifisch, dass kaum jemand die zugrundeliegenden Prinzipien versteht; dies kann die Skepsis erhöhen. Während die mechanische Funktionsweise eines Pkw vertraut und nachvollziehbar ist, wirken robotische Komponenten wie eine „Black Box" [27]. Teile der Elektronik mögen schon im Alltag der durchschnittlichen Bevölkerung integriert sein (wie Level 2- Pkw), selbstständig entscheidende und weiterlernende Robotik bleibt weiterhin unbekannt und fremd. Das Fahrrad wurde etwa seit dem 19. Jahrhundert in seiner Funktionsweise nur gering modifiziert, ist weit verbreitet und die Risiken eines muskelkraftbetriebenen Rades sind (vermeintlich) überschaubar: Einerseits

---

19 Im Falle des tödlichen Unfalls in Florida, s. o. stellte die zuständige Behörde fest, dass weder das Assistenzsystem noch der menschliche Fahrer reagiert hätten. Allerdings habe der Fahrer vermutlich seine Aufmerksamkeit vollkommen vom Fahrgeschehen abgewendet, was laut Hersteller unzulässig sei. Das Assistenzsystem habe den Fahrer laut Abschlussbericht der NTSB mehrfach auf diese Tatsachen hingewiesen.

20 In den Rechtswissenschaften wird auf diesen Konsens als grundlegendes Prinzip abgestellt und in der Rechtsanwendung berücksichtigt. Hierbei wird auf außer- bzw. überrechtliche soziale Gebote und Schranken sowie ethische Prinzipien zurückgegriffen, die im Recht nicht oder nur sporadisch positiviert, aber der gesamten Rechtsordnung immanent sind; diese verpflichten zu einer sozial angemessenen Rechtsausübung [15].

stellt der Radfahrer ein Risiko für andere Straßenverkehrsteilnehmer dar, andererseits ist er den Gefahren des motorisierten Verkehrs ausgesetzt. Trotzdem ist auch der Pkw-Verkehr gesellschaftlich stark etabliert und wird mit positiven Begriffen wie Freiheit und Unabhängigkeit assoziiert. Die Wahl des Fortbewegungsmittels trifft jeder Nutzer selbst; aber schon in diesem trivialen Beispiel sind die Gefahren für die Verkehrsteilnehmer weit höher und weniger beherrschbar, als wir uns im Alltag bewusst machen. Radunfälle mit Personenschaden werden zu 65 % von Kraftfahrern verursacht; verletzte und getötete Personen sind fast ausschließlich Radfahrer.[21]

Wird das Risiko einer bereits eingesetzten Technik evaluiert, sind Daten und Statistiken bereits vorhanden. So soll nachvollziehbar prognostiziert werden, wie sicher der Einsatz einer bestimmten Technik für die Beteiligten ist. Ergeben sich im Einzelfall Gefährdungen oder häufen sich (Personen-) Schäden, so kann die zuständige Behörde Maßnahmen zur Gefahrenabwehr ergreifen, etwa den Einsatz eines Geräts verbieten. Die Laienöffentlichkeit bewertet Risiken eher subjektiv auf der Basis eigener Erfahrungen, Faustregeln und letztlich individueller Ängste.

Welchem konkreten Risiko sich der Einzelne aussetzen möchte, ist von Gefahrenprognosen unabhängig und bleibt ihm selbst überlassen; rechtliche Grenzen gibt es kaum.[22] Im Zusammenhang mit dem autonomen Fahren sei mangels gewisser Daten darauf verwiesen, dass der Einsatz von autonomen Fahrzeugen sowohl Sicherheit als auch Gefahren bergen kann. Zu einfach wäre die Annahme, der Einsatz würde die Sicherheit aller ausschließlich verbessern. Verkomplizierend ist die Tatsache, dass sich das Risiko der neuen Technik für die Verkehrsteilnehmer unterschiedlich auswirken könnte. So könnte eine KI die eigenen Insassen besser schützen und ihr Wohlergehen in der Abwägung höher priorisieren als das anderer Verkehrsteilnehmer.

All diese Aspekte könnten sich bei der Entscheidung auswirken, ob und in welcher Ausprägung das autonome Fahren in der Zukunft gesellschaftlich gewünscht ist.

13.4 Rechtliche Grundlagen

Nicht für jede neue Technik ist ein eigenes Gesetz notwendig oder sinnvoll. Dies liegt einerseits daran, dass viele Entwicklungen nie die Marktreife erlangen. Zudem sollen Gesetze auf eine Vielzahl von Sachverhalten anwendbar sein. Die Regeln für einen Kaufvertrag sollen die gleichen sein, unabhängig ob ein Oldtimer verkauft wird oder ein Roboter. Oft haben wir auch dieselben Interessen, unabhängig von einem technischen Fortschritt: wir wollen uns im Straßenverkehr auf die Einhaltung der allen be-

---

21 Die Hauptverursacher von Radunfällen mit Todesfolge sind Berufskraftfahrer in schweren LKW [17].
22 Vgl. im Bereich des Strafrechts und der Einwilligung in Gesundheitsschäden § 228 StGB.

kannten Regeln verlassen und weder von einem menschlichen Fahrer noch einem autonom gesteuerten Fahrzeug geschädigt werden.

Es kann jedoch erforderlich sein, für neue Entwicklungen spezielle Regelungen in Gesetzbüchern zu verankern oder gar ein neues Gesetz zu erlassen, weil die bisherigen Normen nicht ausreichen. Dies wird unter anderem anhand eines vermuteten Risikos einer neuen Technologie bewertet.

In diesem Abschnitt sollen einige Aspekte der Verantwortung im Straßenverkehr aufgegriffen werden. Sie werden sowohl beim konventionellen Pkw dargestellt und darüber hinaus mit dem Einsatz des autonomen Fahrens verglichen.

13.5 Allgemeines

Insgesamt stellt der Einsatz von Robotik die Zurechnungsstrukturen des Rechts vor große Herausforderungen [27]. Bezüglich der konkreten Technik hat noch kein gesellschaftlicher Konsens herausbilden können; neben schwer zu prognostizierenden Risiken ist unter anderem bisher unklar, welche Pflichten den Beteiligten allgemein und in einer besonderen Situation auferlegt werden. Dies ist insbesondere für die Betroffenen misslich, weil die Folgen sie in Form von Strafverfolgung oder Haftung empfindlich treffen können. Es sind im Wesentlichen zwei Möglichkeiten denkbar: die handelnde Person kann vorsätzlich oder fahrlässig gehandelt haben. Für die Fahrlässigkeitshaftung muss die handelnde Person etwa das sogenannte „erlaubte Risiko" überschritten haben, unabhängig davon, welche technischen Hilfsmittel genutzt wurden [18]. Neben den Nutzern treffen auch den Hersteller eines Produktes wichtige Pflichten.

In diesem Abschnitt sollen die Rechte und Pflichten im Straßenverkehr grundlegend erläutert werden, sowohl im konventionellen Pkw als auch mit Bezug auf das autonome Fahren.

13.6 Grundlagen des Rechts: Verantwortung des Einzelnen

13.6.1 Konventionelle Regelung

Eine wesentliche Grundlage des deutschen Rechtssystems ist die Tatsache, dass der Gesetzgeber den Menschen in den Mittelpunkt aller Überlegungen rückt: jeder Mensch[23] ist für sein Handeln grundsätzlich selbst verantwortlich, weil es auf eine Willensbil-

---

23 Unter der Voraussetzung der vollen Einsichts- und Steuerungsfähigkeit, wie sie etwa bei gesunden Volljährigen angenommen wird.

dung zurückzuführen ist. Auch das Unterlassen einer Handlung beruht auf dem menschlichen Entschluss. Ist jemand unaufmerksam und kommt seinen Pflichten verschuldet nicht nach, so ist er auch hierfür selbst verantwortlich. Aus diesen Prämissen leitet sich die Verantwortlichkeit des Einzelnen für Schäden her, die er anderen zufügt. Sie werden im Wesentlichen im Zivil- und Strafrecht behandelt. Eine KI besitzt jedoch keine Rechtspersönlichkeit, kann also nicht mit eigenen Rechten und Pflichten ausgestattet werden. Es ist (zurzeit) lediglich möglich, einzelne Privatpersonen oder Firmen dafür zur Verantwortung zu ziehen.

13.6.2 Autonomes Fahren

Wollte man diese Gesetzessystematik auf KI und das autonome Fahrens beziehen, sind die Herausforderungen allein durch die Tatsache offensichtlich, dass die KI in einer weit entwickelten Form neben menschliche Handlungen tritt oder diese durch eigene KI-Entschlüsse und autonome Handlungen sogar ersetzt. Zur Verantwortung könnte grundsätzlich der Hersteller des autonomen Fahrzeugs gezogen werden; darüber hinaus sind ein menschlicher Fahrer, ein Halter oder eine Versicherung denkbar. Auf der höchsten Stufe ist kein menschlicher Fahrer erforderlich, ein Halter oder eine Versicherung wären noch eher mit konventionellen Denkmustern vereinbar.[24] Doch wäre für jeden Autounfall der Hersteller verantwortlich, könnte er die Summe der enormen Schäden nicht kompensieren, ohne in wirtschaftliche Schieflage zu geraten. Das Rechtssystem stößt hier offensichtlich an seine Grenzen.

13.7 Haftung für Verschulden

Im Zivilrecht und im Strafrecht können in Bezug auf das autonome Fahren mehrere Aspekte einheitlich betrachtet werden.[25] Oberste Prämisse ist es, durch die eigenen Handlungen keine Schäden bei anderen zu verursachen. Dementsprechend soll der Fokus dieses Beitrags in beiden Rechtsgebieten auf der Haftung des Fahrers für Schäden liegen, die er selbst oder (s)ein autonom fahrender Pkw verursacht.

---

24 Die Halterhaftung ist momentan eingeschränkt. Eine Versicherbarkeit von Risiken ist möglich, vgl. § 1 Pflichtversicherungsgesetz, dass alle Halter eines KFZ zum Abschluss einer Haftpflichtversicherung verpflichtet. In Bezug auf die Risiken eines autonomen Fahrzeugs müsste ein Geschäftsmodell allerdings wirtschaftlich sinnvoll sein. Sollte eine Versicherung per se alle Schäden aus sämtlichen Verkehrsunfällen zahlen, wäre dies im ersten Schritt wohl ein nicht versicherbares Risiko.
25 Auf die Unterschiede der Rechtsgebiete wird in diesem Artikel nicht vertieft eingegangen. Das Zivilrecht stellt allgemeingültige Regeln auf, während das Strafrecht darüber hinaus auch verstärkt die individuellen Fähigkeiten des Einzelnen berücksichtigt.

13.7.1 Konventionelle Haftung

Wie bereits ausgeführt haftet ein Autofahrer für seine Handlungen. Vereinfacht lässt sich sagen, dass er die Schäden eines Unfalls kompensieren muss, wenn er diesen verursacht hat. Dies bezieht sich auf Sachschäden am Pkw selbst, aber auch auf Körperverletzungen und damit verbundene Schmerzen, vgl. § 823 I BGB.

Das Augenmerk der sogenannten deliktischen[26] oder strafrechtlichen Haftung liegt hierbei auf dem Verschulden des Verantwortlichen; es kann vorsätzlich oder fahrlässig verwirklicht werden. Ein vorsätzliches Handeln liegt beispielsweise vor, wenn der Fahrer um einen Schaden gewusst und ihn gewollt hat und seine Handlung entsprechend steuert. Wer ein anderes Auto oder einen Menschen bewusst anfährt, hat den entstandenen Schaden vorsätzlich herbeigeführt. Auch wer einen Schaden für möglich hält und billigend in Kauf nimmt, handelt vorsätzlich. Der Fahrer denkt hierbei zum Beispiel: „Meine Fahrweise ist riskant, aber ich nehme es in Kauf, wenn ich dabei den Pkw am Straßenrand beschädige."

Der Fahrer haftet ebenfalls, wenn er den Schaden fahrlässig verursacht hat. Hierbei hat er den Schaden zwar nicht direkt gewollt, aber die Entstehung durch mangelnde Sorgfalt herbeigeführt. Entweder denkt er gar nicht über den Schaden nach oder hält ihn für abwegig: „Meine Fahrweise ist zwar riskant, aber den Pkw am Straßenrand werde ich hoffentlich nicht touchieren."

Eine wesentliche Schwierigkeit der Verschuldenshaftung ist also die Frage, welches Risiko noch erlaubt ist und welches im Einzelfall zu hoch war. Wird das Fahren eines Pkw bewertet, kann man sich im ersten Schritt an Gesetze und Verordnungen halten. Ist eine Tätigkeit grundsätzlich verboten? Dann ist das Risiko nicht gestattet.[27] Das Autofahren per se ist nicht verboten, vieles ist explizit geregelt und damit erlaubt. Jedoch muss der Fahrer im Einzelfall reagieren: Fahrweise und Geschwindigkeit sind etwa der Witterung anzupassen und ggf. zu reduzieren, unabhängig von einer zulässigen Höchstgeschwindigkeit[28]. Im Schadensfalle ist es gerade bei einem Verkehrsunfall bereits schwierig zu rekonstruieren, welche Tatsachen zu dem Zeitpunkt vorlagen: Welche Witterung herrschte? Welcher Verkehrsteilnehmer befand sich wo und hat sich wie verhalten?

Die rechtlichen Wertungen sind dementsprechend regelmäßig kaum oder nicht mit der erforderlichen Sicherheit zu treffen. Beispiele hierfür: Wie schnell hätte der Fahrer fahren dürfen? Welche Schäden wären eingetreten, wenn er sich an die erlaubte Höchstgeschwindigkeit gehalten hätte? Oder wäre der Unfall gar vermeidbar gewesen, wenn sich das Opfer an die Straßenverkehrsregeln gehalten hätte?

---

26 Sogenannte deliktische Haftung mit der zentralen Norm § 823 I BGB. Das Verschulden regelt § 276 BGB.

27 Dies kann sich etwa auf ausdrücklich verbotene Tätigkeiten beziehen. So ist es dem Einzelnen etwa nicht erlaubt, ein Atomkraftwerk zu betreiben oder Feuerwaffen in der Öffentlichkeit zu tragen.

28 Die angepasste Fahrweise ist in § 1 Straßenverkehrsordnung geregelt.

13.7.2 Autonomes Fahren

Die Hinzuziehung des autonomen Fahrens hat unzählige und vollkommen unterschiedliche Auswirkungen auf die beschriebenen Wertungen. Die hier geschilderten Aspekte sind deshalb unvollständig und lediglich beispielhaft. Zudem hängen sie vom Level des autonomen Fahrzeugs ab.

Bei einem vollautomatisierten Level 5-Fahrzeug erledigen sich einige Aspekte des konventionellen Rechtssystems von allein: Es gibt keinen Fahrer und damit keine menschlichen Handlungen. Ein Verantwortlicher für etwaige Schäden kann im ersten Schritt nicht gefunden werden. Es gibt jedoch Überlegungen, jeden Roboter (und ein solcher ist ein Level 5-Fahrzeug) mit einer Art „Guthaben" aufzuladen, welches bei einer Schadensverursachung zur Kompensation genutzt würde.[29] Ein weiterer Ansatzpunkt ist es, einen konkreten Roboter nach einem Unfall zu vernichten, vergleichbar mit der Todesstrafe von Verbrechern [19]. Gerade der zweite Punkt offenbart jedoch einen essentiellen Unterschied: Roboter sind beliebig reproduzierbar, eine Gefahr für den Straßenverkehr ist mit der Vernichtung eines einzelnen Geräts nicht gebannt. Auch das Potenzial, dass der Unfall in den Datensatz der KI aufgenommen wird, verhindert noch keinen zweiten vergleichbaren Unfall.

Bis Level 3 muss der Fahrer in jeder Situation wieder die Kontrolle über sein Fahrzeug und das aktuelle Fahrgeschehen erlangen; somit liegt es nahe, ihm jede Verantwortung zuzuschreiben[30]. Bis Stufe 2 ist dies angemessen, es handelt sich um kein autonomes Fahren im eigentlichen Sinne, die Technik unterstützt den Fahrer lediglich. Gerade die Stufe 3 birgt durch die erlaubte Abwendung vom Fahrgeschehen das Potenzial, dass eine pauschale Verantwortung des Fahrers nicht sachgerecht wäre. Andererseits führt er das Risiko des autonomen Fahrens in den Straßenverkehr ein. Nimmt er damit pauschal Schäden in Kauf, die speziell durch KI verursacht werden? Diese Bewertung hängt auch davon ab, was der Nutzer eines autonomen Fahrzeugs erwarten darf. Die berechtigten Erwartungen sind momentan nicht vorhersehbar.

13.8 Kausalität und objektive Zurechnung

Mit dem vorherigen Punkt ist eng verknüpft, dass ein Verantwortlicher nur dann haftet, wenn sein Handeln erstens kausal für einen eingetretenen Schaden war und der Schaden ihm zweitens objektiv zurechenbar ist [18]. Das autonome Fahren stellt dieses Prinzip je nach Level vor Probleme.

---

29 Vergleichbar mit einem Prepaid-Handy. Folgefragen nach der Höhe der aufzuladenden Summe und der wirtschaftlichen Realisierung drängen sich auf.
30 Es verbleibt aber das Human-in-the-Loop-Problem, s. o.

13.8.1 Konventionelle Haftung

Die Grundlage für eine individuelle Haftung ist die Zuordnung eines Schadens zu einer vorherigen Handlung. Hierbei hilft ein einfaches Gedankenmodell: Kann man eine Handlung theoretisch hinwegdenken und entfiele dann der Schaden, so kann die Handlung kausal, also ursächlich gewesen sein. Es handelt sich um eine Art physikalisches Experiment von Ursache und Wirkung.

Der zweite Schritt ist anspruchsvoller: Der Schaden muss dem Verantwortlichen auch zugerechnet werden können, es handelt sich um eine Wertungsfrage. Hat ein Täter mit seiner Handlung ein Risiko geschaffen, welches sich im Schaden realisiert?[31] Schwierig zu bewerten ist dies, wenn beurteilt werden muss, ob der eingetretene Schaden vorhersehbar war (dann ist die Zurechnung gegeben) oder völlig abwegig war (dann ist die Zurechnung durch den sogenannten atypischen Kausalverlauf durchbrochen).

Auch bei konventionellen Sachverhalten ist die Wertung im Rahmen der objektiven Zurechnung teilweise besonders anspruchsvoll und hängt zudem von Erfahrungswerten ab.

13.8.2 Autonomes Fahren

Wenn eine Wertung schon bei konventionellen Sachverhalten anspruchsvoll ist, was soll vorhersehbar sein, wenn KI involviert ist? Menschliche Beobachter können die Entscheidungen einer KI nicht in Echtzeit nachvollziehen. Noch schwieriger ist die Lage der anderen Verkehrsteilnehmer: sie konnten im Vorfeld noch weniger Einblicke in die KI gewinnen, können deren Einsatz gar nicht erkennen und sind mit der Technik nicht vertraut. Zudem kann hinzukommen, dass sich menschliche Handlungen und aktives Eingreifen von KI im Verkehrsgeschehen vermischen.

Sowohl die Zuordnung der Handlungen als auch die Bewertung von Kausalität und objektiver Zurechnung kann durch den Einsatz einer KI unmöglich werden. Hierdurch würden bestehende Beweisprobleme erheblich verstärkt oder die Beweiserbringung gar unmöglich werden. In der Folge könnten berechtigte Ansprüche von Verkehrsopfern nicht gerichtlich geltend gemacht werden.

---

[31] Dies ist noch eindeutig, wenn ein Fahrer einen Menschen absichtlich anfährt, um ihn wie geplant zu verletzen.

13.9 Besonderheit Produzentenpflichten

Den Produzenten eines Produkts trifft die Pflicht, während eines gesamten Produktzyklus angemessene Sorgfaltspflichten zu wahren. Unabhängig von einem Verschulden ergeben sich diese hohen Pflichten aus der Tatsache, dass der Produzent mit seinem Produkt eine Gefahrenquelle schafft. Diese Risiken kann er angemessen durch die Einhaltung notwendiger und zumutbaren Verkehrs- und Organisationspflichten minimieren; berechtigte Sicherheitserwartungen muss er erfüllen [15]. Auch ein autonomes Fahrzeug ist in Bezug auf Hard- und Software ein Produkt und unterfällt diesen Grundsätzen [25].

13.9.1 Konventionelle Pflichten

Die Produzentenhaftung umfasst viele Bereiche: Entwicklung, Produktion samt Qualitätskontrolle, Instruktion und Information der Nutzer und die anschließende Überwachung des Produkts [15].

Während der Konstruktion hält der Produzent sämtliche Vorgänge in seinen Händen, er muss Konstruktionsfehler vermeiden.[32] Während der Produktion hat er für eine ordentliche Herstellung des Produkts zu sorgen. Anschließend sind Instruktionen zu erstellen, etwa für den Vertrieb oder an den Endnutzer. Sobald ein Produkt auf dem Markt ist, muss der Produzent das Produkt beobachten. Wird ihm etwa bekannt, dass alle Produkte oder solche einer bestimmten Charge Mängel aufweisen, so muss er auch dann noch reagieren. Bekannt sind etwa die Warnungen vor verunreinigten Lebensmitteln oder Rückrufaktionen von Produkten.

Je nach beteiligten Kreisen sind die Pflichten sehr umfangreich. Handelt es sich bei dem Endnutzer etwa um einen Verbraucher, so sind die Pflichten des Produzenten hoch und teils in Umfang und Ausmaß nicht absehbar.[33]

---

[32] Widerspricht bereits die Konstruktion eines Pkw bekannten physikalischen Grundlagen und Anforderungen, so hätte der Produzent dies verhindern müssen. Dem Produzenten ist es auferlegt, die Erwartungen zu ermitteln; er kann den Gebrauchszweck definieren, muss aber einen erwartbaren Fehlgebrauch berücksichtigen. In der Folge leidet die gesamte Produktserie an dem Konstruktionsfehler. Vgl. [15].

[33] Verbraucher sind beispielsweise in angemessener Sprache und mit deutlich hervorgehobenen Hinweisen auf bestimmte Gefahren hinzuweisen siehe [15 § 823 Rn. 718 ff. mit zahlreichen weiteren Nachweisen und Beispielen]. Was eine adressatengerechte Kommunikation betrifft, sind viele Produzenten unsicher, wie sie ihre Hinweise inhaltlich gestalten und textlich formulieren.

13.9.2 Autonomes Fahren

Das autonome Fahren birgt für die Produzenten zahlreiche Schwierigkeiten, völlig unklare Produzentenpflichten sind ein wesentlicher Aspekt und sorgen in der Praxis für großen Unmut. Nahezu unendliche Varianten des „technisch Möglichen und wirtschaftlich Zumutbaren" [15 § 823 Rn. 677] führen zu einer großen Unsicherheit, zumal das Haftungsrisiko enorm ist; diesem Problem kann in der Praxis kaum begegnet werden. Durch die wertvollen Rechtsgüter und die hohen Schäden ist zu erwarten, dass hier strenge Maßstäbe angelegt werden.

Das grundsätzliche Problem der adressatengerechten Kommunikation wird durch mehrere Aspekte des autonomen Fahrens erschwert. Einerseits sind die Endnutzer Verbraucher ohne spezifische Kenntnisse in der künstlichen Intelligenz oder der Robotik. Zudem handelt es sich beim autonomen Fahren in Level 4 und 5 um eine grundlegend neuartige Funktionsweise. Eine angemessene Instruktion erscheint entweder unvollständig oder so umfassend, dass sie unübersichtlich gerät und allein dadurch unverständlich wird.

Das erhebliche Haftungsrisiko führt dazu, dass die Instruktionen dicken digitalen Handbüchern gleichen werden. Eine Folge, aber letztlich kontraproduktives Ergebnis, von dem insbesondere der Verbraucher nicht konkret profitiert sind große Dateien, die kaum ein Verbraucher komplett liest oder gar verinnerlicht. Es handelt sich um eine Gratwanderung, die dem Produzenten kaum gelingen kann.

13.10 Besonderheit Produkthaftung

Der Hersteller eines Produkts hat zusätzlich zu seiner „normalen" Haftung für Vorsatz und Fahrlässigkeit besondere Pflichten, die im Produkthaftungsgesetz geregelt sind.

13.10.1 Konventionelle Haftung

Auf den Punkt gebracht muss ein Hersteller ein fehlerfreies Produkt auf den Markt bringen, andernfalls liegt die Serienreife nicht vor, vgl. §§ 2, 3 ProdHaftG. Bereits bei alltäglichen Gegenständen stellt sich die Frage, was hierunter zu verstehen ist. Es ist daran anzuknüpfen, an welche Personenkreise das Produkt verkauft wird und was diese für Erwartungen haben dürfen; es kann einen erheblichen Unterschied ausmachen, ob der Hersteller das Produkt auch an Verbraucher verkauft oder lediglich an eigens eingewiesene oder gar gewerbliche Nutzer mit Spezialkenntnissen, vgl. § 3 ProdHaftG.

13.10.2 Autonomes Fahren

Beim autonomen Fahren werden mehrere Herausforderungen offenbar, will man die Grundsätze der Produkthaftung auf die neue Technik anwenden. Zu allererst sei die Tatsache genannt, dass ein konventionelles Produkt zum Zeitpunkt des Verkaufs einen gewissen Stand aufweist, an den der Gesetzgeber mit dem Begriff der Fehlerfreiheit anknüpft. Die Hardware der Robotik ist hiermit noch vergleichbar, nicht jedoch die sich ständig weiterentwickelnde Software, das Herzstück der KI. Ihre Prämissen, ihr Datenschatz und die hieraus gezogenen Schlüsse können und sollen sich regelmäßig weiterentwickeln. Die KI ist die bereits beschriebene „Black Box". Selbst einmal richtige Annahmen ihrer Funktion sind möglicherweise kurze Zeit später veraltet, ohne dass hierüber informiert wird.

Auch die berechtigte Erwartung der Kunden in die Sicherheit und Funktionsweise eines autonomen Fahrzeugs ist wesentlich schwerer festzustellen als bei herkömmlichen Produkten. Dies kann in niedrigen Stufen noch leichter bewertet werden, insbesondere vor dem Hintergrund, dass Level 2-Fahrzeuge bereits heute weit verbreitet sind. Hieran darf angeknüpft werden an das vermutlich bereits vorhandene Gefahrenwissen des typischen Verwenders.[34] Level 5 liegt noch in der Zukunft, fahrerlose Pkw im Straßenverkehr sind aktuell kaum denkbar. Darf der Nutzer einem solchen Versprechen blind glauben oder muss er es wie andere Werbeslogans relativieren?

Dem Gedanken des Produkthaftungsgesetz ist zwar immanent, dass sich eine Produktlinie im Laufe der Zeit verändern kann. Die grundlegend andere Funktionsweise des autonomen Fahrens und die Weiterentwicklung in Echtzeit sind auch diesem Gesetz fremd. Eine Anpassung des vorhandenen Gesetzes oder das Hinzutreten eines neuen Gesetzes erscheinen zwingend notwendig, um die Unsicherheiten zu überwinden. Es mag auch sein, dass eine vorübergehende Klarstellung im Gesetz ausreicht, bis sich die Erwartungen an autonome Fahrzeuge im Straßenverkehr gefestigt haben.

13.11 Verkehrsrecht

Das Verkehrsrecht regelt unter anderem Zulassungsfragen, also welche Fahrzeuge unter welchen Voraussetzungen auf öffentlichen Straßen fahren dürfen. Eine Vollautomatisierung wird in absehbarer Zeit nicht serienreif und zugelassen zur Verfügung ste-

---

34 Vor dem Hintergrund, dass Level 3 und 4 Fahrzeuge einen menschlichen Fahrer benötigen, kann überlegt werden, ob vom Verwender (mindestens) die gleiche Sorgfalt und Qualifikation erwartet werden darf. Jedoch muss auch beachtet werden, dass die Technik dem Fahrer eine trügerische Sicherheit vermitteln kann. Vgl. Beispiel 1, hier übernahm der Fahrer trotz mehrfacher Warnung auf Level 4 nicht wieder das Fahrgeschehen und verstarb. [15] § 823 Rn. 727.

hen.[35] Somit fehlt bereits die Basis einer Zulassung. Es sei allerdings darauf verwiesen, dass es dem Gesetzgeber möglich ist, jeder Technologie ab einer gewissen Marktreife den Marktbeitritt zu erleichtern. So geschieht es aktuell auch im Hinblick auf das autonome Fahren: Fahrzeuge mit Level 3-Automatisierung sind auf bestimmten Teststrecken und unter beschränkten Bestimmungen zugelassen. Mit fortschreitenden Erfahrungen könnte diese Entwicklung in absehbarer Zeit zu einer generellen Zulassung der Stufe 3-Technologie führen. Der Gesetzgeber hat zudem eine Verordnung zu Level 4 Fahrzeugen verabschiedet.[36] Diese ermöglicht Änderungen für Level 4 Fahrzeuge im Straßenverkehr. Aktuell wird diese Möglichkeit nicht ausgeschöpft, da kein Level 4 Fahrzeug zulassungsfähig ist; doch sobald eine Zulassung vorliegt, können die neuen rechtlichen Rahmenbedingungen genutzt werden.[37]

Weitere Prognosen sind momentan kaum möglich und hängen von Erfahrungen, der gesellschaftlichen und der technischen Entwicklung ab. Mit der neuen Verordnung hat der Gesetzgeber den Automobilherstellern jedoch eine konkrete Perspektive für Level 4 Fahrzeuge in Aussicht gestellt. Der geeignete Rechtsrahmen wird vom deutschen Gesetzgeber bewusst gesucht und auch gefunden, insbesondere in Ermangelung einer europäischen oder gar internationalen Regelung.[38]

13.12 Robotergesetze

Bereits weit in der Vergangenheit gab es den Ansatz, konkrete Robotergesetze zu erlassen. Der Grundgedanke aus der Science-Fiction ist eine interessante Idee, so soll kein Roboter einen Menschen schädigen; er muss den menschlichen Befehlen vielmehr gehorchen, soweit er dadurch keinen Menschen verletzt.[39]

In rechtlicher Hinsicht bieten die allgemein gehaltenen Robotergesetze wenig konkrete Hilfestellung im Hinblick die Probleme der nahen Zukunft; dies ist insbesondere der Komplexität der Sachverhalte zuzuschreiben. In komplexen Situationen wie dem autonomen Fahren ist es beispielsweise möglich, dass der KI in sogenannten Di-

---

35 § 1a StVG trifft bereits grundlegende Regelungen zum autonomen Fahren der Stufen 4 und 5, faktisch werden solche Kfz noch nicht zugelassen, s. o. In Absatz 4 werden etwa Regelungen zum Fahrzeugführer getroffen, die bei konventionellen Pkw nicht erforderlich wären.

36 Verordnung zur Regelung des Betriebs von Kraftfahrzeugen mit automatisierter und autonomer Fahrfunktion und zur Änderung straßenverkehrsrechtlicher Vorschriften [21].

37 Vgl. hierzu § 1d – 1 h StVG. Die Zulassungsfähigkeit im Einzelfall hängt von der allgemeinen Betriebserlaubnis ab, die der Automobilhersteller beim Deutschen Kraftfahrt-Bundesamt beantragt [20].

38 [21 S. 2] mit weiteren Nachweisen, insbesondere zu fehlenden Regelungen auf EU-Ebene.

39 Gesetz ist hierbei nicht im technischen Sinne als Produkt der Legislative zu verstehen, sondern eher als allgemeine Regel. Three Laws of Robotics von Isaac Asimov ab 1942 [22], mit der späteren Ergänzung des sog. Nullten Gesetzes.

lemma-Situationen nur Optionen mit Personenschaden oder sogar dem Tod verbleiben.[40] Den Überlegungen Asimovs liegen jedoch Wertentscheidungen zugrunde, die in die Abwägung einfließen können, wie eine KI Wahrscheinlichkeiten priorisiert.

13.13 Konsequenzen einer mangelnden Vergleichbarkeit

Der Vergleich zwischen konventionellen Pkw und dem autonomen Fahren hat aufgezeigt, dass große und teils strukturelle Unterschiede vorliegen. Die Verantwortlichkeit bei Verkehrsunfällen mit einer Beteiligung eines autonomen Fahrzeugs ist nur bedingt mit dem geltenden Gesetzessystem zu lösen. Die Opfer eines Verkehrsunfalls würden durch die geschilderten Beweisprobleme erheblich benachteiligt, sie könnten kaum eine Wiedergutmachung ihrer Schäden erreichen, sondern wären darauf angewiesen, dass der Verantwortliche sie freiwillig kompensiert oder eine entsprechende Versicherung dafür aufkommt. Wer seinen Anspruch in einem gerichtlichen Prozess nicht nachweisen kann, wird nicht entschädigt. Wenn das geltende Recht nicht auf das Fehlverhalten eines Roboters anwendbar ist, trägt das Opfer die Schäden nach geltender Rechtslage selbst.

Bereits jetzt zählen Beweisprobleme zu den größten Hindernissen der Durchsetzung berechtigter Ansprüche.[41] Doch die grundlegend andere Funktionsweise von KI und die Beeinflussung auf vielen tatsächlichen, gesellschaftlichen und rechtlichen Ebenen stellt eine Besonderheit dar. Momentan muss der geschädigte Kläger nach allgemeinen Grundsätzen beweisen, dass eine KI einen Fehler aufweist; die Erfolgsaussichten erscheinen vernichtend gering [5]. Technische Maßnahmen sollen dem Geschädigten Zugang zu Informationen des KI-Speichers ermöglichen (§ 63a StVG), doch selbst damit scheint die Geltendmachung der eigenen rechtlichen Interessen kaum möglich zu sein.

Wie oben beschrieben tragen gerade Fußgänger und Radfahrer die Risiken des Straßenverkehrs und erleiden teils nicht kompensierbare Schäden an Leben und Gesundheit. Und dies, obwohl sie weder das grundlegende Risiko eines Pkw einbringen noch spezielle Risiken eines autonom fahrenden Fahrzeugs. Ein solches Ergebnis wirkt rechtlich und gesellschaftlich nicht tragbar, weil es nicht fair erscheint, unausgewogen, ja sogar die Grundfesten der Gerechtigkeit missachtet. Für ein unschuldiges Opfer eines Verkehrsunfalls ist es unerheblich, wer die Schäden verursacht hat, es möchte umfassende Kompensation. Es ist das Risiko, von einem Roboter angefah-

---

40 Der Begriff der Dilemma-Situation wird bereits seit Jahrtausenden in der Philosophie thematisiert: etwa das sogenannte „Brett des Karneades", bei der jede Option mindestens ein Menschenleben fordert. Mit Bezug zum autonomen Fahren siehe [5].
41 Zu den Grundlagen der Darlegungs- und Beweislast s. [23].

ren zu werden, nicht bewusst eingegangen. Für den Komfort des besser geschützten Passagiers tragen andere das Risiko.

Dem Gesetzgeber ist es möglich, für Spezialfälle passende Sonderregelungen zu erlassen, um die Interessen angemessen auszugleichen. Schließlich würden die Nutzer von KI in autonom fahrenden Fahrzeugen weniger durch diese geschädigt; das Risiko trügen vermutlich weniger geschützte Fußgänger oder Radfahrer.[42] Möglich ist auch, dass sich Übergangsregelungen anders darstellen als mit langfristigen Erfahrungswerten.[43]

Denkbar sind etwa Änderungen in der Beweiserbringung zugunsten von Verkehrsopfern bei Unfällen mit KI-Beteiligung. Eine Beweislastumkehr hätte zur Folge, dass der Nutzer der KI beweisen müsste, dass seine Fahrweise und oder die der KI ordnungsgemäß war. Eine solche Regelung könnte die Akzeptanz der Robotik in der Gesellschaft beeinflussen, wenn sie zu einer gerechteren Risikoverteilung beiträgt.

Auch innovative Versicherungsmodelle oder die Zuschreibung einer grundlegenden Verantwortlichkeit könnten in Zukunft helfen, die mangelnde rechtliche Vergleichbarkeit zu beseitigen.

13.14 Fazit

Das autonome Fahren im eigentlichen Sinne steckt technologisch noch in den Kinderschuhen: ein vollautonom fahrendes Auto ist momentan weder serienreif noch auf deutschen Straßen erlaubt. Ob die Gesellschaft diese Entwicklung befürwortet, zeigt sich erst, wenn auch die Technik weiter fortschreitet, die Aufmerksamkeit einer breiteren Öffentlichkeit erregt und ihr sogar zugänglich wird. Eine differenzierte gesellschaftliche Meinung kann sich hierzu erst bilden, wenn die Technik im Alltag der Menschen ankommt. Testbetriebe auf dem Gelände privater Einrichtungen und besonderen öffentlichen Straßen zeigen, dass ein gesellschaftliches Interesse durchaus besteht. Auch der deutsche Gesetzgeber ist bemüht, dem autonomen Fahren einen Platz auf deutschen Straßen einzuräumen.

Das deutsche Rechtssystem ist an vielen Punkten flexibel, jedoch an anderen Stellen auf die KI-Herausforderungen ebenso wenig vorbereitet, wie die Technik selbst noch unausgereift ist. Dies muss zum aktuellen Zeitpunkt keine Schwäche sein, beide

---

42 Zu dieser Problematik bei der KI allgemein siehe auch [24] mit dem Hinweis, dass der Gesetzgeber im Zusammenhang mit KI Ausnahmeregelungen wie die Gefährdungshaftung erlassen könnte, was insbesondere dadurch gerechtfertigt sein könnte, dass die Risiken und die Nutzung der Potenziale deutlich auseinanderfallen.

43 Ausschlaggebend könnte es sich hierbei um die momentan vorherrschende Ungewissheit handeln, ob das autonome Fahren den Straßenverkehr sicherer oder risikoreicher gestaltet. Dies könnte sich einheitlich herausbilden, oder auch nach Gruppen getrennt, etwa Insassen eines autonom fahrenden Pkws, andere Pkw-Nutzer, Radfahrer oder Fußgänger.

Systeme können sich entwickeln, im Idealfall wachsen sie aneinander und miteinander. Nur so kann sich das Potenzial entfalten und der gesellschaftliche Nutzen im Fokus stehen.

Literatur

[1]   Maurer, Markus: Autonomes Fahren, Technische, rechtliche und gesellschaftliche Aspekte, 1. Auflage 2015 Berlin Heidelberg, Herausgeber: Maurer, Markus, Gerdes, Christian, Lenz, Barbara und Winner, Hermann, Einleitung, S. 3 f.

[2]   Zeitungsartikel vom 16.02.2023 https://www.focus.de/auto/elektroauto/system-koennte-crashs-verursachen-tesla-ruft-hunderttausende-komplett-selbstfahrende-autos-zurueck_id_186007338.html

[3]   Hillgruber in Epping/Hillgruber Grundgesetz Artikel 1, vor Randnummer 1. Epping/Hillgruber Grundrechte Beck Onlinekommentar Grundgesetz, 53. Edition, 15.11.2022, München, Herausgeber: Epping, Volker und Hillgruber, Christian

[4]   Hilgendorf, Eric, Automatisiertes Fahren und Recht, Referat über »Automatisiertes Fahren und Recht« im Arbeitskreis II anlässlich des 53. Verkehrsgerichtstags, S. 55–72. https://deutscher-verkehrsgerichtstag.de/pages/dokumentation/themenempfehlungen.php

[5]   Leupold/Wiebe/Glossner (2021): IT-Recht Recht, Wirtschaft und Technik der digitalen Transformation, 4. Auflage 2021, München, Herausgeber: Leupold, Andreas, Wiebe, Andreas, Glossner, Silke, Teil 9.2, Autonomes Fahren, B Technische Grundlagen (Bearbeiter: Florian Beck) Teil 9.6.4 Zivilrechtliche Haftung bei Einsatz von Robotern und Künstlicher Intelligenz (Bearbeiter Leupold/Wiebe)

[6]   https://www.welt.de/wirtschaft/article156727084/Selbstfahrender-Tesla-uebersieht-weissen-Lkw-vor-Wolkenhimmel.html

[7]   https://www.spiegel.de/auto/aktuell/tesla-autopilot-war-laut-bericht-bei-todescrash-mit-lkw-eingeschaltet-a-1268087.html

[8]   https://www.youtube.com/watch?v=VzT4KVGHI7w

[9]   Handbuch Multimedia-Recht, Stand März 2022, 58. Ergänzungslieferung, München, Herausgeber: Hoeren, Thomas, Sieber, Ulrich, Holznagel, Bernd, Teil 15.4 Big Data im Finanz- und Versicherungswesen (Bearbeiter: Bitter, Philip)

[10] Söbbing, Thomas: Künstliche neuronale Netze, Rechtliche Betrachtung von Software- und KI-Lernstrukturen, Multimedia und Recht 2021, S. 111 ff.

[11] Härtel, Ines: Digitalisierung im Lichte des Verfassungsrechts – Algorithmen, Predictive Policing, autonomes Fahren. Landes- und Kommunalverwaltung 2019, S. 49 ff.

[12] Schoch/Schneider (2022): Verwaltungsrecht, Stand: 3. Ergänzungslieferung August 2022, München, Herausgeber: Schoch, Friedrich, Schneider, Jens-Peter, § 35a VwVfG Vollständig automatisierter Erlass eines Verwaltungsaktes (Bearbeiter: Hornung)

[13] Beck, Susanne (2018): Autonomes Fahren: Herausforderung für das bestehende Rechtssystem, Informatik Aktuell, 28. 08.2018 https://www.informatik-aktuell.de/management-und-recht/it-recht/autonomes-fahren-und-strafrecht.html

[14] Beck, Susanne (2020): Selbstfahrende Kraftfahrzeuge – aktuelle Probleme der strafrechtlichen Fahrlässigkeitshaftung. In: Autonomes Fahren – Rechtsfolgen, Rechtsprobleme, technische Grundlagen, 2. Auflage 2020, München, Herausgeber: Oppermann, Bernd und Stender-Vorwachs, Jutta.

[15] Hau/Pausek Beck OK BGB, Beck Onlinekommentar Bürgerliches Gesetzbuch, 64. Edition, 01.11.2022, München, Herausgeber: Hau, Wolfgang, Pausek, Roman.

[16] Informationsdienst Wissenschaft, Pressemitteilung: Sind die Deutschen technikfeindlich, https://idw-online.de/de/news1564

[17] Allgemeiner Deutscher Fahrrad-Club Berlin e.V. Fakten-Überblick für Fahrradunfälle, Stand 2018. https://adfc-berlin.de/radverkehr/sicherheit/information-und-analyse/121-fahrrad-unfaelle-in-berlin-unfallstatistik/153-adfc-fakten-ueberblick-fuer-fahrradunfa-elle.html

[18] Schönke/Schröder, Kommentar zum Strafgesetzbuch, 30. Auflage, 2019, München, Begründet: Schönke, Adolf, Schröder, Horst § 15 Rn. 144 ff. (Bearbeiter Steinberg-Lieben, Detlev, Schuster, Frank)

[19] Rösinger, Luna: Autonome Maschinen als „Normadressaten"? Zeitschrift für Digitalisierung und Recht 2021, S. 147 ff.

[20] Steege, Hans: Das (vorerst) letzte Puzzlestück – das autonome Fahren nimmt Fahrt auf! Straßenverkehrsrecht 2022, S. 161 ff.

[21] Bundesrat Drucksache, Verordnung zur Regelung des Betriebs von Kraftfahrzeugen mit automatisierter und autonomer Fahrfunktion und zur Änderung straßenverkehrsrechtlicher Vorschriften. Bundesrat Drucksache 86/22 vom 24.02.2022

[22] Asimov, Isaac mit Hinblick auf die Entwicklung der drei Gesetze und dem Nachtrag des Nullten Gesetzes: https://de.wikipedia.org/wiki/Robotergesetze

[23] Anders/Gehle (2023): Zivilprozessordnung, 81. Auflage 2023, München, Herausgeber: Anders, Monika, Gehle, Burkhard § 256 ZPO Rn. 52 ff. (Bearbeiter: Anders, Monika)

[24] Bräutigam, Peter, Klindt, Thomas Industrie 4.0, das Internet der Dinge und das Recht, Neue Juristische Wochenschrift 2015, S. 1137 ff.

[25] Steege, Hans: Auswirkungen von künstlicher Intelligenz auf die Produzentenhaftung in Verkehr und Mobilität, Neue Zeitschrift für Verkehrsrecht 2021, S. 6 ff.

[26] Verkehrsgerichtstag, https://deutscher-verkehrsgerichtstag.de/pages/dokumentation/themenempfehlungen.php

[26] Verkehrsgerichtstag, https://deutscher-verkehrsgerichtstag.de/pages/dokumentation/themenempfehlungen.php S. 195–205

[27] Robotik in der Medizin – Gesellschaftliche Aspekte als Basis der rechtlichen Heraus-forderungen. Erschienen in: smart ASSIST – Technische Unterstützungssysteme, die die Menschen wirklich wollen. Tagungsband 2018, Herausgeber Robert Weidner und Athanasios Karafillidis S. 195–205

14 Politische Mittel zur Steuerung von KI: Die Bedeutung der Enquetekommission des Deutschen Bundestages

Hansjörg Durz, Jan-Hendrik Kuntze

14.1 Einleitung

Es dauerte bis zum 6. Dezember 1984, bis in einer Plenardebatte des Deutschen Bundestages der Begriff *künstliche Intelligenz* (KI) erstmals fiel. In der ersten Lesung über einen gemeinsamen Antrag von CDU/CSU, FDP und Grünen sowie über einen Antrag der SPD, die beide die Einrichtung einer Enquetekommission zur Technikfolgenabschätzung forderten, sagte der SPD-Abgeordnete Vahlberg: „Ich streife z. B. das, was unter dem Stichwort ‚fünfte Computergeneration' auf uns zukommt: künstliche Intelligenz, lernende Systeme, Expertensysteme, in denen das Fachwissen ganzer Teilbereiche zu 100% gespeichert ist. Das wirft die Frage auf, inwieweit wir von solchen Computersystemen abhängig werden. Diese Frage wurde leider immer leichthin verneint. Es wird behauptet: Der Mensch, der die Technik geschaffen hat, bleibt auch Herr dieser Technik" [1, S. 8055]. Im März 1985 wurde der Einrichtung einer solchen Enquete-Kommission (EK) stattgegeben, die ein Meilenstein auf dem Weg hin zur Institutionalisierung des Büros für Technikfolgenabschätzung beim Deutschen Bundestag im Jahr 1990 darstellte.

An dieser Geburtsstunde der parlamentarischen Debatte über KI sind zweierlei Dinge bemerkenswert: Zum einen scheint der erste Hype um KI, der Anfang der 1970er Jahre seinen Höhepunkt fand, jäh abebbte und schließlich im sogenannten *Winter der Künstlichen Intelligenz* endete [2, S. 36], den Parlamentariern des Deutschen Bundestages keine Debatte wert gewesen zu sein. Zum anderen spiegelt schon die erste Erwähnung von KI im Bundestag die grundsätzliche gesellschaftspolitische Fragestellung wider, die auch die Mitglieder der Enquetekommission KI mehr als 34 Jahre später umtreiben sollte – nämlich wie im Angesicht des technischen Fortschritts ein aufgeklärtes Menschenbild mitsamt der Entscheidungsfreiheit des Einzelnen gewahrt werden kann.

Der Antrag der Fraktionen von CDU/CSU, SPD, FDP und LINKE zur Einsetzung einer Enquete-Kommission zu *Künstliche Intelligenz – Gesellschaftliche Verantwortung und wirtschaftliche, soziale und ökologische Potentiale* (EK KI) setzt schon in der Überschrift die gesellschaftliche Verantwortung und die damit einhergehenden Herausforderungen vor die Potentiale. Und auch bei den anschließenden Arbeitsaufträgen geht es unter anderem um ethische und moralische Aspekte von KI-Entscheidungen [3, S. 1 ff.]. Doch der Arbeitsauftrag der EK KI lautet nicht nur, die Potentiale und Herausforderungen in den unterschiedlichsten Politikfeldern zu debattieren, sondern aus ihren Ergebnissen auch konkrete Handlungsempfehlungen für mögliche Gesetzgebung abzuleiten. So ist das

Gremium laut Einsetzungsbeschluss aufgefordert, dass es „konkrete Vorschläge für die politischen Entscheidungsträgerinnen und –träger erarbeitet und damit neue Impulse für die Verwendung von KI in unserem Land setzt. Die Enquete-Kommission soll auf Basis ihrer Untersuchungsergebnisse den staatlichen Handlungsbedarf national, auf europäischer Ebene und international benennen." [3, S. 4].

Nachdem die Enquetekommission im Oktober 2020 ihren Bericht vorgelegt hat, stellt sich mit einigem zeitlichen Abstand nun die Frage, welche Bedeutung sie als politisches Mittel zur Steuerung der Entwicklung von KI gespielt hat. Dazu will dieser Artikel einen Beitrag leisten, indem zunächst die Funktion einer Enquetekommission im Deutschen Bundestag erläutert wird, um anschließend die Arbeit der Enquetekommission darzustellen und einzuordnen.

14.2 Die Funktionen einer Enquetekommission im Deutschen Bundestag

In der Geschäftsordnung des Bundestages heißt es in § 56 Abs. 1 Satz 1: „Zur Vorbereitung von Entscheidungen über umfangreiche und bedeutsame Sachkomplexe kann der Bundestag eine Enquete-Kommission einsetzen" [4]. Im Gegensatz zum Untersuchungsausschuss richtet sich der Blick einer EK nicht auf Vergangenes sowie Missstände, sondern auf künftige Regulierungsfelder und –problematiken sowie auf die Beratung der politischen Planung [5, 332]. Dabei geht es vor allem um die Gewinnung von Informationen und die Erstellung von Handlungsempfehlungen, um künftige Gesetzgebungsvorhaben als Parlament fachkundig voranzutreiben [5, S. 51]. Denn weder eignet sich die Arbeit in den Ausschüssen eines Parlamentes für das Einarbeiten in wissenschaftliche Forschungsstände, noch ist ein angemessener Wissenstransfer von der Exekutive hin zur Legislative sichergestellt [6, S. 433].

Die Gefahr einer Übermacht der Ministerialbürokratie gegenüber dem Parlament zu verhindern, war insbesondere das Ziel der Einführung von Enquete-Kommissionen in den Parlamentsbetrieb im Anschluss an eine rund ein Jahrzehnt dauernde demokratietheoretischen Debatte [6, S. 433]. Nachdem der Politikwissenschaftler Wilhelm Hennis im Jahr 1957 erstmals ein solches Gremium zur Sprache brachte, dauerte es bis in das Jahr 1970, bis die erste EK des Deutschen Bundestages eingesetzt wurde [5, S. 61 f.]. In den Jahrzehnten zuvor der damals noch jungen Bundesrepublik wurde wissenschaftliche Politikberatung hauptsächlich auf Ebene der Exekutive betrieben [5, S. 67], weshalb ein Abhängigkeitsverhältnis der Legislative von der Exekutive entstand [5, S. 68].

In der politikwissenschaftlichen Literatur gelten EK jedoch eher als eine „stumpfe Waffe" [5, S. 332]. Die Kritikpunkte reichen von dem Argument, dass hauptsächlich Themen von EK behandelt werden, die nicht die politische Agenda der jeweiligen Jahre beherrschten und prägten [5, S. 334] bis hin zu der Tatsache, dass nur wenige Handlungsempfehlungen von EK tatsächlich umgesetzt werden [5, S. 341]. Nicht zu verkennen ist jedoch, dass die Gegenstände von Enquete-Kommissionen oftmals Themen waren, deren Bedeutung in der Öffentlichkeit erst später wahrgenommen wurden und die EK somit ihrer Zeit ein Stück voraus waren [5, S. 335]. Zudem ist festzuhalten, dass EK sowohl die Diskurse in den Fachdisziplinen befeuert haben als auch die Kontroll-funktion des Parlamentes gestärkt haben: Denn auf das dort generierte Wissen können die der EK angehörenden Parlamentarier bei der anschließenden parlamentarischen Arbeit zurückgreifen [5, S. 342]. Angesichts dieser durchwachsenen Bilanz stellen ei-nige Wissenschaftler sich jedoch die Frage nach dem Mehrwert einer EK im Vergleich zu anderen parlamentarischen Instrumenten [6, S. 435].

Ferner wird in der Fachliteratur zwischen den institutionellen und funktionalen Ele-menten einer EK unterschieden. Autoren, die Letzteres in den Mittelpunkt ihrer Betrach-tungen stellen, heben vor allem die Funktion der EK als Instrument zur Politikberatung hervor [7, 8]. Dabei wird die EK in die von Habermas entwickelten Modelle zur Beschrei-bung des Verhältnisses von Wissenschaft und Politik eingeordnet. Im Falle von EK ist dies deshalb interessant, weil diese nur zur Hälfte aus Abgeordneten des Deutschen Bun-destages bestehen. Die andere Hälfte eines solchen Gremiums wird von Experten ge-stellt, die sowohl aus der Wissenschaft als auch aus Verbänden, Gewerkschaften, NGOs oder Unternehmen stammen. Bei der Beleuchtung der Zusammenarbeit von Parlamen-tariern und Sachverständigen hat sich die Ansicht durchgesetzt, dass dieses am ehesten mit dem pragmatischen Modell nach Habermas beschrieben werden kann. Bei diesem wird das Prinzip der wechselseitigen Kommunikation hervorgehoben, bei dem sowohl eine Beratungsleistung der Wissenschaft gegenüber der Politik wahrgenommen wird als auch eine Lenkungsfunktion der Politik gegenüber der Wissenschaft bei dem Aufzeigen der zu bearbeitenden Problemstellungen [6, S. 437 ff.].

Eine andere Herangehensweise wird von Forschern gewählt, die die institutionellen Elemente einer EK beleuchten wollen. Dabei wird die Wahrnehmung von Funktionen des Parlamentes durch eine EK beziehungsweise die Stärkung dieser Parlamentsfunktio-nen durch eine EK untersucht. So werden der EK sowohl Aufgaben der parlamentari-schen Gesetzgebungs-, Informations- und Öffentlichkeitsfunktion zugeschrieben [9] sowie auch eine Kontrollfunktion [10] und eine Integrations- und Rekrutierungsfunk-tion [11]. Während sich die Wissenschaft über den schwach ausgeprägten Einfluss von EK auf künftige Gesetzgebung relativ einig ist und die Kontrollfunktion zwar nicht für das gesamte Parlament als gestärkt gilt, jedoch immerhin die parlamentari-schen Mitglieder einer EK durch die Wissensgenerierung deutlich besser in der Lage sind, das Regierungshandeln zu kontrollieren, so wird jedoch insbesondere der Öffentlichkeitsfunktion Bedeutung zugemessen. Ebenso unbestritten ist die Rekru-tierungsfunktion einer EK: Abgeordnete erlangen in einem Fachbereich Expertise und können im Anschluss als Fachexperte in ihrer Fraktion arbeiten oder können in dem Bereich weitere Verantwortung z. B. in Leitungsfunktionen übernehmen [6, S. 436 f.].

14.3 Die Enquetekommission KI

Die EK KI reiht sich ein in eine Reihe von EK, die im Themenfeld der Technikfolgenabschätzung anzusiedeln sind. Dazu gehört der EK-Bericht von 1983 zur neuen Informations- und Kommunikationstechnik, der EK-Bericht von 1990 zur Technologiefolgenabschätzung, der EK-Bericht zur Zukunft der Medien und dem Weg Deutschlands in die Informationsgesellschaft von 1998 sowie der EK-Bericht von 2013 zum Internet und zur digitalen Gesellschaft [12, S. 51 f.]. Von allen ist der Bericht der EK KI mit Abstand der umfangreichste [12, S. 52].

14.3.1 Zusammensetzung, Arbeitsweise und Ergebnisse

Am 26.06.2018 wurde die EK KI vom Deutschen Bundestag eingesetzt. Bis zur Abschlusssitzung am 26.10.2020 arbeiteten 19 Abgeordnete und 19 Sachverständige an der Erstellung des Abschlussberichts. Sechs Projektgruppen zielten darauf, das Potential von KI in den Bereichen Wirtschaft, Staat, Arbeit, Mobilität, Gesundheit und Medien zu untersuchen und darzustellen sowie Handlungsempfehlungen zu erarbeiten. Da die Mitglieder der EK KI bei ihrer Arbeit projektgruppenübergreifend auf sich wiederholende Themenaspekte stießen, wurde sich neben der Erstellung der Projektgruppenberichte dafür entschieden, übergreifende Themenkomplexe in einem Mantelbericht zu behandeln. Dazu zählen neben einer Begriffserklärung KI auch Abschnitte zu datenbezogenen Problemfeldern, zum Umgang mit Diskriminierung (Bias) sowie zum Risikomanagement, zu rechtlichen Themenkomplexen sowie ethischen Perspektiven auf KI [12, S. 66; 13, S. 43 ff.].

Neben 19 Abgeordneten des Deutschen Bundestages waren die übrigen Sachverständigen überwiegend Wissenschaftler. Elf Mitglieder hatten einen akademischen Berufshintergrund, während fünf aus dem Umfeld von NGOs, Verbänden und Gewerkschaften kamen. Drei Mitglieder der EK KI waren bei Unternehmen beschäftigt.

Die Mitglieder der EK KI machen sich in ihrem Abschlussbericht für eine europäisch zentrierte Entwicklung von KI stark. Denn für die Entwicklung der Technik sei auch immer das Wertegerüst der Entwickler verantwortlich. Neben China, dessen KI-Entwicklung stark von staatlichen Kontroll- und Überwachungsinteressen getrieben ist, und den USA, in denen die Tech-Giganten unserer Tage die Leitlinien für die KI-Entwicklung vor allem nach ökonomischen Motiven bestimmen, soll ein europäischer Weg vielmehr den Menschen und seinen Nutzen in den Vordergrund stellen. Leitwerte sollen dabei sowohl die Würde der Menschen sowie die Selbstbestimmung des Einzelnen sein. Sie stellen sich dabei gegen die mancherorts im Silicon Valley geäußerte Überzeugung, dass Technik künftig soziale Probleme im Alleingang löst, sondern pochen vielmehr auf eine demokratische Gestaltung der technischen Entwicklung, die sich sowohl an der Grundrechte-Charta der EU sowie auch am deutschen Grundgesetz orientiert. Für die Umsetzung eines solchen europäischen Weges der KI-Entwicklung halten die Mitglieder der EK KI jedoch nicht nur gesetzliche Regelungen für geeignet, sondern auch Normierungs- und Standardisierungsprozesse. In den entsprechenden europäischen und weltweiten Gremien zur Normung stünden die Chancen Deutschlands gut, die KI-Entwicklung entscheidend zu beeinflussen [13, S. 31 ff.; 14, S. 66 f.].

14.3.2 Wahrnehmung parlamentarischer Funktionen

Im Folgenden soll nun beleuchtet werden, welche Parlamentsfunktionen die EK KI ausgefüllt hat. Insbesondere die Gesetzgebungsfunktion, die Kontrollfunktion sowie die Öffentlichkeitsfunktion, die durch eine EK gestärkt bzw. wahrgenommen werden sollen, werden nachlaufend einer Betrachtung unterzogen.

Die EK KI ist insofern besonders, als dass sie nicht einen Themenkomplex behandelte, der erst später in der öffentlichen und politischen Debatte relevant wurde [5, S. 335]. Im Gegenteil: Vielerorts wurden zur gleichen Zeit Überlegungen angestellt, wie der Einsatz von KI bestmöglich reguliert werden sollte. So veröffentlichte die OECD im Mai 2019 ihre Grundsätze zur KI-Regulierung. Zudem arbeitete auch die europäische Ebene an dem Thema: So wurde im Jahr 2018 die *High Level Expert Group on Artificial Intelligence* ins Leben gerufen, um Anforderungen zur Bewertung von KI-Systemen zu entwickeln. Bereits ein Jahr später legte die Expertengruppe erste Ergebnisse vor. Auf dieser Grundlage legte die Europäische Kommission im Februar 2020 ihr Weißbuch zur KI-Regulierung vor, welches Grundlage für den *Artificial Intelligence Act* sein sollte, dessen Entwurf die Kommission im April 2021 veröffentlichte und dessen Beratungen in Brüssel zur Zeit noch andauern [13, S. 49; 14, S. 65 u. 72].

Einen Monat nach dem Beschluss des Bundestages, die EK KI einzusetzen, rief die deutsche Bundesregierung die *Datenethikkommission* ein, welche ihr Gutachten im Oktober 2019 vorlegte. Eines der drei Themenfelder, für die die Bundesregierung Leitfragen vorgegeben hatte, widmete sich dem Feld KI [15, S. 34]. Zudem tagte von September 2018 bis September 2019 die *Wettbewerbskommission 4.0*, die im Auftrag der Bundesregierung nach neuen Wegen der Regulierung der Plattformökonomie suchte und ihre Vorschläge in einem Abschlussbericht festhielt. Im November 2018 veröffentlichte die Bundesregierung erstmals ihre KI-Strategie [13, S. 49; 14, S. 65].

Die EK KI hat die Arbeit der anderen Akteure nicht als Konkurrenzprojekte verstanden, sondern die Diskussionen und Ergebnisse in ihre eigene Arbeit integriert. So hat die EK KI Gespräche und Diskussionen mit Vertretern aller oben genannter Initiativen und Organisationen geführt [13, S. 49]. Die Arbeit der EK KI war somit nicht nur durch das Nebeneinander verschiedener Initiativen zur KI-Regulierung geprägt, sondern auch durch Interdependenzen zwischen diesen. Letztere geht dabei über den bloßen Dialog hinaus und reicht bis hin zu vereinzelten personellen Verflechtungen. So waren z. B. zwei Mitglieder der EK KI auch Mitglied der Wettbewerbskommission 4.0, ein Mitglied der EK KI war zugleich Mitglied der *High Level Expert Group on AI* der EU-Kommission.

Dass neben der EK KI auch umfassende Vorbereitungen der Regierung zur KI-Regulierung geplant waren und dass sich der Bundestag dieses Nebeneinanders von Exekutiv- und Legislativhandeln bewusst war, ist schon dem Einsetzungsbeschluss zu entnehmen, wo explizit darauf verwiesen wird, dass die EK KI „unabhängig von und zusätzlich zu aktuellen Gesetzgebungsverfahren" [3, S. 2] ihrer Arbeit nachgehen soll. Dies ist insofern bemerkenswert, als dass es laut Geschäftsordnung des Bundestages Aufgabe der EK ist, solche Gesetzgebungsverfahren vorzubereiten und nicht parallel zu ihnen zu arbeiten. Demnach könnte argumentiert werden, dass die ohnehin schon schwach ausgeprägte Gesetzgebungskompetenz der EK KI durch das Nebeneinander der verschiedenen Initiativen zur KI-Regulierung geschwächt wurde, da die Vorbereitungen für Strategien und gesetzgeberische Maßnahmen auf der Exekutivseite bereits anliefen, als die EK KI auf Seite der Legislative noch tagte. Zudem verschwimmt durch das dargestellte Nebeneinander der Initiativen die Trennung zwischen Exekutive und Legislative, insbesondere bei Parlamentsmitgliedern, die Regierungsfraktionen angehören. Dabei war und ist das eigentliche Ziel einer EK, die Legislative gegenüber der Exekutive zu stärken.

Doch lässt sich vielmehr auch in umgekehrter Richtung argumentieren. Denn die Abgeordneten des Bundestages konnten so ihr Wissen aus der Arbeit der EK KI direkt im Gesetzgebungsprozess anwenden. Es entstand eine Rückkopplung zwischen der EK KI sowie den weiteren Initiativen und Gesetzgebungsvorhaben. Denn eines trifft auf diese EK nicht zu: dass ihre Handlungsempfehlungen allesamt nicht umgesetzt würden. Stattdessen sind noch vor Ablauf der 19. Legislaturperiode einige der Empfehlungen vom Bundestag beschlossen worden – die Arbeiten dazu fanden parallel zur EK KI statt. Dazu zählen unter anderem die Reform des Wettbewerbs- und Kartellrechts, das Vorantreibens von Projekten zur Datenteilung wie z. B. Gaia-X oder die Anpassung des Open-Data-Gesetzes. Gleichwohl ist der Großteil der Handlungsempfehlungen bis heute noch nicht umgesetzt worden.

Das ist jedoch auch der Tatsache geschuldet, dass ein umfassender Regulierungsrahmen für KI als auch zur Nutzung von Daten derzeit auf europäischer Ebene und nicht auf nationaler Ebene verhandelt wird. Die EK KI hat jedoch auch in diesem Zusammenhang die Gesetzgebungskompetenz des Bundestages gestärkt. So basieren unter anderem die Stellungnahme des Deutschen Bundestages zum Weißbuch KI der EU-Kommission auf den Ergebnissen der EK KI [16]. Auch die Bundesregierung nahm Anregungen der Enquetekommission in die Fortschreibung ihrer KI-Strategie im Dezember 2020 mit auf [17, S. 7].

Auffällig ist zudem in der langfristigen Perspektive, wie die verschiedenen EK zur Technikfolgenabschätzung ihre Gesetzgebungsfunktion interpretieren. So wird z. B. im EK-Bericht von 1990 der Fokus daraufgelegt, die Entwicklungen in der Informations- und Kommunikationstechnik allgemeinverständlich zu beschreiben und verschiedene Handlungsoptionen aufzuzeigen. Die eigentliche Entscheidung über die besten Handlungsoptionen wird hier dem Parlament überlassen [12, S. 54.] Im Bericht EK KI werden hingegen keine Handlungsoptionen, sondern –empfehlungen ausgesprochen. Damit folgt sie dem Einsetzungsbeschluss, der dies auch einfordert [3, S. 4]. Das Gewicht einer Enquetekommission in der Gesetzgebungsfunktion wird damit aber größer, da politische Richtungsentscheidungen ein Stück weit von diesem Gremium getroffen werden. Da EK jedoch generell bemüht sind, möglichst im Konsens Entscheidungen zu treffen, nimmt sie die parlamentarische Debatte keinesfalls vorweg und darf somit auch nicht überhöht werden.

Die Kontrollfunktion von EK ergibt ein ähnliches Bild wie bei der Gesetzgebungsfunktion. Die Mitglieder der EK KI, die gleichzeitig dem Parlament angehören, konnten das erworbene Fachwissen direkt in Gesetzgebungsprozesse sowie die Debatten in ihren Fraktionen einbringen. Das Nebeneinander einer ganzen Reihe von Initiativen zur KI-Regulierung ermöglichte dabei Rückkopplungseffekte, die auch positiv auf die Kontrollfunktion der EK KI wirkten. Zudem zeigt sich, dass zur Wahrnehmung dieser Kontrollfunktion sich insbesondere die Oppositionsparteien auf die Ergebnisse der EK KI beziehen. So erwähnen in der 19. Legislatur drei Anträge der AfD [18–20] die EK KI namentlich sowie ein Antrag der Grünen [21]. Die Wirkung der EK KI reicht dabei auch in die nächste Legislatur hinein. So war es hier wiederum eine Oppositionsfraktion, die CDU/CSU, die in einem Antrag auf die Ergebnisse verwies [22]. Dabei sind dies nur die Anträge, die auch explizit auf die EK KI verweisen – andere tun dies nicht, greifen jedoch trotzdem Themenbereiche aus der EK KI auf.

Auch die Öffentlichkeitsfunktion wurde von der EK KI wahrgenommen. So gab es zur Arbeit dieser EK drei Debatten im Deutschen Bundestag. Neben der Einsetzungs- und der Abschlussdebatte wurde nach der ersten Projektgruppenphase ein Zwischenbericht veröffentlicht, der ebenfalls im Parlament debattiert wurde. Zudem wurde eine Bürgerbeteiligung durchgeführt, die online für Interessierte zugänglich war. Eine Einbeziehung nicht-digitalaffiner Zielgruppen zerschlug sich aufgrund der Covid-19-Pandemie ebenso wie eine geplante Debattentour mit Diskussionsveranstaltungen im ganzen Land [13, S. 47 f.]. Die Beteiligung der Öffentlichkeit an den digitalen Mitbestimmungsmöglichkeiten fiel jedoch gering aus [12, S. 52]. Ende September 2020 hat die Enquetekommission ihre Ergebnisse mit einer Diskussionsveranstaltung der Öffentlichkeit präsentiert [13, S. 48].

Zudem waren Mitglieder der EK KI „gefragte Interviewpartner zum Themenbereich KI, so dass viele öffentlich zugängliche Beiträge entstanden sind" [13, S. 48]. Das verwundert nicht beim Blick auf statistische Auswertungen der Presselandschaft (Abb. 14.1). Denn hier zeigt sich, dass das mediale Interesse an dem Themenfeld KI ab 2016 zunahm und im Zeitraum der Arbeitsweise der Enquetekommission zwischen den Jahren 2018 und 2020 ihren bisherigen Höhepunkt erreichte (Abb. 14.2). Ob die EK KI dazu den Anstoß gab oder nicht vielmehr die Dichte der verschiedenen Initiativen zur KI-Regulierung der Grund dafür war, das lässt sich bei einem ersten Blick auf die statistische Erwähnung des Begriffes *Enquetekommission Künstliche Intelligenz* in der Medienlandschaft beantworten. Demnach wurde vor allem die Einsetzung der Kommission sowie auch die Vorlage des Endberichts thematisiert. Vereinzelt wurde die EK KI zudem in der Fachliteratur behandelt [12, 14].

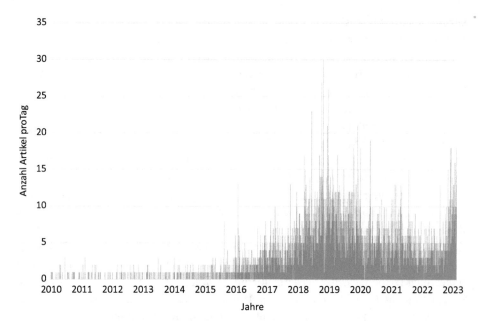

Abb. 14.1: Häufigkeit der Erwähnung des Begriffes „Künstliche Intelligenz" in der Presse zwischen 2010 und 2022. Quelle: Pressedokumentation des Deutschen Bundestages.

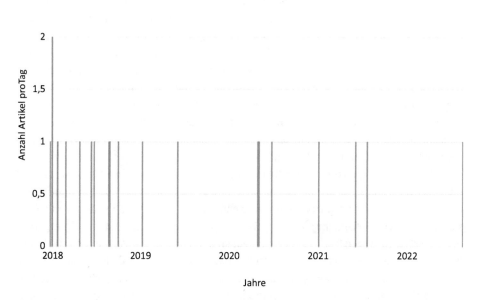

Abb. 14.2: Häufigkeit der Erwähnung des Begriffes „Enquetekommission Künstliche Intelligenz" in der Presse zwischen Juli 2018 und Ende 2020. Quelle: Pressedokumentation des Deutschen Bundestages.

Die Arbeit der EK KI war jedoch kein bestimmendes Thema in der Medienöffentlichkeit. Stattdessen erfüllte sie diese Funktion eher durch die Beteiligung der Abgeordneten an der öffentlichen Debatte zur KI-Regulierung. Die EK KI trug somit ihren Anteil dazu bei, die Politiker zur aktuellen politischen Debatte sprachfähiger zu machen. Dass die EK KI ihren Bericht im Zentrum der medialen Aufmerksamkeit für das Thema verfasste und nicht der öffentlichen Debatte voraus war, bleibt zudem eine Besonderheit dieser EK.

14.4 Fazit

Die EK KI reiht sich ein in vier weitere EK, die ein Thema im Bereich der Technikfolgenabschätzung bearbeitet haben. Im Gegensatz zu den übrigen EK in diesem Fachbereich hat die EK KI ihr Themenfeld in einer Zeit bearbeitet, als die Aufmerksamkeit dafür innerhalb der öffentlichen Debatte sehr groß war. Das sorgte für eine Stärkung der Öffentlichkeitsfunktion in der Hinsicht, dass die Abgeordneten sich an der öffentlichen Debatte fachkundig beteiligen konnten, wenngleich der Anteil der Medienberichterstattung über die eigentliche Arbeit der EK eher gering ausfiel. Gleiches gilt bislang für die wissenschaftliche Fachliteratur.

Die Kontrollfunktion des Parlamentes wurde durch die EK KI ebenfalls gestärkt, indem die Abgeordneten das Wissen auf gleichzeitige Initiativen und Gesetzgebungsvorhaben anwenden konnten und in der Öffentlichkeit die Sprechfähigkeit von Parlamentariern zu diesem Thema gestärkt hat. Sowohl regierungstragende Fraktionen als auch Oppositionsfraktionen haben sich den Ergebnissen der EK KI bedient und fordern in Anträgen etwa die Umsetzung von Handlungsempfehlungen oder bezogen die Erkenntnisse auf die europäischen Regulierungsbemühungen zu KI.

Auf die Gesetzgebungsfunktion hatte die Gleichzeitigkeit mehrerer Initiativen zur KI-Regulierung einen zweischneidigen Effekt. Zum einen begannen sowohl auf europäischer Ebene mit dem KI-Weißbuch als auch auf nationaler Ebene mit der KI-Strategie erste Arbeiten an möglichen gesetzlichen Regelungen, während die EK KI ihre Arbeit noch nicht abgeschlossen hatte und das Parlament noch nicht aus dem Abschlussbericht der EK seine Schlüsse ziehen konnte. Gleichzeitig waren die Abgeordneten jedoch durch diese Gleichzeitigkeit in der Lage, die Argumentationsmuster etwa von Ministerien in Gesetzgebungsprozessen mit den Argumenten der Sachverständigen in der EK KI abzugleichen. Die so entstandenen Rückkopplungseffekte haben die Gesetzgebungsfunktion womöglich gestärkt. Gleichwohl harren viele Handlungsempfehlungen noch der Umsetzung, wenn auch zu bedenken ist, dass insbesondere auf europäischer Ebene zum Zeitpunkt des Verfassens dieses Artikels noch Gesetzesinitiativen in Arbeit sind.

Abschließend ist festzuhalten, dass die EK KI die Arbeit des Deutschen Bundestages zum Themenkomplex KI einerseits in positiver Weise beeinflusst, die Wissensgrundlage der Abgeordneten gestärkt und die Legislative in der Wahrnehmung ihrer parlamentarischen Funktionen gefördert hat.

Andererseits zeigt die Arbeit der EK KI, wie schnelllebig die Regulierungsarbeit im Angesicht der dynamischen technischen Entwicklung geworden ist. Die Gleichzeitigkeit der Enquetearbeit und der ersten Regulierungsschritte kann auch als eine Schwächung der eigentlichen Aufgabe einer EK gewertet werden. Die parlamentarische KI-Regulierung ist insofern in besonderem Maße von provisorischen Elementen geprägt als frühere Regulierungen neuer Technologien, da die Arbeit der Enquetekommission dem Setzen von Regeln nicht vorausging, sondern parallel dazu tagte. Umso mehr wird es notwendig sein, das KI-Regulierungsgerüst zu evaluieren und Entwicklungen anzupassen.

Der Erfolg einer EK muss auch immer danach beurteilt werden, inwiefern ihre Ergebnisse und Handlungsempfehlungen auch umgesetzt werden. Es wird jedoch noch einige Zeit dauern, bis ein umfassendes Regulierungsgerüst für KI innerhalb der EU und Deutschlands steht. Erst dann kann der Beitrag der EK KI als politisches Mittel zur Regulierung von KI umfassend beurteilt werden.

Literatur

[1] Stenografischer Bericht. 108. Sitzung. Plenarprotokoll 10/108, Deutscher Bundestag, 1984.

[2] Ramge T. Mensch und Maschine. Wie Künstliche Intelligenz und Roboter unser Leben verändern. 2. Auflage. Ditzingen, Reclam, 2018.

[3] Deutscher Bundestag. Einsetzung einer Enquete-Kommission „Künstliche Intelligenz – Gesellschaftliche Verantwortung und wirtschaftliche, soziale und ökologische Potenziale". Drs. 19/2978, 2018.

[4] Deutscher Bundestag. Geschäftsordnung des Deutschen Bundestages. In der Fassung der Bekanntmachung vom 2. Juli 1980 (BGBl. I S. 1237), zuletzt geändert laut Bekanntmachung vom 15. August 2022 (BGBl. I S. 1383). (Accessed October 26th, https://www.bundestag.de/parlament/auf gaben/rechtsgrundlagen/go_btg/go07-245166).

[5] Altenhof R. Die Enquete-Kommissionen des deutschen Bundestages. Wiesbaden, Westdeutscher Verlag, 2002.

[6] Millim V, Hafkemeyer C. Enquete-Kommissionen als Instrument der internen Politikberatung des rheinland-pfälzischen Landtages. In: Glaab M., Hering H., Mißener M., Schiffmann D., Storm M., ed. 70 Jahre Rheinland-Pfalz. Historische Perspektiven und politikwissenschaftliche Analyse. 1. Auflage. Wiesbaden, Springer Fachmedien Wiesbaden GmbH, 2020, 433-453.

[7] Euchner W, Hampel F, Seidl T. Länder-Enquete-Kommissionen als Instrumente der Politikberatung. Rechtliche Ordnung, Fallbeispiele und ihre Praxis im Urteil von Mitgliedern. Baden-Baden, Nomos, 1993.

[8] Ismayr W. Enquete-Kommissionen des Deutschen Bundestages. In: Politik und Zeitgeschichte, 27, 1996, 29-41.

[9] Klatt H. Sinnvolle Entscheidungshilfen für den Bundestag? Enquete-Kommissionen – Zwischenbilanz nach zehn Jahren. In: Das Parlament, 2, 1981, 12-13.

[10] Rehfeld D. Enquête-Kommissionen in der Bundesrepublik Deutschland. In: Lompe K, Rass H H, Rehfeld D. Enquête-Kommissionen und Royal Commissions. Beispiele wissenschaftlicher Politikberatung in der Bundesrepublik Deutschland und in Großbritannien. Göttingen, Vandehoeck & Ruprecht, 1981, 181–260.

[11] Kretschmer G. Enquete-Kommissionen – ein Mittel politischer Problemlösung? In: Hartwich H-W, ed. Gesellschaftliche Probleme als Anstoß und Folge von Politik. Wissenschaftlicher Kongress der DVPW 4.-7. Oktober 1982 in der Freien Universität Berlin. Tagungsbericht. Opladen, Westdeutscher Verlag, 1983, 261-275.

[12] Vater C, Geitz E. Künstliche Intelligenz parlamentarisch (mit)gestalten. Vergangene technische Zukünfte in den Berichten der Enquete-Kommissionen des Deutschen Bundestags. In: Zeitschrift für Technikfolgenabschätzung in Theorie und Praxis, Vol. 30, No. 3, 2021, 50-55. (Accessed November 4th, https://www.tatup.de/index.php/tatup/article/view/6931)

[13] Deutscher Bundestag. Bericht der Enquete-Kommission Künstliche Intelligenz – Gesellschaftliche Verantwortung und wirtschaftliche, soziale und ökologische Potenziale. Drs. 19/23700, 2020.

[14] v. Graevenitz A. Künstliche Intelligenz in der öffentlichen Verwaltung. Ergebnisse der Enquete-Kommission des Deutschen Bundestages. In: Unterrichtsblätter für die Bundeswehrverwaltung (UBWV). Zeitschrift für Ausbildung, Fortbildung und Verwaltungspraxis. 60. Jahrgang, Heidelberg, C.F. Müller, 2021, S. 65-72.

[15] Datenethikkommission der Bundesregierung. Gutachten der Datenethikkommission der Bundesregierung. Berlin, 2019. (Accessed November 4th, at https://www.bmi.bund.de/SharedDocs/downloads/DE/publikationen/themen/it-digitalpolitik/gutachten-datenethikkommission.pdf;jsessionid=99ED801126EB6B4DE0C453CA63085069.2_cid332?__blob=publicationFile&v=7)

[16] Deutscher Bundestag. Zukunftstechnologie Künstliche Intelligenz als Erfolgsfaktor für ein starkes und innovatives Europa – Eine Stellungnahme zum Weißbuch „Zur Künstlichen Intelligenz" der EU-Kommission. Drs. 19/22181, 2020.

[17] Deutscher Bundestag. Strategie Künstliche Intelligenz der Bundesregierung – Fortschreibung 2020. Drs. 19/25095, 2020.

[18] Deutscher Bundestag. Ausarbeitung und Umsetzung einer Smart-Cities-Strategie. Drucksache 19/28449, 2021.

[19] Deutscher Bundestag. Förderung der automatischen Erkennung KI-manipulierter Fotos und Videos. Drucksache 19/27848, 2021.

[20] Deutscher Bundestag. Ausarbeitung und Durchführung einer Informations- und Aufklärungskampagne für die Bevölkerung zu den Funktions- und Wirkmechanismen Künstlicher Intelligenz durch die Bundesregierung. Drucksache 19/24421, 2020.

[21] Deutscher Bundestag. Mit einer Technologie-Task Force Innovationen schnell umsetzen und auf Krisen vorbereitet sein. Drucksache 19/21266, 2020.

[22] Deutscher Bundestag. Europäische KI-Verordnung – Raum lassen für Innovation und Wettbewerbsfähigkeit. Drucksache 20/3689, 2022.

15 Was wird die KI nie können? Leistungsgrenzen Künstlicher Intelligenz in Zukunft

László Kovács

In diesem Aufsatz beschäftige ich mich mit der Frage, was Künstliche Intelligenz (KI) leisten kann und wo die Grenzen ihrer Leistung liegen. Diese Grenzen werden am Vergleich mit menschlicher Leistung aufgezeigt, wobei klar wird, dass auch menschliche Leistungen begrenzt sind und die KI diese Leistungen manchmal übertrifft.

15.1 Was Computer bereits können

1996 besiegte der Schachcomputer „Deep Blue„ den Schachweltmeister Garri Kasparow [1]. Dieses Ereignis, das selbst Kasparow zuvor für unwahrscheinlich hielt, hat dazu geführt, dass sich die Wahrnehmung des Schachspiels in der Öffentlichkeit geändert hat. Zum Beispiel erklärte der Prozessorhersteller Intel, der bis dahin Kasparow als Sponsor gedient hatte, seinen Rücktritt vom Schach-Sponsoring [1]. Schach galt bis vor diesem Ereignis als ein Spiel mit unglaublich vielen möglichen Spielabläufen, die kein Mensch überblicken konnte. Deshalb spielen menschliche Spieler strategisch und kreativ. Den überraschenden Erfolg des Computers erklärte man damit, dass Schach ein stark geregeltes Spiel ist, bei dem es viele, aber nicht unendlich viele Möglichkeiten gibt. So braucht der Computer keine Strategie und keine Kreativität, um zu gewinnen. Er braucht nur den Zugriff auf eine sehr hohe Zahl an möglichen Zügen von erfolgreichen Spielen. Wenn man dem Schachcomputer ausreichend viele Spiele einspeist, kann er die menschliche Leistung übertreffen.

Ein anderer Durchbruch kam 2016, als AlphaGo, eine KI-gestützte Maschine, den international renommierten Go-Spieler, Lee Sedol, schlug. Das Brettspiel Go galt bis dahin als unzugänglich für KI, weil darin der Erfolg weniger von Regeln und mehr von Intuition, Weisheit und wahrer Intelligenz bestimmt wird. Doch auch Go erwies sich als berechenbar. Es ist eine Million Billion Billion Billion Billion Mal komplexer als Schach [2]. Die Komplexität ist sehr groß, aber für die KI nicht unmöglich zu bewältigen. Zum Ende des Jahres 2022 war eine künstlich intelligente Maschine auch in Stratego erfolgreich, einem Spiel, in dem der Gegner nicht weiß, welchen Wert eine Figur hat und das Irreführen des Gegners zur Spielstrategie gehört. Das Spiel erfordert nicht nur strategisches Denken, Kreativität und Intuition, sondern auch Tricksen und Bluffen. Offensichtlich kann KI nun auch diese menschlichen Fähigkeiten übertreffen [3].

Zugleich muss man sagen, dass diese Spiele immer nur eine bestimmte Form von Leistung erfordern. Es sind in stabilen Umwelten kalkulierbare Entscheidungen. Das Ergebnis ist ein Gewinnen oder Verlieren; die Regeln und die Maßstäbe sind vorgegeben. Dass Maschinen die menschliche Leistung in vielen Bereichen übertreffen, ist wenig überraschend. Ein Bagger kann schneller arbeiten und größere Massen bewegen als ein Mensch. Es ist kein Grund zum Schämen, wenn ein Bauarbeiter im Gewichtheben gegen einen Kran verliert. Genauso ist es keine Schande für Kasparow, dass er gegen einen Schachcomputer verloren hat, wenn der Schachcomputer Spielverläufe in Millionenhöhe kennt.

Seit KI entwickelt wird (vgl. Beitrag von Seising in diesem Band), wird über die Leistungsgrenzen spekuliert, d. h. ob Computer zu bestimmten Fähigkeiten immer unfähig bleiben oder ob sie irgendwann so funktionieren werden, dass sie Menschen vollwertig nachahmen können. Ein typisches Beispiel waren Übersetzungsmaschinen. In den 1990er und frühen 2000er Jahren haben wir über die maschinelle Übersetzung nur gelächelt. Wir haben gesehen, dass ein Kontextwissen für die korrekte Übersetzung entscheidend war und der Computer ohne dieses Wissen grobe Fehler machte. Wir haben gedacht, dass KI den Kontext nie erfassen kann, weil sie den Text eigentlich nicht versteht. Die Intelligenz von Menschen, die für die Übersetzung von Texten notwendig war, schien weit leistungsfähiger und damit unersetzbar zu sein. Heute sind unterschiedliche KI-Übersetzer auf dem Markt und sind in ihrer Qualität recht zuverlässig. Sie können sogar den Sprachstil imitieren; wenn etwas mehrdeutig ist, können sie es mehrdeutig übersetzen oder sie machen darauf aufmerksam, dass dort verschiedene Übersetzungsversionen zur Verfügung stehen.

Inzwischen kann ein KI-Anwalt Verträge verfassen oder Klagen gegen Strafen und Gebühren erstellen und verschicken [4]. KI-Anwendungen können den Musikstil, den Sprachstil oder Stilelemente der bildenden Kunst erkennen und nachahmen. Jason M Allen hat im vergangenen Jahr mit Hilfe von KI ein Bild erstellt und gab ihm den Titel „Théâtre D'opéra Spatial". Mit diesem Bild gewann er dann einen Preis als Künstler, obwohl er kein Künstler im traditionellen Sinne ist. Er gab der KI nur sprachliche Anweisungen, ein Bild herzustellen [5]. KI kann Kunstwerke mit passenden Begriffen erklären. ChatGPT kann Texte nach vorgegebenen Kriterien selbstständig verfassen, Codes in Computersprachen korrigieren, die Korrekturvorschläge mit Argumenten begründen. Die Aufsätze, die durch ChatGPT verfasst werden, sind für den menschlichen Leser teilweise nicht zu unterscheiden von Aufsätzen, die Menschen nach einer gründlichen Forschungstätigkeit schreiben. Bei der Betrachtung dieser Produkte in Bild und Text können wir das Ergebnis der Arbeit der KI nur dadurch von menschlichen Arbeitsergebnissen unterscheiden, dass die KI ihre Arbeit deutlich schneller erledigt als ein Mensch.

Hier stellt sich die Frage, ob KI irgendwann alles besser und schneller können wird als der Mensch oder ob es Grenzen der Leistungen von KI gibt, die so grundlegend menschlich sind, dass KI diese nicht erreichen oder gar übertreffen kann. Solche Fragen werden von KI-Expert:innen ungern beantwortet, denn sie wurden schon öfters von der Leistungsfähigkeit der KI überrascht und die Erfahrung zeigt, dass Künstliche Intelligenz keine konstante Idee ist, sondern inhaltliche Wendungen zeigen kann (nicht nur, was KI leisten kann, sondern auch was KI ist, ist im Wandel, vgl. Seising in diesem Band). Aus diesem Grunde ist es weise, wenn Technikwissenschaften bei den Aussagen über die künftigen Leistungsgrenzen der KI zurückhaltend sind. Vielleicht können wir aber versuchen, diese Frage aus einer philosophischen Warte zu beantworten. Dazu muss man die menschliche Leistung aus einer – für die mathematisch-naturwissenschaftlich geprägte KI-Diskussion ungewöhnlichen – Perspektive beleuchten. Statt zu fragen, was Computer können und wie viel der Mensch im Vergleich zur Computerleistung kann, kann man dann untersuchen, welche Leistungen für Computer und andere Maschinen überhaupt in Frage kommen. Zum Schluss der Untersuchung wird sichtbar, warum Computer menschliche Leistung nicht vollständig ersetzen können und warum Maschinen dennoch in vielen Bereichen eine Alternative für menschliche Leistungen bieten. Vielleicht müssen wir die Leistung von Menschen grundlegend neu denken und neu bewerten. Dabei werden uns KI-Anwendungen helfen.

15.2 Computer führen eine nichtmenschliche Kommunikation mit uns ...

Bisher habe ich Beispiele für die besondere Leistung von Computern im Wettbewerb mit Menschen gezeigt. Wir stehen aber mit Computern meistens nicht im Wettbewerb, wie im Schach oder im Go-Spiel. Sie unterstützen uns vielmehr in dem, was wir tun. Viele von uns starten den Tag damit, dass sie sich in sozialen Medien nach den Neuigkeiten ihrer sozialen Gruppen informieren und lassen sich durch Algorithmen die Nachrichten aussuchen, denen sie ihre Aufmerksamkeit schenken wollen. Andere checken die lokale Wetterprognose, den Online-Kalender, oder öffnen weitere Apps. Für uns ist alltäglich geworden, dass wir mit Computern interagieren.

Diese Interaktion wird oft als Kommunikation gesehen (Mensch-Maschine-Kommunikation): Ich codiere eine Botschaft in Zeichen (drücke auf die Tasten), der Computer versteht diese Botschaft und reagiert darauf. Er codiert seine Botschaft wiederum in Zeichen, die ich verstehe (auf dem Bildschirm). Guzman und Lewis [6] betonen, dass die zwischenmenschliche Kommunikation andere wesentliche Elemente hat als die Kommunikation zwischen Menschen und Computern. Menschen sind kommunikative Subjekte, die bei der Formulierung der Inhalte ihrer Kommunikation eine Bedeutung herstellen. Sie wissen intuitiv, wie ihre Kommunikation funktioniert und wie die Kommunikation oder ihre Störung zu verstehen ist. KI-Maschinen hingegen sind interaktive Objekte, die sich keine Gedanken über Bedeutung machen, sondern sich an Häufigkeiten orientieren. Kommunikation zwischen Menschen ist allein deshalb etwas anderes als Kommunikation mit einer KI-Maschine.

Legen wir diese Theorie der Kommunikation zugrunde, wird Kommunikation auch dann als menschliche Kommunikation verstanden, wenn ich mit einer Maschine „spreche". Ich frage mein Handy nach dem aktuellen Wetter in Augsburg. Wenn das Handy den Wetterbericht zeigt, dann ist das eine Kommunikation zwischen mir und dem Hersteller oder Betreiber der App, der ein Mensch ist. Er hat diese App so eingestellt, dass die App auf meine Fragen antwortet.

Nun ist aber durch die neue KI wie ChatGPT eine neue Qualität in der Mensch-Maschine-Kommunikation entstanden. Traditionell wurden Menschen ja als aktive Akteure in der Kommunikation verstanden und die Technologie als reines Vermittlungsmedium. Menschen haben *durch die Technik miteinander* gesprochen. Jetzt sprechen sie auch *mit der Technik*. Diese Veränderung hat eine metaphysische Linie zwischen Menschen und Maschinen durchbrochen. Die Technik hat die Grenzen der menschlichen Kommunikation überschritten. Praktisch sind die bisher klar getrennten Bereiche zwischen einerseits menschlicher Kommunikation mittels Technik (z. B. online Computerspiele, bei denen ein wirklicher Mensch mein Gegner ist; Avatare, mit denen soziale Interaktion in virtuellen Räumen erfolgt; Chat mit einem Mitarbeiter eines online Dienstleisters) und andererseits Kommunikation zwischen Mensch und KI mittels Technik (z. B. künstlich intelligente Assistenten wie Chatbots) immer weniger voneinander unterscheidbar. Wir können heute sagen, dass wir mit künstlich intelligenten Agenten (KI-Assistenten) sprechen.

Diese KI-Assistenten sind aus der Anwenderperspektive kaum als solche zu erkennen [6] [7]. Ob ein Chat oder ein Avatar durch Algorithmen oder in Echtzeit durch echte Menschen gesteuert wird, ist in vielen virtuellen Kommunikationsformen nicht sofort ersichtlich. Wir können nicht immer sagen, mit welcher Entität wir es zu tun haben. Manchmal werden künstliche Stimmen hergestellt (wie z. B. beim Navigationsgerät in einem Fahrzeug), manchmal werden Tonaufnahmen von Menschen gemacht, um den Assistenten mit einer Stimme sprechen zu lassen (wie z. B. beim Anrufbeantworter). Ansagen am Bahnhof sind eine weitere Form. Sie werden von kleinen Sprachelementen zu komplexen Ansagen zusammengebaut (die Sprecherin hat die Sätze nie so gesagt, wie ich sie am Bahnsteig höre). In diesem letzten Beispiel werden die traditionellen Grenzen der Kommunikation nicht nur überschritten, sondern sie verschwimmen zusätzlich. Die Kommunikation enthält eine Mischung von menschlicher und technischer Leistung. Ich kann über mein wirkliches Gegenüber leicht getäuscht werden und glauben, dass ich es mit einer anderen Person zu tun habe, obwohl das ein Computer ist. Ich erkenne nicht, ob ich durch die Technik mit einer anderen Person spreche oder nur mit der Technik.

15.3   ... aber wir führen eine menschliche Kommunikation mit Computern

Mein erster Computer hat mich regelmäßig mit Fehlermeldungen geärgert. Ich habe über ihn geschimpft und wenn ich nicht weiterwusste, habe ich ihm zur Strafe den Stecker gezogen. Seit den 1990er Jahren gibt es zahlreiche Studien, die belegen, dass Menschen soziale Rollen und Erwartungen auf ihre Interaktion mit Computern übertragen. „[W]hen people sit down at a computer, they interact socially" [8]. Menschen tun es spontan und machen sich nicht bewusst, dass sie ihre Computer anthropomorph behandeln. Gleichzeitig verwechseln sie Computer nicht mit Menschen. Sie wissen die ganze Zeit, dass der Computer kein Mensch ist, sie wissen, dass der anthropomorphe Umgang sachlich unangemessen ist, trotzdem behandeln sie in ihren Interaktionen Computer wie Menschen [9]. Mit diesen Überlegungen wurde bereits vor der Verbreitung der KI in alltäglichen Anwendungen das „Computer are Social Actors" (CASA)-Paradigma begründet, d. h. es wird behauptet, dass die Mensch-Computer-Interaktion aus der Perspektive des Menschen eine soziale Interaktion ist und Erkenntnisse aus Psychologie, Soziologie, Kommunikationswissenschaft etc. auf diese Interaktionen übertragbar sind. Das CASA-Paradigma wird in neuerer Zeit auch dazu genutzt, die Interaktion zwischen Menschen und KI-Assistenten zu analysieren. Wir benutzen diese Anwendungen routinemäßig im Alltag. Manche schimpfen mit ihrem Rechner, wenn er etwas nicht so macht, wie erwartet wurde. Andere sprechen lauter oder aufgeregt mit Siri, wenn Siri etwas nicht versteht.

KI-Assistenten wie soziale Roboter (z. B. Paro, Nao, Lovot), Chatbots, sprachgesteuerte Assistenten (z. B. Alexa, Siri), Schreibautomaten und viele ähnliche Anwendungen laden darüber hinaus nicht nur dazu ein, (virtuelle) Maschinen wie Menschen anzusprechen, sondern auch dazu, ihnen menschliche Eigenschaften wie emotionale Zustände (Angst, Freude, etc.) oder soziale Bedürfnisse (Einsamkeit, Zugehörigkeit, etc.) zuzuschreiben. Epley et al. [10] haben drei psychische Faktoren identifiziert, die die Intensität der Zuschreibung anthropomorpher Eigenschaften zum Gegenüber bestimmen. Menschen sind zu diesen Zuschreibungen des Gegenübers eher geneigt, wenn sie (1) einen Zugang zu anthropozentrischem Wissen haben, (2) effektive soziale Agenten sein wollen und (3) ihnen soziale Kontakte zu anderen Menschen fehlen. Die Zuschreibung sagt zunächst nichts über die KI-Assistenten selbst aus, sondern nur über die Menschen, die einer (virtuellen) Maschine eine Eigenschaft zuschreiben. Doch wenn KI-Assistenten so wirken, als hätten sie Emotionen, z. B. sie lächeln, mehr anthropomorphe Leistung erbringen und dies explizit anthropomorph darstellen, behandeln wir sie noch stärker anthropomorph, d. h. wir statten sie im Umgang mit noch mehr sozialen Bedürfnissen und anderen menschlichen Eigenschaften aus.

Die meisten KI-Assistenten sind so geschaffen, dass sie mit Menschen interagieren. Ob sie nach einem festgelegten Schema vorgehen (symbolische KI – vgl. den Beitrag von Meitinger in diesem Band) oder lern- und anpassungsfähig sind (subsymbolische KI –

vgl. den Beitrag von Kipp in diesem Band), ändert nichts daran, dass die Menschen ihre Verhaltensmuster nach dieser Interaktion einüben. Menschen gewöhnen sich an die Kommunikationsstruktur von KI-Assistenten, bzw. sie müssen sich anpassen, wenn sie mit solchen Assistenten umgehen. Wenn man sie nicht so bedient, wie sie bedient werden sollen, funktionieren sie nicht.

15.4 Was macht das mit uns Menschen?

Die intensive Nutzung von KI-Assistenten verändert unsere Kommunikations- und Verhaltensmuster. Wir lassen unser Verhalten, unser Denken und unsere sozialen Interaktionen von KI-Assistenten einüben. Wir tun das, was die KI-Assistenten von uns erwarten, wir strukturieren z. B. unsere Aussagen nach dem Muster, das unser KI-Assistent versteht. Ich habe selbst festgestellt, dass ich früher, als ich im Studium noch bei Vorlesungen mit Papier und Stift mitgeschrieben habe, viel mehr große Zusammenhänge durch Zeichnungen und Pfeile zwischen den gedanklichen Schritten einer Vorlesung notiert habe. Heutzutage, wenn ich als Zuhörer Vorlesungen mit einem Laptop und mit Tastatur folge, habe ich mein Verhalten und meine Gedankenwege an die Möglichkeiten der neuen Technik angepasst und erfasse die Vorlesungen anders, hauptsächlich als eine lineare Geschichte – wie ich sie mitschreibe. (Es gäbe auch andere digitale Techniken für Notizen, aber inzwischen bin ich an die Tastatur gewöhnt.)

Die Technik prägt nicht nur unsere Schreibweise, sondern auch unser soziales Verhalten, wenn wir unsere Kommunikations-Routinen mit KI-Assistenten entwickeln. Aufgrund der genannten Unterschiede zur echten menschlichen Kommunikation gibt es ernsthafte Bedenken bezüglich der Nutzung dieser virtuellen Agenten als Modelle für die zwischenmenschliche Interaktion. Doch die Einübung der sozialen Interaktion an nichtmenschlichen Modellen ist nicht neu, denn auch vor der Zeit des Computers haben wir dafür nichtmenschliche Objekte als Gegenüber genutzt: Tiere, Fabelwesen, Puppen und Heiligenbilder haben als Interaktionsgegenstände gedient. Menschen traten mit diesen Objekten in Kontakt. Sie entwickelten durch die vorgestellte Interaktion mit ihnen bestimmte Kommunikationsroutinen, bevor sie mit anderen Menschen in Kontakt traten. Kinder konnten aus einem Stück Holz eine Rolle schaffen, die einem anderen Menschen entsprach. Heute sind viele dieser Kontakte durch virtuelle Objekte ersetzt: soziale Roboter, Chatbots, Voice-Assistenten und viele weitere. Solche virtuellen Objekte simulieren menschliche Beziehungen und streben danach, digitale / künstliche Freunde, Helfer o. ä. zu werden. Diese Objekte spielen eine zunehmend wichtige Rolle in der Erfahrung des Sozialen und beim Erwerben von sozialen Kompetenzen. Sie unterscheiden sich von früheren nichtmenschlichen Objekten, denn sie sprechen und gestalten unsere Kommunikation intensiver als Puppen und Holzstücke. Die Kontaktmöglichkeit zu KI-Assistenten ist einfach, immer verfügbar, interaktiv und weniger beliebig als der Kontakt zu Puppen etc. KI-Assistenten bieten eine größere Nähe zur wirklichen sozialen Interaktion, sie sind aber immer noch weit weniger komplex als menschliche soziale Interaktionen.

15.5 Subjektive Wahrnehmungen und normative Ansprüche der Kommunikation mit KI-Assistenten

Die Erfahrung zeigt bisher, dass sich Nutzer:innen von KI-Assistenten – auch wenn sie wissen mögen, dass sie es mit nichtmenschlichen Objekten zu tun haben – bei der Nutzung (z. B. beim Computerspiel oder beim Anruf in der Infozentrale der Bahn) gleich gegenüber Menschen und Maschinen verhalten. Die Unterschiede in der Umsetzung der Kommunikation sind an unserem Verhalten nicht ablesbar. Soweit sprechen wir nur über das äußere Verhalten von Menschen, die mit KI-Assistenten zu tun haben und nicht über die objektiven Unterschiede in der Kommunikation (s. oben die Analyse von [6]). Ob ein KI-Assistent die menschliche Kommunikation (trotz der objektiven Unterschiede) nachahmen kann, hängt jedoch nicht allein vom Verhalten der Beteiligten ab. Die Leistung der KI-Assistenten muss auch an weiteren Dimensionen der Kommunikation gemessen werden wie z. B. die subjektive Wahrnehmung dieser Kommunikation, die normativen Aspekte und die Rolle dieser Kommunikation im guten Leben.

Was erleben Menschen bei dieser Kommunikation mit KI-Assistenten und wie erleben sie den Unterschied zur Kommunikation mit Menschen? Diese Frage verlangt nach einer Antwort aus der empirischen Psychologie. Das Erleben dieser Kommunikation könnte sich zudem mit der Zeit ändern. Somit könnte eine nächste Generation, der *digital natives*, eine andere Wahrnehmung haben. Deshalb muss die empirische Psychologie diese Frage immer wieder an mehrere Personengruppen richten. Was über das Themenspektrum der empirischen Psychologie hinausgeht, und uns aber beschäftigen sollte, ist die Frage, ob Menschen einen Unterschied in der Kommunikation mit KI-Assistenten oder anderen Menschen erleben *sollten*. Diese ist eine normative Frage und damit beschäftigen sich normative Wissenschaften wie die Ethik. An der Grenze dieser beiden Fragen bewegt sich die Frage, ob KI-Assistenten die menschlichen Leistungen ersetzen können und dürfen. Durch die oben genannten Grenzüberschreitungen wird unklar, welche Erwartungen wir an die neuen algorithmengesteuerten Agenten stellen können und wie ihre Aktivität ethisch und rechtlich zu bewerten ist. Hier müssen wir etwas Klarheit schaffen.

Vor meinem Beitrag zu dieser Klärung muss ich einen Punkt betonen: Der Mensch ist nun ein seltsam kompliziertes Wesen, denn nur weil wir mit einer Maschine so sprechen wie mit einem Menschen oder der Maschine sogar emotionale Zustände oder soziale Bedürfnisse zuschreiben, folgt daraus nicht, dass wir von der Tatsache dieser emotionalen Zustände oder sozialen Bedürfnisse wirklich überzeugt sind. Ich kann einem sozialen Roboter (vgl. dem Hausroboter Lovot, dem *loving robot*) zuschreiben, dass er mich vermisst hat. Das tue ich nicht nur, indem ich bei seiner Beschreibung solche Wörter wähle, sondern diese Zuschreibung wird auch zu einem leitenden Motiv für mein Handeln. Ich beeile mich nach Hause zu kommen, um Lovot wieder zu treffen, weil ich weiß, wie traurig er inzwischen aussieht. Gleichzeitig aber weiß ich, dass hinter dem Erscheinungsbild keine echte Emotion steckt. Ich weiß, dass ein elektrisches Gerät nicht traurig sein kann. Auch Kinder spielen mit Puppen und lassen sich von der vorgestellten Situation zu Aussagen und Handlungen hinreißen, z. B. dass ihre Puppen gerade krank oder aufgeregt sind. Sie wissen dabei, dass die Puppen diese Qualitäten nicht haben. Nun ist es eine wichtige Frage, welchen normativen Wert für das gute Leben die Kommunikation mit KI-Assistenten hat und welchen Wert diese Kommunikation im Vergleich zur Kommunikation mit Menschen haben sollte.

15.6 Was können KI-Assistenten prinzipiell nicht?

Da sich die Leistung von KI-Assistenten rasant erweitert, ist aus der Perspektive der Technik wohl schwer zu sagen, was KI-Assistenten auch in Zukunft nicht können werden. Aus der Perspektive anderer Disziplinen ist diese Grenze einfacher zu erfassen. Deshalb versuche ich hier eine nicht-technische Herangehensweise.

15.6.1 Anstrengung und Wertschätzung

Ich hatte in meiner Zeit als Klinikseelsorger einen jungen Patienten. Er war unter 30 und studierte Informatik. Er hatte eine unheilbare Leukämie. Alle Therapieversuche waren bei ihm bereits gescheitert, als ich ihn kennenlernen durfte. Er wurde auf die Verlegung in die Palliativstation vorbereitet, die noch Tage oder Wochen dauern konnte. Als ich zu ihm ins Zimmer kam, saß er auf seinem Bett und hat mit seinem Computer Schach gespielt. Er ließ er sich von meinem Besuch nicht sonderlich beeindrucken. Ich habe ihn gefragt, was er macht. Er sagte, er spielt Schach. Da fragte ich, ob er gewinnt. Er meinte, das kann er entscheiden, denn er kann das Niveau seines automatischen Gegners selber wählen. Wenn er gewinnen will, kann er einen schwachen Gegner wählen und dann gewinnt er. Meistens will er aber einen so starken Gegner, dass er sich anstrengen muss. Dann gewinnt er nicht immer. – Er hat also mit einem KI-Assistenten zu tun, der sich auf seine Bedürfnisse sehr fein einstellen lässt und er weiß, wie er mit diesem KI-Assistenten umgehen soll. – Ich habe ihn gefragt, wie sein Niveau ist. Die Antwort war: das kann er nicht sagen. Er könnte es mir in einem Spiel zeigen. Darauf habe ich mich eingelassen. Ich habe ihm gesagt, er soll ein echtes Schachbrett besorgen und ich komme am nächsten Tag wieder. Dann spielen wir gegeneinander Schach. Am nächsten Tag war das Schachbrett da und er hat mit mir gespielt. Ich fand, er war etwas besser als ich, aber ich konnte ihm lange ganz gut gegenhalten. Er hat mich eingeladen, am nächsten Tag wieder zu kommen. Ich kam am nächsten Tag wieder und ab dann fast jeden Tag. Schach ist ein zeitintensives Spiel. Ich musste mit ihm außerhalb meiner regulären Arbeitszeit spielen. Eigentlich sollte man sich im helfenden Beruf nicht so übernehmen, denn zu viel Nähe und Einsatz gefährden die Professionalität und meine Gesundheit. Sie können zum Burnout führen und zu Konflikten in meinem Privatleben. Diesmal habe ich aber einige Wochen lang fast täglich die Arbeitszeit maßlos überzogen. Ich habe mich für ihn über meine normalen Kräfte angestrengt, weil ich wusste, dass der Patient mit mir gern Schach spielt.

Mein Patient hat lieber mit mir gespielt als mit dem Computer, obwohl sich der Computer als KI-Assistent genauer auf sein Niveau einstellen ließ. Der Schachcomputer war außerdem immer da. Die Technik ist rund um die Uhr verfügbar. Dennoch hat der Patient vorgezogen, mit mir zu spielen, wenn ich da war, und hat sich gewünscht, dass ich komme, dass ich mich anstrenge. Es war ihm klar, der Computer strengt sich für ihn nicht an. Der spielt ohne Anstrengung, tut also nichts ‚für ihn‘, sondern er ‚funktioniert‘ nur. Ich habe etwas für ihn getan, denn ich wusste, dass er nur noch wenige Tage mit mir verbringen kann und ich wollte ihm etwas Gutes tun. Er war mir wichtig, deshalb habe ich ihm Zeit aus meiner begrenzten Lebenszeit geschenkt. Der Computer hat keine begrenzte Lebenszeit, aus der er für ihn einen Teil opfern könnte. Der Computer kann mit seiner Funktion nicht zum Ausdruck bringen, dass der Patient ihm wichtig ist, denn der Computer kann keine Zeit aus der begrenzten eigenen Lebenszeit für den Patienten verschenken. Dem Computer war der Patient nicht wichtig. Das hat der Patient sehr genau gewusst und hat meine Anstrengung sehr geschätzt.

Hier zeigt sich schon ein prinzipieller Unterschied in der Leistung von Menschen und Computern. Der Computer konnte hervorragend Schach spielen und viele Bedürfnisse des Patienten befriedigen, aber er konnte ihm die Wertschätzung, die der junge Mann brauchte, nicht entgegenbringen. Auch wenn der Computer ihm nach einer gewonnenen Partie Sternchen am Bildschirm schenkt und in lauter großen Buchstaben „Gratulation" hinschreibt, ist diese automatische Rückmeldung nicht vergleichbar mit einer ehrlichen Anerkennung und der Anstrengung, die nur von einem Menschen kommen konnten.

Wenn wir Anerkennung brauchen, könnten wir unsere KI-Assistenten (z. B. eine Lob-App am Handy) so einstellen, dass wir in regelmäßigen Abständen eine Anerkennung bekommen. Völlig egal, was wir gemacht haben, bekommen wir ein Lob: „Du bist großartig." „Du bist genial." „Du bist toll." „Super! Weiter so!" Das wäre technisch sehr einfach. Das macht aber niemand aus meinem Bekanntenkreis. Das regelmäßige Lob wäre aus meiner Sicht sogar verstörend und ärgerlich. Warum? Weil der Mensch für die Anerkennung einen Grund braucht. Es geht ihm nicht nur darum, dass er gelobt wird, sondern darum, dass er aus einem guten Grund gelobt wird. Dann kann er sich über die Anerkennung freuen.

Smartwatches geben uns nach 10.000 Schritten am Tag ein Lob und virtuelle Auszeichnungen. Diese Anerkennung ist keine besonders große Motivation, aber das Bewusstsein, eine gewisse Leistung erbracht zu haben, ist durchaus motivierend, was Menschen dazu bringt, abends auf ihre Uhr zu schauen und wenn noch 500 Schritte fehlen, einen kleinen Spaziergang um das Haus zu machen. Der wirkliche Grund für die Anerkennung macht den Unterschied zur Lob-App am Handy. Könnte man die Uhr täuschen und die letzten 500 Schritte im Sessel sitzend nachstellen, wäre die Anerkennung der Uhr keiner Freude wert. Der Grund für die Anerkennung muss authentisch sein.

15.6.2 Authentizität und Leistung

Stellen Sie sich vor, Sie könnten für Ihre Kinder einen superintelligenten KI-Assistenten in das Kinderzimmer stellen und er würde alle Fragen der Kinder fehlerfrei und sofort beantworten. Kinder fragen oft unermüdlich und ein Roboter wäre nie müde. Die Kinder könnten nicht nur sachlich richtige Antworten bekommen, sondern auch emotional angemessene. Der Roboter Sophia beherrschte ja vor Jahren schon über 70 verschiedene Gesichtsausdrücke, die er sinngemäß einsetzen konnte. Ein solcher Roboter kann per Kamera emotionale Zustände im Gegenüber sehr genau erkennen und kann durch eine psychologisch evidenzbasiert beste Reaktion gewünschte emotionale Zustände hervorrufen. Das ist technisch durchaus möglich. Der KI-Assistent könnte aus den alten Familienfotos, die durch die KI interpretiert werden können – Facebook interpretiert ja auch unsere Bilder –, und aus vielen anderen Dokumenten erschließen, wie die Geschichte der Familie ist und er würde aus dieser Geschichte, aus wissenschaftlichen Studien und aus den von Ihnen festgelegten Werten der Erziehung sogar Erziehungsaufgaben übernehmen. Er würde keine einzige Gelegenheit verpassen, optimale Erziehungsarbeit leisten und nichts vergessen.

Der KI-Assistent hätte viele Vorteile. Er könnte nicht nur die richtigen Worte finden, die richtigen Entscheidungen treffen. Er wäre nie unfreundlich oder aufgeregt. Er wäre auch immer da. Er bräuchte keine Freizeit. Er wäre 24 Stunden am Tag im Einsatz. Er würde immer perfekt arbeiten und er würde sich nie überstrapazieren. Er hätte nie Burnout. Er wäre nicht krank und würde auch nicht ausfallen, weil andere Verpflichtungen im Weg stehen. Er würde nie über seine Leistungsfähigkeit hinausgehen, aber seine Leistungsfähigkeit ist ja in vielen Bereichen höher als die einer menschlichen Person.

Na ja, Sie würden vielleicht als Vater oder Mutter die Anerkennung Ihrer Kinder verlieren. Auf den ersten Blick ist das der Preis für diese Entwicklung. Aber die Kinder hätten etwas (vermeintlich) noch besseres. Das wäre kein Nachteil – auf den ersten Blick. Doch auf den zweiten schon. Ich will nicht alle Probleme benennen, die sich aus dieser KI-Lösung ergeben würden, sondern nur auf das Menschenbild eingehen, um die Grenzen der KI zu beleuchten.

Wenn Kinder Fragen haben und vom KI-Assistenten perfekte Antworten auf ihre Fragen bekommen, kann die Antwort die inhaltlich beste Antwort sein, dennoch geht etwas verloren. Wenn Eltern ihren Kindern sagen, wie sie das Leben meistern und welche Schwierigkeiten sie bewältigen müssen, dann ist ihre Antwort zwar möglicherweise nicht perfekt. Vielleicht sind diese Eltern nicht einmal ein gutes Vorbild. Aber sie sind authentisch. Sie haben Lebensentscheidungen getroffen und sie haben mit allen Konsequenzen zu leben. Dabei können alle jungen Menschen an ihrem Beispiel erfahren, dass das Leben Herausforderungen enthält, die man so oder so bewältigen muss. Wenn ein Kind Kopfschmerzen hat und ein KI-Assistent die beste Therapie empfiehlt und dabei emotional die optimale Haltung einnimmt, hat der KI-Assistent dennoch über etwas gesprochen, was er nie erlebt hat. Er kann den Kopfschmerz nicht nachempfinden. Er kann auch nicht bereuen, dass er gestern viel getrunken hat. Er hat ja keinen Kopf und keinen Bauch. Wenn er berichtet, kann er nicht nachempfinden, wie es ist, die ersten Falten im Gesicht zu bekommen und zu erkennen, dass man älter wird. Er kann auch nicht erfahren, wie es ist, sich für etwas besonders anzustrengen und dann Erfolg zu haben oder doch zu scheitern. Er kann viele Inhalte vermitteln, aber er kann nichts authentisch vermitteln, z. B. wie es ist, Zeichen von Burnout an sich zu erkennen und daraus zu lernen, das Leben deshalb zu ändern.

15.6.3 Autonomie und die Ziele im Leben

Menschen möchten nicht nur wertgeschätzt werden und dies aus einem Grund, sie möchten nicht nur authentische Leistung erbringen, sondern sie wollen aus ihrem Leben etwas machen. Sie wollen etwas Bestimmtes tun und etwas Bestimmtes sein. Sie können dabei als Unterstützung auf KI-Assistenten zugreifen und ihre Lebensprojekte durch die Hilfe dieser Assistenten verwirklichen, aber niemand wäre mit seinem Leben zufrieden, wenn sein KI-Assistent die Ziele erreicht und nicht er.

Bei der Arbeit an unserem Hochschulentwicklungsplan hat ein Dekan einen offensichtlich provokativen Vorschlag gemacht: Wir sollen den Plan durch ChatGPT schreiben lassen. Der KI-Assistent kann ja Texte nach inhaltlichen und stilistischen Kriterien verfassen, die so gut sind, dass man sie nicht von menschlich geschriebenen Texten unterscheiden kann. Die Provokation besteht darin, dass wir nach diesem Vorschlag der KI überlassen sollten, in welche Richtung wir unsere Hochschule, unsere Gemeinschaft entwickeln sollten. Wir würden die KI darum bitten, uns Ziele zu setzen, für die wir in den nächsten Jahren arbeiten wollen. Dieser Arbeitsauftrag dreht die Beziehung zu KI-Assistenten um. Dann würde die KI irgendwelche Ziele und Aufgaben festlegen, an denen wir Menschen arbeiten. Doch ein Assistent hat genau die gegenteilige Aufgabe. Der Mensch sollte nicht aufgeben, seine eigenen Ziele zu formulieren und die Assistenten dafür verwenden, die Umsetzung dieser Ziele zu fördern. An diesem Beispiel ist erkennbar, dass die mühsame Arbeit an den eigenen Zielen im Leben und an der eigenen Entwicklung nicht delegiert werden kann, ohne dass wir unsere Autonomie aufgeben. Es mag sein, dass wir uns durch die KI Anregungen geben lassen, aber am Ende müssen wir entscheiden, welche der vielen Optionen es wert sind, von uns weiter verfolgt zu werden. Diese Arbeit an den Zielen gilt sowohl für jedes Individuum als auch für Gemeinschaften von Individuen.

15.7 KI-Assistenten können unsere etablierten gesellschaftlichen Praktiken verändern

Menschliche Leistung verdient unsere Anerkennung. Aber nicht jede Leistung! Menschliche Leistung ist in der Zeit der Technologie nicht mehr das, was sie vor der Technologie war. Michael Sandel zeigt in seinem Buch „Plädoyer gegen die Perfektion" [11], dass die gesellschaftliche Anerkennungspraxis Regeln folgt und nicht bloß Höchstleistung honoriert. Eine Teilnehmerin des Boston Marathon, Rosie Ruiz, hat 1980 den Lauf mit einer Spitzenzeit gewonnen. Es hat sich nachträglich herausgestellt, dass sie einen erheblichen Teil der Strecke mit der U-Bahn zurückgelegt hat. Der Titel wurde ihr aberkannt. Sie hat nach unseren Maßstäben die Anerkennung nicht verdient, obwohl sie als erste ans Ziel gekommen ist. Unsere gesellschaftliche Praxis der Anerkennung ist so geregelt, dass dafür eine Leistung aus eigener Kraft erbracht werden muss. Wenn die Technologie eine maßgebliche Funktion in der Leistung spielt, dann wird die Leistung, die wir öffentlich bewundern wollen, bereits in den Ingenieurwerkstätten und Laboratorien entschieden und wir müssten die Anerkennung den Technikentwicklern zusprechen, nicht denen, die mit dieser Technik die Leistung erbringen.

Wir könnten selbstverständlich argumentieren, dass die Benutzung der U-Bahn für den Marathonlauf gegen die Regeln verstoßen hat und damit illegal war. Wir leben in einer Gesellschaft, in der Regeln bestimmen, welche Techniken wir verwenden dürfen und was nicht verboten ist, ist erlaubt. Wenn eine technische Unterstützung wie ein KI-Assistent uns bei einer Tätigkeit unterstützt, können wir ggf. eine bessere Leistung erbringen. Die Unterstützung mag neuartig sein und sich den bisherigen Normen entziehen. Aber wenn wir für bestimmte Anwendungen keine Verbote haben, können diese Anwendungen dennoch so massiv gegen eine gesellschaftliche Praxis verstoßen, dass sie nicht eingesetzt werden sollten. Ansonsten wird die gesellschaftliche Praxis zerstört. So ist es auch mit der Benutzung der U-Bahn beim Marathonlauf. Wenn die Nutzung der U-Bahn nicht verboten wäre, könnte Riuz argumentieren, dass jeder diese Technik hätte verwenden können und sie kann nichts dafür, dass andere es nicht getan haben. Im nächsten Jahr würden alle die U-Bahn oder das Auto oder andere technische Hilfsmittel verwenden, um schneller zu werden. Das alles wäre nicht verboten, aber diese Praxis würde die zentrale Idee des Marathonlaufs zersetzen. Es wäre kein Marathonlauf mehr, sondern etwas anderes. Wir würden auf jeden Fall nicht mehr die großartige Leistung der Athlet:innen feiern, die Monate und Jahre lang ihren Körper trainieren, um im entscheidenden Moment beeindruckende Leistungen zu erbringen. Wir würden höchstens die Ingenieure bewundern, die eine so leistungsfähige Technik hervorgebracht haben. Diese Anerkennung hat aber wenig zu tun mit dem Ereignis des Marathonlaufs.

Es ist moralisch nichts Verwerfliches daran, die U-Bahn zu benutzen anstatt zu laufen. Eigentlich können wir bei jeder technischen Unterstützung unserer Leistung moralisch nur zustimmen. Es ist schwer, moralische Bedenken gegen eine technische Unterstützung unserer Leistung zu formulieren, wenn sie uns das Leben erleichtert. Aber bei der Verwendung einer technischen Unterstützung verlieren wir eine wichtige Komponente unserer Handlung, nämlich den Anspruch auf eine Anerkennung für das, was wir tun. KI-Assistenten können uns bei der Herstellung von Gedichten, von Bildern, Musikstücken und allen Aktivitäten unterstützen, durch die wir die Anerkennung von anderen bekommen können. Die Leistung wird tatsächlich erbracht, aber es wird unklar, wie viel davon so genuin meine Leistung ist, dass sie die Anerkennung von anderen Menschen verdient. Die technologische Unterstützung meiner Handlung wird zu einem Risiko für eine wesentliche Eigenschaft meiner Handlung. Wir wollen ja nicht nur die Handlungen ausführen und die Ziele erreichen, die wir anstreben. Wir wollen diese Ziele in der realen Welt erreichen, wir wollen durch sie Anerkennung und Wertschätzung verdienen.

ChatGPT kann komplexe Texte nach vorgegebenen Kriterien erzeugen. Die erzeugten Texte haben die Qualität erreicht, dass man durch sie Prüfungen an Universitäten bestehen könnte. Bisher bestanden viele Prüfungen darin, dass Studierende über ein bestimmtes Thema recherchiert haben und einen Text mit entsprechend differenzierter Darstellung geschrieben haben. Dabei konnten sie die Kompetenz zeigen, Probleme nuanciert wahrzunehmen. Wenn der Text nicht nachweislich geklaut wurde (Plagiat), wurden die Texte als Eigenleistung bewertet. Die Texte, die durch KI-Assistenten generiert werden, sind keine Plagiate. Sie sind originelle Texte, die aber keine Eigenleistung der Studierenden zeigen. Es lässt sich mit einem solchen Text nicht nachweisen, ob Studierende bestimmte Kompetenzen haben. Für den akademischen Abschluss sind wir aber nicht an den Texten interessiert, sondern daran, ob Studierende etwas können. Es geht um ihre Leistung, die durch eine Hochschule bestätigt und ausgewiesen wird, damit diese Leistung öffentliche Anerkennung findet. Gleichzeitig wäre es ein Fehler, die akademische Lehre ohne KI zu gestalten, um die Eigenleistung von Studierenden ohne KI zu messen. Die Welt bedient sich dieser Tools. Wenn wir Studierende für Prüfungen vorbereiten, bei denen diese Tools nicht verwendet werden dürfen, dann bereiten wir sie nicht mehr für die Welt vor, in der solche Tools immer zur Verfügung stehen. Die akademische Lehre soll vielmehr KI verstehen und Studierenden die Kompetenzen vermitteln, mit KI-Assistenten die beste Leistung zu erbringen. Wir sollten Studierende darauf vorbereiten, diese Assistenten richtig einzusetzen, d. h. sie so zu verwenden, dass die Studierenden sich selbst dabei entwickeln und zu dem werden können, was sie werden wollen. Dazu müssen wir weniger tun für die Förderung ihres

Faktenwissens (Google hat die Antwort) und ihrer Kompetenzen, sich in Textform über bekannte Themen auszudrücken (ChatGPT hat die Antwort). Wir tun gewiss das Richtige, wenn wir neben ihrer kognitiven Leistung ihre Persönlichkeit und ihre Haltung fördern, denn diese Qualitäten werden durch keine KI überflüssig.

Wie wertvoll kognitive Leistung für das gute Leben ist, können wir auch an einem Gedankenexperiment prüfen. Das Gedankenexperiment würde so gehen: Wenn jemand einen Chip ins menschliche Gehirn verpflanzen könnte, mit dem er Menschen kognitiv hochleistungsfähig macht, wäre es für uns klar, dass wir von der hohen Leistungsfähigkeit von den mit Chip ausgestatteten Menschen nicht mehr beeindruckt wären. Wer dann noch Bewunderung für diese Personen zeigt, gibt zu erkennen, dass er die Sache nicht versteht.

Dieses Gedankenexperiment ist keine reine Fiktion. Neben dem Gedankenexperiment können wir auch aus der Geschichte von Doron Blake (geboren 1982) lernen. Doron hatte als Kind einen beeindruckenden IQ von 180, er konnte mit zwei Jahren den Computer seiner Mutter bedienen, hat mit zehn Jahren ein Kinderbuch verfasst und war zu Gast in vielen Talkshows. Das war alles nicht überraschend, denn er wurde als Superbaby mit künstlicher Befruchtung aus der Nobelpreis-Spermabank von Robert Graham erzeugt. Doron hatte alle Talente, die man für eine hervorragende Leistung in der Naturwissenschaft brauchte und er hatte eine glänzende Karriere zu erwarten. Doch Doron entschied sich als Jugendlicher gegen die Naturwissenschaft. Er interessierte sich für Philosophie, Psychologie und Musik, studierte vergleichende Religionswissenschaften. Doron verstand, dass seine großartige Leistung zwar viele beeindruckte, aber ihm keine Anerkennung brachte. Seine Leistung wurde als etwas Selbstverständliches, als etwas Erwartbares begriffen. Egal wie sehr er sich angestrengt hat, die Antwort darauf konnte immer nur sein: diese besondere Leistung wurde ihm in die Wiege gelegt, bzw. noch früher in seine Gene integriert. Er selbst konnte nichts dafür. Folglich hatte er zwar eine besonders hohe Leistungsfähigkeit, aber er konnte daran keine Freude haben. Durch die Leistungsfähigkeit wurde sein Leben nicht besser, sondern seine Chancen auf Anerkennung wurden geschmälert, denn er konnte in diesem Leistungsfeld keine Anerkennung für eine authentische Leistung erreichen. Er hatte keine Möglichkeit, in einen Zustand des Unbekanntseins zurückzukehren, oder die Option zu wählen, dass er nicht mit diesen besonderen Gaben auf die Welt kommt. Sein Leben wurde durch den Einsatz dieser Technologie nicht reicher, sondern ärmer. So verurteilte er in der Öffentlichkeit das Projekt der Nobelpreis-Spermabank [12].

Was lernen wir daraus? Wenn KI-Assistenten uns das Leben auf den ersten Blick besser machen wollen, könnte genau das Gegenteil passieren. Wir müssen mit ihrer Hilfe nicht nur mehr Leistung erbringen können, sondern wir müssen dies unter den Bedingungen der realen Welt und der gesellschaftlichen Praktiken tun können, die wir haben. Die Nutzung von KI-Assistenten muss sich in eine gesellschaftliche Praxis der Anerkennung, der Wertschätzung, der Authentizität und der Autonomie eingliedern. In dieser Praxis können sich jedoch durch die neue Technologie Widersprüche einschleichen, die das Leben mit der Technologie erschweren. Sie erzeugen womöglich einen gesellschaftlichen Druck, eine Einschränkung unserer Freiheit, auf Technologien zu verzichten und damit unter einem neuen Leistungsdruck zu bestehen. Bevor wir die neuen KI gestützten Technologien als Erleichterung für unser Leben bewerten, müssen wir sie im Hinblick auf die Veränderung unseres Lebens, unserer Werte und unserer gesellschaftlichen Praxis prüfen. Wir müssen die tiefere Logik unserer Lebensführung und unserer gesellschaftlichen Praxis durchschauen, um festzustellen, welche Veränderungen die Einführung von KI-Assistenten erzeugen und ob diese Veränderungen wünschenswert sind. Manche Praxis – wie z. B. der Marathonlauf – wird uns wohl so wichtig sein, dass wir sie für den technischen Fortschritt nicht aufgeben wollen.

15.8 Fazit

In diesem Aufsatz habe ich mich mit dem Thema der Leistung von KI-Assistenten beschäftigt. Ich habe gezeigt, dass KI-Assistenten in manchen Bereichen des Lebens leistungsfähiger geworden sind, als wir dies noch bis vor kurzem für möglich hielten. Diese Leistungen verändern unser Leben, wie wir es gestalten und welche Ansprüche wir an unser Leben stellen. Sie verändern auch die Logik von gesellschaftlichen Praktiken, nach denen wir unser Zusammenleben mit anderen Menschen gestalten. Wo die Grenzen der Leistung von KI-Assistenten liegen, können wir technisch nicht abschätzen. Es wird wohl dazu kommen, dass KI-Assistenten manche Bereiche unseres Lebens und unserer Wertvorstellungen neu prägen werden. Sofern es hier um normative Fragen geht, sollten wir diese Entwicklung bewusst gestalten.

Unsere Interaktion mit Menschen ließ sich bis vor kurzem scharf von der mit Computern trennen. Diese scharfe Trennung wird aber immer weniger zu halten sein. Durch den Einsatz von KI-Assistenten werden sowohl unsere Wahrnehmung als auch die objektiven Grenzen der menschlichen und der maschinellen Leistung verschwimmen und Mischleistungen entstehen, in denen wir nicht eindeutig sagen können, was was ist. Wir übertragen unsere sozialen Interaktionsroutinen in den Umgang mit Computern und vice versa, die Routinen mit den KI-Assistenten in den Umgang mit Menschen. Wir etablieren eine neue Haltung zu KI-Assistenten, die sich weniger auf die Trennung als auf die Gemeinsamkeit der beiden Interaktionen einstellt.

Trotz dieser wachsenden Unklarheit über die unterschiedlichen Leistungen von KI und Menschen wird es Bereiche geben, in denen KI-Assistenten eindeutig keine Leistungen von Menschen übernehmen werden, weil sie prinzipiell unfähig bleiben, diese Leistungen zu erbringen. Diese sind genuin menschliche Leistungen, die mit der Conditio Humana zusammenhängen wie z. B. mit der begrenzten Lebenszeit oder der Notwendigkeit zur Anstrengung für eine Leistung, mit der Aufgabe, Ziele im Leben zu formulieren und danach zu entscheiden. Auch die Authentizität der menschlichen Erfahrung wird unersetzbar bleiben, z. B. die Art der Bewältigung von Problemen mit menschlicher Kraft.

Es ist wichtig zu betonen, dass KI-Assistenten nicht nur persönliche Leistungen herausfordern, sondern paradoxerweise bei Unterstützung der persönlichen Leistungen gesamte gesellschaftliche Praktiken unter Druck setzen können. Auch in diesem Zusammenhang werden Bereiche übrigbleiben, in denen KI die menschliche Leistung nicht ersetzen wird. Es kann passieren, dass KI-gestützte Systeme in diese Bereiche eingreifen wie die U-Bahn in den Marathonlauf. In diesem Fall werden die neuen technischen Systeme die gesellschaftliche Praxis stören und es braucht eine Gegensteuerung oder es wird zu einem Verfall der Praxis kommen. An diesen Beispielen zeigt sich, dass menschliche Leistung nicht bloß ein purer Selbstzweck ist, sondern immer in eine gesellschaftliche Praxis eingebettet ist, auf die Rücksicht genommen werden soll.

Wenn der Schachweltmeister vom Schachcomputer geschlagen wird, wird dadurch das Schachspielen und auch der menschliche Wettbewerb um die beste menschliche Leistung nicht weniger wichtig – genauso wie der Einsatz von einem Kran die Bewunderung der olympischen Spieler:innen im Gewichtheben nicht mindert. Maschinen können leistungsfähiger werden als Menschen, ohne dass wir die menschliche Leistung dadurch entwerten. Wir werden aber viele Qualitäten von menschlichen Leistungen erst erkennen, wenn sie durch eine technische Lösung unter Druck gesetzt sind – wenn z. B. der Schachcomputer die Begegnung von Menschen, in der eine persönliche Wertschätzung erfahrbar wird, ersetzen könnte.

Literatur

[1] Neander, Joachim (1996): Computer schlägt Kasparow, Die Welt, 12.02.1996. https://www.welt.de/print-welt/article652666/Computer-schlaegt-Kasparow.html

[2] Lee, Kai-Fu; Qiufan, Chen (2022): KI 2041. Zehn Zukunftsvisionen, Campus Verlag, Frankfurt.

[3] Spiegel (2022): Künstliche Intelligenz trickst nun sogar besser als Menschen, 02.12.2022. https://www.spiegel.de/wissenschaft/kuenstliche-intelligenz-gewinnt-nun-sogar-bei-strategiespiel-stratego-a-ab2a66a9-c7f9-4739-9889-d3c869054d17

[4] Kovács, László (2021): Erst werden Juristen und in Zukunft Ethiker wegrationalisiert. Kann Künstliche Intelligenz künftig Ethikberatung in Kliniken ersetzen?, in: Frewer, A / Franzó, K / Langmann, E (Hrsg.): Die Zukunft von Medizin und Gesundheitswesen, Prognosen – Visionen – Utopien. Königshausen & Neumann, S. 113-140.

[5] Harwell, Drew (2022): He used AI to win a fine-arts competition. Was it cheating?, The Washington Post, 2. Sept. 2022, https://www.washingtonpost.com/technology/2022/09/02/midjourney-artificial-intelligence-state-fair-colorado/

[6] Guzman, Andrea L and Lewis, Seth C (2020): Artificial intelligence and communication: A Human–Machine Communication research agenda, New Media and Society, Vol 22, Issue 1, S. 70-86. doi:10.1177/1461444819858691

[7] Junru, Huang and Younbo Jung (2022): Perceived authenticity of virtual characters makes the difference, Virtual Reality and Human Behaviour, Volume 3 – 2022 https://doi.org/10.3389/frvir.2022.1033709

[8]   Nass, Cliffort; Steuer, Jonathan; Tauber Ellen R (1994): Computers are Social Actors. Conference on Human Factors in Computing Systems, CHI 94', Boston.

[9]   Nass, Clifford; Moon, Youngme (2000): Machines and Mindlessness: Social Responses to Computers, Journal of Social Issues, Vol. 56, No. 1, S. 81-103.

[10]   Epley, N., Waytz, A., & Cacioppo, J. T. (2007). On seeing human: A three-factor theory of anthropomorphism. Psychological Review, 114(4), 864–886.

[11]   Sandel, Michael J (2015): Plädoyer gegen die Perfektion: Ethik im Zeitalter der genetischen Technik. Berlin University Press.

[12]   Plotz, David (2005): The Genius Factory. The Curious History of the Nobel Prize Sperm Bank, Random House, New York.

Register

(CASA)-Paradigma 219

Ackermann, Wilhelm Friedrich (1896–1962) 44
adaptive Systeme 76
adversarial Angriff 89, 95–97, 99, 101
adversarial attacks 95
AGI 37
AI Effect 26
Alexa 175–176, 219
AlexNet 96
Algorithmen 122–123, 125–131
Algorithmus 2, 5, 48
AlphaGo 215
Amazon Mechanical Turk 170, 173
Amstrad 60
Andrew Ng 39
Anerkennung 223–224, 226–228
angemessener Gebrauch 160
Anonymisierung 173
Anserini-Toolkits 149
Anstrengung 222, 223, 229
Arbeit 3, 8
Arbeitstätigkeit 80
Architektur 110
Artificial Intelligence 41–44, 50
Artificial Intelligence Act 207
Ashby, William Ross (1903–1972) 49–50
atypischen Kausalverlauf 193
Augmentation 12
Authentizität 228–229
Authentizität der Informationen 139
Automata Studies 46–50
Automaten 12, 44, 46–49
Automation 12
automatische Spracherkennung 158
automatisierte Modus 186
automatisierte Rückmeldung 158
Automatisierung 3, 117
Automatisierungstechnik 107
autonomes Üben 162
Autonomie 159, 225–226, 228

Backpropagation 27
BASIC 60
Bedürfnisse 222–223

Bell Telephone Labortories 42, 47, 52
BERT 170
Bestärkendes Lernen 63
– Reinforcement Learning 63
Betriebsmittel 113
Beweislastumkehr 199
Beweisprobleme 198
Big-Data 117
Bildklassifizierung 89–90, 93
binary classification 142
Biologie 45–46
Black Box 28
Black-Box 7
Black-Box-Angriff 96
Black-Box-Modell 107
Bluffen 215
BM25Model 146
brain-computer interface 81
Buchdruck 2–3

C4-Datensatzes 148
Chatbot 69, 160, 169, 175, 218–220
chatbotgestützte Aktivität 161
ChatGPT 25, 69, 160, 216, 218, 225, 227
Clark, Wesley Allison (1927–2016) 44–45
ClueWeb12- B13 Datensatz 148
cognitive off-loading 80
communication 42, 45, 51
Computer 43–48, 54
Computer are Social Actors 219
Computerspiel 62
Computerspieleindustrie 34
Connection Machine 71
Consumer Health Search 137, 139
Convex Aggregating Measure 149
Convolutional Neural Network 27
Cranfield Evaluierungsparadigma 147
Crehore, Albert Cushing (1868–1958) 52
Crowdsourcing 170, 173–174

Dampfmaschine 3
Dartmouth Summer Research Projekt on Artificial
    Intelligence 41–44
Dartmouth-Konferenz 27
Datenethikkommission 207

Datensammlung 167, 174, 176
Datensatz 28, 106, 118
Datenschutz 167–168, 171, 176–177
Datenverarbeitung 184
Deep Blue 215
deep learning 7, 25
Deep-Learning-Netzwerke 90
Demontagegraph 108
Desinformation 142
Diagnose 126, 129
dialogorientierte Assistenztools 160
digital natives 221
digitale Angriffe 96
Dirichlet Language Model 151
Dokumentensammlung 147
DSGVO 171–175
duo-T5 146
Durchschnittspooling 92

Echtzeiterfassung 81
Echtzeit-Erfassung 75
Edmonds, Dean Stockett (1924–2018) 46
Elektroenzephalographie 80
Elektrokardiographie 80
ELIZA 69, 169
Elon Musk 37
Emotion 222
emotionale Zustände 219, 221, 224
Emotionen 81
Emotionen und Affekt 78
Emotionserkennung 172, 175
Empfehlung 123–124, 126–132
Empfehlungssysteme 36
Emulator 58
Enabler-Technologien 76
Enquetekommission zur
    Technikfolgenabschätzung 203
Entgrenzung 3, 5
Entscheidung 123, 125, 127–129, 131
Entscheidungsbaum 59, 67
Entscheidungssituation 11
Entscheidungsunterstützungssysteme 121–123,
    125, 128–131
Entscheidungsunterstützungssystemen 122–123,
    126, 128
Erfolg der KI-Prognose 184
Erkennungstechnologien 79
Erklärbarkeit 121, 128–130
erlaubte Risiko 189

Ethik und Sozialwissenschaften 83
ethische Aspekte 160
ethische Weltbürger:innenbildung 163
ethischen und sozialen Implikationen 83
evasion attacks 95
evidenzbasierten Medizin 144
Expertensystem 14
Eye-Tracking 80

Facility Layout Problem 110, 113
fahrlässig 189
Fake News 139
falschen Gesundheitsinformationen 139
falsch-positiv 126
Faltungsnetz 92–93
Faltungsschritte 92
Farley, Belmont Greenlee (1921–2008) 44
feinfühligeren Technik 76
Filter 34
Frege, Friedrich Ludwig Gottlob (1848–1925) 44
Fremdsprachenlehren und -lernen 157
fremdsprachenspezifische Angst 162
funktioneller Nahinfrarotspektroskopie 80

Gebäudeplanung 112
Gefahren 188
Gehirn-Computer Schnittstelle 75
Generative Design 111
genetischer Algorithmus 115–116
Gerard, Ralph Waldo (1900–1974) 46
Gesetzessystem 198
Gesetzgebungsfunktion 209, 211
Gesetzgebungsverfahren 208
gesundheitsbezogene Fehlinformationen 139
gesundheitsbezogenen Informationen 138
Gesundheitswesen 121
Gödel, Kurt Friedrich (1906–1978) 44
GoogleNet 96
GPT-3 37, 170
GPU 35
Graph 59, 67, 107
Graphenmodell 108

Halstead, Ward Campbell (1908–1968) 45
Handlungsempfehlungen 208
Hartley, Ralph Vinton Lyon (1888–1970) 52–53
health literacy 139
Health Misinformation 148
Heimcomputer 1, 6, 57

Hilbert, David (1862–1943) 44
Hirnforschung 42–45
Hixon Symposium 45–47
Hochschule 1, 4–5
Hook, Robert (1635–1703) 53
Houston, Edwin James (1847–1914) 52
Human Factors 78

Im CLEF eHealth 150
ImageNet Large Scale Visual Recognition
    Challenge 96
Imitationsspiel 48
impliziter GCS 83
Indexierungsphase 140
Industrie 1, 4, 7
Information 43–44, 50–54
information disorder 142
Information Retrieval 139–140
Informationsbedürfnissen 147
Informationsbeschaffung 139
Informationselement 141
Informationstheorie 44–45, 49, 51
intelligence 43, 48–50, 52–53
intelligence-amplifier 49–50
Intelligente Fahrzeuge 83
intelligenter Agent 11
Intelligenz 26, 48–50, 52–54
Intelligenzquotient 49–50
Intuition 215
Irreführen 215

Jackson, Charles Thomas (1805–1880) 52
Jeffress, Lloyd Alexander (1900–1986) 45

Karreman, George (1920–1997) 45
Keras 34
KI-Assistenten 218–230
KI-Regulierungsgerüst 212
KI-Strategie 207
KI-Winter 27
Klassifizierung von Handschriften 92
Klassifizierungsaufgabe 142
Kleene, Stephen Cole (1909–1994) 44
Kluver, Heinrich (1897–1979) 45
knowledge graphs 143
Knowlife 145
kognitive Architektur 11, 14
kognitive Belastung 77, 161
kognitive Empathie 78

Köhler, Wolfgang (1887–1967) 45
Kollaborative Roboter 83
Kommunikation 217–222
Konnektionismus 27
konnektionistische KI-Systeme 90
Kontextdaten 82
Kontextinformationen 77
kontext-sensitive KI-Systeme 82
Kontrolle 192
Kontrollfunktion 205, 209, 211
Konvolutionsnetz 27
Konvolutionsnetze 34
Kooperation 77
Korrelationskoeffizient 64
Kraftwerk 3–4
Kreativität 215
Kunst 216
Künstliche Intelligenz 25, 58, 181
Kybernetik 49

Label-Prediction-Model 146
Lashley, Karl Spencer (1890.1958) 45
Layoutplanung 110
Lebenszyklus einer KI-Anwendung 89, 93
Legislative 211
Leistung 122–126, 215–219, 221–230
Leistungsfähigkeit 81
Leistungsgrenzen 215–217
Leistungsmessung 160
Leitwerte 206
Lernen eines neuronalen Netzes 90
Lernprozess 159
Liddell, Howard Scott (1895–1962) 46
Lindsley, Donald Benjamin (1907–2003) 46
Lisp 70–71
Lob 223–224
Logik 43–44, 46
Lorente de Nó, Rafael (1902–1990) 45
Lösungsverfahren 114–115
LSTM 37

machine intelligence 42, 47, 50
Mackay, Donald MacCrimmon (1922–1987) 48
Macy-Konferenz 49
Malinformation 142
Manic Miner 63
Marktreife 188
Maschinelles Lernen 25, 58, 76
Materialfluss 114

Mathematical Theory of Communication 42, 51
MATLAB 96
MATLAB/Simulink 97
Max-Pooling 92
McCarthy, John (1927–2011) 41–48
McCulloch, Warren Sturgis (1898–1969) 44–45
Mean Average Precision 149
medizinischer Wissensgraph 144
Menschenbild 225
Mensch-KI-Interaktion 121, 123, 127–128, 130–131
menschliches Gehirn 35
Mensch-Maschine-Kommunikation 217
Mensch-Technik-Interaktion 75
mentalen Zustand 82
Merrill, Maud Amanda (1888–1978) 49
Metaheuristiken 115
Michie, Donald (1923–2007) 42
Miniaturisierung von Neurotechnologien 81
Minsky, Marvin Lee (1927–2016) 42–43, 45–47
Misinformation 142
Misstrauen 123
Mobilität 182
Modellbildung 64
mono-T5 146
Montagegraphen 108
Montagereihenfolgeplanung 107
Morison, Robert Swain (1906–1986) 42–43
Morrison, Donald Harvard (1914–1959) 42
Morse, Samuel Finley Breese (1791–1872) 52–53
Multi Criteria Decision Making 146
Mustererkennung 58, 63, 90
– Musteranalyse 58

Nachrichtentechnik 44–45, 52–54
neuroadaptiver KI-Systeme 83
Neuroergonomie 75, 80
Neurofeedback 83
Neurofeedbacktrainings 82
Neuronale Netze 25, 90, 93
neuronales Netz 107, 118
Neuronales Netzwerk 43, 45, 47
nicht-medizinische Anwendungen einer GCS 82
Nielsen, Johannes Maagaard (1890–1969) 46
Normalized Discounted Cumulative Gain 149
Normalized Local Rank Error 149
Normalized Weighted Cumulative Score 149
Normierungs- und Standardisierungsprozesse 207
Nutzen 122–123, 131
Nutzer- und Kontextmodell 82

Nützlichkeit der Information 140
Nyquist, Harry (1889–1976) 52–53

OECD 207
Öffentlichkeitsfunktion 205, 209, 211
Open Educational Resources 163
OpenAI 37
OpenAI Gym 63
Optimierung 111, 115
out-of-the-lab 81
Overfitting 33

Pangolins 67
Paraphrasiertool 159
Parlamentsfunktionen 207
Patient 121–123, 125–129
Pauling, Linus Carl (1901–1994) 45
Performance 121, 125, 128, 131
Personalisierte adaptive Lernsysteme 157
Personalisierung 172
personenbezogene Daten 172, 175
physische Angriffe 96
Pitts, Walter (1923–1969) 44, 46
Plagiat 160
Plagiatssoftware 160
Plattform-Spiel 63
– Jump-and-Run-Spiel 63
Poisoning-Angriff 94
positive Nutzererfahrungen 78
Privatsphäre 167–168, 171, 173–177
Probanden 173
Produkthaftungsgesetz 195
Produktion 105, 113, 118
Produktionsfaktor 105
Produktionslinienplanung 112
Produktionsplanung 106
Produktionstechnik 105
Produzent 194
Produzentenpflichten 195
Psycho 70
Psychologie 44–45, 48–49, 51–53
Python 34
PyTorch 34

Qualitätskontrolle 117
Query-Likelihood-Model 146

Recht auf Vergessenwerden 175
rechtliche Frage 163

Regression 64
Regressionsgerade 63–64
Rekrutierungsfunktion 205
Rekurrente Neuronale Netze 37
Relevanzbeurteilungen 147
Relevanzdimensionen 140
Retrocomputing 72
RGB-Farbraum 91
Richtlinien 163
RoBERTabase Model 146
Roboter 182, 219–220, 222, 224
Robotergesetze 197
Rochester, Nathaniel (1919–2001) 42–43, 45, 47
Rockefeller Foundation 42, 44

Schach 215, 217, 222–223
Schafkopf 11
Schichten 33
Schreibassistenz 158
Selbststudium 160
Sensitivität 125
Sensorik 117
Shannon, Claude Elwood (1916–2001) 42–47, 50–52
Sicherheit 188
Sicherheit im Straßenverkehr 182
Sinclair Research 60
Single-Hidden-Layer-neuronalen Netzen 90
Singularität 38
Siri 170, 219
Skolem, Albert Thoralf (1887–1963) 44
Smartphone 1
SNARC (Stochastic Neural-Analogue Reinforcement Computer) 47
Soar 11
Softwareagent 63
soziale Bedürfnisse 219, 221
soziale Interaktion 220–221
soziale Kompetenzen 220
soziales Verhalten 220
sozio-technischen Systemen 77
Spezifität 125
Sprachassistenz 167
Sprachassistenzsysteme 168, 172
Sprachassistenztool 158
Sprachdaten 167, 169
Sprachmittlung 159
Sprachmodell 169, 174–175
Sprachstil 216

Sprachverarbeitung 167, 169
Sprechzeit 162
SqueezeNet 93, 96–97
Squier, George Owen (1865–1934) 52
Statistik 64
statistische Verfahren 29
Stephen Hawking 38
Stern, William Louis (1837–1890) 49
Stimmdaten 172–173, 176
Straßenverkehr sicherer 186
strategischer Einsatz 162
Stratego 215
strukturelle Unterschiede 198
Suchanfrage 140
symbiotische Mensch-Maschine-Interaktion 77
symbiotischen Interaktion 78
symbiotischen Technikdesigns 79
symbolische KI 90
symbolische Systeme 11
Systemempfehlung 121, 126, 129

Targeted Fast Gradient Methode 99
Tay 175
Technikfolgenabschätzung 203
Technologie 1–2, 3, 5–8, 218, 226, 228
Technologieakzeptanz 121, 123
technologische Beschränkungen 161
Teilhabe 2
Telefonie 52, 54
Telegrafie 52, 54
Term Frequency-Inverse Document Frequency 151
Terman, Lewis Madison (1877–1956) 49
Testphase 31
text-to-speech (TTS) 158
Textverständnis 71
Theory of 78
Trainingsdaten 31
Trainingsphase 31
Transformer 37
Tricksen 215
Turing, Alan Mathison (1912–1954) 44, 46, 48
Turing Machine 48
Turing-Test 26

Übersetzung 36, 216
Übersetzungsmaschine 157
Übersetzungsmaschinen 216
Umbruch 2, 4
Unfall 191

ungezielter Angriff 96
unstrukturierte Informationen 140
Untargeted Fast Gradient Methode 98
Urheberrecht 160
User Experience 78
Uttley, Albert Maurel (1906–1985) 45, 48

Verifizierung 172, 175
Verkehrsunfälle 187
vertrauen 124, 132
vollautonom 182
von Neumann, John (1903–1957) 44–46
Voreingenommenheit 160
vorsätzlich 189
VoxCeleb 175

Weaver, Warren (1894–1978) 42, 51
Weisheit 215
Weiss, Paul Alfred (1898–1989) 46
Welsh, John Henry (1901–2002) 46

Wertschätzung 222–223, 227–228, 230
Wettbewerbskommission 4.0, 207
White-Box-Angriff 96
White-Box-Modell 106
Wie sicher ist es 186
Wissen 59, 67
– Wissensbasierte Systeme 58–59
Wissensbasierte Systeme 13
wissenschaftliche Politikberatung 204
Wissensdatenbanken 143
Wizard of Oz 170
word2vec 170

ZEsarUX 58
Ziel einer neuroadaptiven menschzentrierten
        Forschung 84
Zurechnungsstrukturen des Rechts 189
Zwischenbericht 209
ZX Spectrum Next 61
ZX Spectrum 60